中村羊一郎著作集——第三巻

家康敗走伝説と歴史民俗学

中村羊一郎著作集——第三巻

家康敗走伝説と歴史民俗学

目次

序章　郷土史研究と歴史民俗学

方法としての歴史民俗学

本巻に収めた諸論は、筆者の「ふるさと」である静岡の歴史・民俗に関わる主題について考察したものである。地域の歴史は、文字どおり地域独自のものでありながら、その根底には日本史全体にも通じる普遍的な要素を秘めている。

庶民の歴史は、文献などを中心素材とする文献史学と、聞き取り（記録された伝承を含む）を中心に組み立てられる民俗学を併用することで初めて明らかにできる。その結果はそれを究明しようとした問題意識とともに日本史全体の解明にもつながっていく。筆者のこれまでの体験で言えば、静岡を研究フィールドとして出発したテーマ、すなわちお茶やイルカ漁についての研究は、結果的に日本全国ひいては東アジアに及ぶ内容に発展させることができたと思っている。こうした研究方法については、文献と民俗資料を恣意的に混用しているという批判があるかもしれない。だが、民俗学の出発点は名もない庶民の歴史を明らかにするというところにあったはずで、文献史学も民俗学も、もともと歴史研究のための方法の一つである。さらに言えば民俗研究の基礎資料にもなっている菅江真澄の紀行文、近世の随筆類、『諸国風俗問状答《しょこくふうぞくといじょうこたえ》』などは民俗を記録した文献資料そのものではないか。近代以降に蓄積されてきた膨大な民俗調査報告書もまた然りである。誤解を恐れず言えば、自らの現地調査によって得られた資料以外は、すべてが文献資料といっても過言ではない。民俗学は社会との積極的な関わりを持つ経世済民の学であるとも言うが、それは民俗学独自の目的というよりも広い意味での歴史学そのものが本来担ってきた役割である。

本書のタイトルに「歴史民俗学」という語を入れたのは、文献と民俗とを総合的に活用することによって地域史を研究するという筆者の意図を示したかったからで、歴史民俗学という特定の学問領域を打ち立てようというものではない。本書収載の多岐にわたる主題は、いずれも自らのふるさとである静岡で抱いた問題意識から出発したものであるが、結果的にはより広い世界につながっていく可能性を持つと思っている。

本書の主題は次のように区分できる。①徳川家康と戦国時代、②神楽と浅間信仰、③駿府城下町の暮らし、④竜爪山の信仰、⑤海を通じての文化交流、の五つである。以下、それぞれについて筆者の問題意識と概要をまとめておこう。

家康敗走伝説と安倍七騎

第一章から第三章は、徳川家康および今川時代の駿河国の政治と社会に焦点を当てている。第一章では、神君、権現様とあがめられ絶対的な権威を持った家康の姿を庶民がどのように受け止めていたのかを、家康敗走伝説や巷間に広まった挿話をもとに検討した。特に神君家康のイメージが確立した時代に、その真逆ともいえる敗走する惨めな家康像が広く語り伝えられたのはなぜか。これは家康が神であったからこそ、危機に直面した神が名もなき庶民に助けられるという民俗の世界を反映したものと考えられる。このような伝説が、結果として神としての家康を戴く幕藩体制を下支えすることにつながったのではないだろうか。二〇二三年のＮＨＫ大河ドラマで強引に作られた神の君家康像も、実は幕府の政治目的に沿った神君の姿なのである。捉えどころがないように思える伝説であっても、そこに隠された庶民の意識と、それを巧みに取り込んだ政治的意図を探りだすことで歴史はさらに豊かなものになっていくだろう。

第二章では、鷹狩大好き人間だった徳川家康の鷹は、どのように入手されていたのかを関連文書が残る静岡市梅ヶ島村と井川郷（七ヶ村から成る）を中心に探った。静岡市の中心街に今も残る鷹匠町という町名は、のちに幕府の鷹匠頭となる戸田氏が居住したことに由来する。鷹匠の重要な仕事は鷹狩の現場にだけあるのではなく、幼鳥（巣鷹）を訓練することから始まる。巣鷹の供給地は厳しく管理されたが、静岡市の梅ヶ島村と井川郷にも巣鷹山が設定されており、関連文書が残されている。そこには、夏前にハイタカを探索し、巣立ち直前の幼鳥を樹上から下ろし、代官所経由で鷹匠のもとに届けるという過程が具体的に記述されていた。環境という視点から歴史を見るという近年の研究動向に即するならば、幕政初期には毎年のように見られた巣鷹上納が次第に間遠になっていく原因が鷹の生息地である上流域における山林伐採の進行とリンクしているのであった。

第三章は、伝説に包まれた安倍七騎の実態を史料に基いて明らかにしていく。静岡市の中央を流れる安倍川の上流域（現代の用語で言えば中山間地）には戦国大名である今川氏、今川氏没落後は武田氏から本領を安堵された多くの土豪（地侍）が存在し、中でも有力者とされたのが安倍七騎である。安倍川最上流部の金山や駿甲国境に通じる道の要所に拠点を築いた地侍たちは「安倍衆」と呼ばれた。徳川の代になるや天正と慶長の検地を経て、彼らは郷里を捨てて幕臣となるか、在地の有力農民として生きるかという選択を迫られた。地元に残った者の子孫は名主などの村役を務め、明治になってからは地域の近代化に尽力した者も少なくない。戦国期の地侍の誇りは、村の名家として近代化に努めてきたという責任感にも通じていた。なお彼らが受けた安堵状などに頻出する「山屋敷」とは何かについて、近年まで行われてきた焼畑の実態を参考にして考察した。

駿河神楽と駿府浅間神社縁起

次は駿河の芸能と信仰についての考察である。静岡県の中部、駿河国の西半分の村々には駿河神楽と総称される神楽が、八木洋行の調査によれば五〇ヶ所以上にわたって伝承されている。この神楽は、それぞれ村落名を冠して〇〇神楽と呼ばれているが、内容的にはほぼ同じ構成から成り立っている。すなわち湯立を伴うこと、神子式といって厄払いや健康を祈願する者に生まれ清まりの儀礼を施すこと、神下ろしから神送りまでの神事の間に演劇的要素が強い多様な演目が挿入されること、さらに反閇《へんばい》と称する修験的な演目が最後に行われることなどである。これらの内容や舞処の上に吊り下げる天蓋なども含めて、全国に共通する要素も多く見られるが、特に民俗芸能の宝庫とされる三信遠（三河・信濃・遠江）の山間地と深い関係があることが指摘されている。

第四章ではこうした特徴を有する駿河神楽の成立と伝播にあたり、駿河惣社である駿府浅間神社の関与があった可能性や、大井川の上流部と駿河国安倍郡との接点に位置し、安倍金山への物資搬入口になっていた智者山の神官の存在も大きかったのではないかと推定した。また駿河神楽が広範に分布することになる背景に、神楽上演日に招き招かれる関係にあった若者たちの交流や、茶業という共通の生業基盤を持っていたことが、芸能伝播の重要な要因になっていたのではないか。

第五章では駿府（静岡）浅間神社にまつわる「駿府浅間神社縁起」を翻刻し、縁起に登場する地名や主人公ゆかりの「足洗」の一角（現在の地名は横内町）に鎮座する先宮神社と浅間神社との関連について考察した。なお、本章では触れていないが、駿府浅間神社を構成する主要三社の一つ、奈吾屋社（大歳御祖神社）と駿府城下町との関係究明は、今後に残された大きな課題であると思っている。

駿府城下町の暮らし

第六章は、駿府城下町の庶民の暮らしについて制度の分析ではなく、祭礼や日常の住民の行動を中心に構成した。まず、駿府九十六ヶ町の中心にあたる呉服町一丁目の氏神である天神社の九百五十年祭の執行に関し、記念祭の発議から無事終了するまでわずか六十余日の間に、どのような交渉が行われたのか、祭典準備中にたまたま発見されたかつての御正躰を返還してもらうための交渉経過、祭礼実施のための奉行所役人への挨拶、最寄り町内への働きかけなど、多くの人間が関わっていた。駿府城下町は奉行所に世襲で仕えていた下級武士と町人が混住しているという特徴があり、この一連の出来事を通じて彼らと町人たちとの身分を超えた付合いの一部を知ることができる。

また呉服町一丁目の老舗の主人が書き残した年代記をもとに、駿府の富商の事業承継の過程を明らかにした。呉服町五丁目にあった町内持ちの長屋の住民の入れ替わりの激しさや、駿府の侠客と井川の殿様と呼ばれた郷士との意外な付合いなどに都市生活の一端を見た。駿府の町人社会の人気者だった安西の鶴蔵、略して安鶴の職業が左官であったということから、左官の業態や職業神をまつる太子講の様子、そして人家が密集した都市における消防組織の変遷をまとめたが、これについては豊富な先行研究があるので、左官組合所蔵の文書によって消防組織の実働部隊である左官職の活動を明らかにした。

なお、駿府城下町の歴史を研究する上で必須の町方史料の多くは、静岡大火と静岡空襲という未曽有の災厄によって原資料のかなりの部分が失われた。しかし昭和初期に実施された静岡市史の編纂事業によって収集された原史料と関係者が筆写した文献の一部が「静岡市史編纂史料」として静岡県立中央図書館に架蔵されており、それらの分析はこれからの課題である。近郊の地方文書の発掘と整理も含め、静岡市歴史博物館の今後の活動に期待するところが大きい。

竜爪山に寄せる信仰

静岡市の北にそびえる竜爪山は、山頂に雲がかかると降雨の兆しという日常の観察がもとになって水神である竜との関係が山名の由来になったのであろう。竜爪山に対する信仰は多様であるが、特に注目されるのは幕末以降爆発的に増大した徴兵逃れ・弾除けという日本の近代史と深く関わるものと、山の名が示すような農業神としての信仰という二つの側面である。

まず第七章において「弾除け、徴兵逃れの竜爪さん」という信仰に焦点を当てる。この信仰の発端は、権兵衛という猟師が自らの神秘的な体験を契機に山の神信仰をもとに種々の御利益をもたらす竜爪権現なる神を創唱したことにある。通称「竜爪さん」は、本人とその子孫たちによって、弓矢安全、鉄砲安全など諸難除けの神として周辺の農村および駿府城下町に普及していった。そして幕末の政情不安の中で鉄砲安全の信仰が戦場での弾除け信仰となり、各所に竜爪権現が勧請されていく。さらに災厄逃れの延長として徴兵逃れの信仰へと発展し日清・日露の戦争によって竜爪信仰はそのピークを迎えた。全国に類似の信仰を寄せられた神社は少なくないが、旧神官家の史料によって信仰の実態を具体的に示すことができた。

竜爪山麓の村々には、日照りが続くと牛の頭を捧げて雨を祈る習慣があった。第八章でその具体的な様相を明らかにするとともに、周辺の池や沼には竜爪山に直接関わらなくても牛頭あるいは藁製の牛の模型を投じて雨を祈る習慣があり、近世の地誌類にもいくつかの事例が記録されている。これらをもとに牛頭供犠の実態を明らかにするとともに中世から盛んになった牛頭天王に対する信仰との関わりを考察した。

海上交通と芸能の伝播

第九章と十章は、海に関わる内容である。伊豆半島の西海岸から下田に至るリアス式の海岸には小湾に面した集落がいくつもあり、上方と江戸とを結ぶ海上交通路の中間にあるため荒天時には避難港となり、順風を待つための風待港として栄えた。これらの小港を擁する集落は耕地も少なく、特筆すべき産業もなかったが、他国の船が出入りしたため、内陸部の農村とは異なる開放的な気風を持ち、風待中の乗組員の世話をするなど若者組の活動が盛んであった。伊豆半島には人形三番叟や、口説系の盆踊など独特の芸能が伝承されているが、それらは海上交通を通じて伝わったものと推定される。

十章は静岡県では唯一南伊豆町小稲に伝わる虎舞を取り上げる。小稲も小規模ながら風待港であった。筋立ては近松の「国性爺合戦」をもとにしているが、虎の舞い方や造形方法は獅子舞の変化形である。民間芸能としての虎舞の創始地は不明だが、唐人踊などを含む風流（本著作集第二巻において風流を詳細に考察している）として流行したことは明らかで、東北の三陸沿岸から四国に至るまで、同系と推定される虎舞が数多く伝承されており、その分布の理由は太平洋側の海上交通を抜きにしては考えられない。伊豆下田の虎舞は近世末に相模湾を越えて浦賀に伝わっている。三陸沿岸に数多く伝承されてきた虎舞は地域の誇りであって、先の東日本大震災の復興のシンボルとして人びとを勇気づけたことは記憶に新しい。

本巻に収載した論考は以上であるが、それぞれの標題からわかるように全体で一つの主題を追っているわけではない。個々の内容はいずれも静岡という、山あり、海あり、町ありという多様な環境の中で紡ぎだされた静岡独自の歴史である。しかし、それは同時に日本史全体の構成要素でもある。身近な地域史の積み重ねと比較研究の楽しさを共有していただければ、小著にもなにがしかの意義があるのではないか。

第一章　幕藩体制を支えた始祖説話と家康敗走伝説

はじめに

家康が徳川改姓と三河守叙任の勅許を受けたのは、三河平定がなった永禄九（一五六六）年である。旧姓の松平は、祖先の親氏が諸国遍歴ののち三河松平家に入り婿となったことによるもので、この親氏が家康につながる松平家の初代とされる。しかしそれに至るまでの親氏の事績は曖昧模糊としており、いわば創世神話の霧に包まれている。のち親氏から七代とされる清康（家康の祖父）の代に、菩提寺である大樹寺多宝塔の真柱銘文に「大檀那世良田次郎三郎清康　安城家四代」とあることが注目される。世良田《せらだ》という地名は現在の群馬県太田市にあり、源氏に連なる新田氏の拠点に含まれる。徳川家が源氏であるという点は覇権を握る上で重要な意義を有するが、清康がいかなる根拠でこの銘文を記したのかははっきりしない。しかし大御所時代の家康が世良田という地名に関心を持っていたことはのちに現地調査をさせていることから窺うことができる。

初代とされる親氏については、時宗の僧となって遍歴中、ある年の暮れに藤助なる者から兎の吸い物を供せられて元気を取り戻し、のちに松平家に婿入りすることになったという伝説があり、徳川家正月の嘉例として江戸城では兎の吸い物を供することが連綿と継承されてきた。徳川家の創世神話ともいうべきこの伝承には、いったいどんな意味があるのだろうか。

また、家康ゆかりの地におびただしく伝承されている家康敗走伝説については、権現様の御威光が行き渡っている幕藩体制下でありながら、家康の惨めな姿がなぜ語り続けられてきたのだろうか。もちろん家康から認められたというさまざまな特権の裏付けとされている例は多く、実利を伴った由緒書と共に継承された部分も大きいが、何の利益も生まないどころか、家康の権威を真っ向から否定するような伝説もある。その背景にあるものは何か。

本章では、徳川家の出自をめぐる神話と家康敗走伝説とが民間に堂々と伝承されてきた理由を探ることで、それらが結果として幕藩体制を下から支える重要な役割を果たしてきたということを明らかにしていきたい。

一　徳川家の出自と兎の吸物

上州世良田

徳川家康の遠い祖先は上州（群馬県）得川《とくがわ》郷の世良田氏だとされる。さらにさかのぼれば、新田氏、そして村上源氏へとつながる。つまり源氏の血を引く名門の流れということになる。しかし、この系譜関係の信憑性は高くない。確かに上州すなわち現在の群馬県新田郡尾島町には世良田という所があり、そこには東国最初の禅寺とされる長楽寺（太田市世良田町）がある。この寺は中国から臨済禅をもたらした栄西の弟子、栄朝を開山とする新田氏の菩提寺である。栄朝を師と仰いだ聖一国師（円爾弁円）は四代目住職であったともいう。それからずっとのち、この名刹長楽寺の住職となり、天台宗に改宗させたのが、ほかならぬ天海僧正である。天海は常に家康の側近にあり、家康の死後、東照大権現という神号を贈ることを主張した人物であり、この寺の一角に東照宮を建立させたとされている。また中国の風水思想あるいは陰陽五行説などでは聖地を直線状に結ぶ聖なるラインが存在するとされ、家康の墓所がある久能山・富士山・日光と結ぶ直線上に世良田も乗っており、あわせて日光は江戸の真北すなわち北極星の位置にあるということで、ここになんらかの意図を見る説もあるが、物語の域を出

写真１－１　世良田東照宮（群馬県太田市世良田町）
2013.10

るものではない。現在世良田にある東照宮の社殿は、家光によって現在の日光東照宮が造営される際、その前から日光に建てられていた建築を移したもので、東照宮建築の中でも初期の例に属する。

徳川家の出発点がこの地とされたのは、松平氏を名乗るようになる前、系譜上に世良田を名乗る人物がいたからである。徳川家が伝える始祖伝説では、家康で九代目となる三河の松平氏の初代、得川《とくがわ》親氏は新田氏の一族であり南北朝騒乱に際して足利方に敗れ、追及を逃れるため父親の有親と共に時宗の僧に身をやつして流浪していた。そして三河国松平郷（現・愛知県豊田市松平町）の土豪松平太郎左衛門が親氏の「容貌骨柄只人ならざるを見しり。請むかへてをのが女にあはせ男子を設」けたとされる（『東照宮御実紀』巻一）。つまり松平家に婿入りした親氏が、松平姓を名乗るようになった最初の人物であった。ただしこのことを示す確実な資料はない。家康が三河に勢力を確立し朝廷から三河守を授けられるためには源平藤橘のいずれかの系譜に連なっている家柄であることが必要だったため、源氏である新田氏の庶流である得川氏に藤原氏に連なる者があったということから、ようやく徳川を名乗ることで任官が可能になったとされる[1]。なお、家康の祖父にあたる清康は天文四（一五三五）年の大樹寺多宝塔真柱銘文に「世良田次郎三郎清康」と記しており、上州との関連が意識されていたことは確かであろうから、上州得川郷出自の話にもなんらかの根拠があったのかもしれない。

『徳川実紀』（慶長十六年十一月十三日条）に、次のような記事が載っている。大御所（家康）が川越に行っていた時、土井大炊頭利勝は観智国師存応を伴って上州上田に行き、徳川家の御先祖の旧跡を探捜したが、そのような旧跡のことを知る人は誰もいなかった。しかし一人の農民が、世良田に近い岡の上に古寺の跡があると聞いたことがあると言ってきたので、利勝は人を集めてその岡の上を掘らせたところ、古仏・古瓦がたくさん出てきた。これこそ紛うことなき御墳墓の地だろう、ということで、その地形を描いて御覧に供したという。これで出自が明らかになったというわけではないが、世良田という地名が強く意識されたのは、先の清康の棟札も根拠になっていたであろう。

将軍家元旦の嘉例は兎肉の吸物

以下の挿話は同時代の史料があるわけではないが、少なくとも江戸幕府成立時には語られていたもので、始祖伝説の一部をなす物語である。松平氏初代となる親氏が父親の有親と共に時宗の僧となって遍歴中に信州にやってきた時、知り合いだった藤助光政のところを訪ねた。正月を控えて何かもてなしをと考えた藤助は雪の中を出て行きウサギを一羽捕らえることができたので、元旦に羹《あつもの》として親氏に御馳走をしたという。親氏は松平郷に定着したのち藤助を家臣として招き林姓を与えた。林藤助の子孫について世良田東照宮宮司菊池清氏のご教示によると、林家一四代忠英自筆の「兎御献上之義留」（文政九＝一八二六年）に、この習慣は永享十二（一四四〇）年から始まったが、天正八（一五八〇）年に六代目忠政が眼疾のために致仕した際に辞退して中断していたのを、文政九（一八二六）年に再開したとある。林家は前年に加増されて上総国貝淵藩（千葉県木更津市）一万石の大名となったことから、先祖からの兎献上の伝統復活を願い出て許可された。兎肉を正月に食することは早くから幕府の嘉例となっており、林家からの献上がなくても継続されていた。少なくとも元和二（一六一六）年正月には兎の羹が供されていた。すなわち『徳川実紀』（元和二年正月元日条）に、江戸城内では卯刻（午前六時）より新年の儀式が行われ、雑煎のあとで盃がまわり、ついで兎の吸物が出たと見える。兎羹が元旦の嘉例として継承されてきたことは、『将軍徳川家礼典録』巻之一（文政天保年間編輯）の正月朔日の項に「一兎之御吸物御祝有之、老中、若年寄於中之間、兎之御吸物御酒給仕御賄頭御台所頭」とあり、このあとに大福茶が出されたとある。「幕府年中行事歌合」（上）（『徳川礼典録　附属』所収）にもこの故事が出てくる。

一番

左　兎羹

折にあへは千代の例となりにけり雪の林に得たる兎も

この判者の説明に、兎羹の由来を述べたあと「代々の嘉例として年毎の元日に両御所白木書院にて、三家のかたがたにかはらけ給ふときに奉る事とはなれり。このあさ宿老少老城にのほりて、政所へ出る前に厨の事つかさとるともからかしはての司めくもの兎のあつものもて出て、みき三献をすゝむ。大目付の輩相伴たり」とある。

兎の故事は、将軍家正月の嘉例でもあり、兎を献じた者、その居住地などについて諸説が生まれている。このことは、徳川氏の出自の曖昧さと相まって果たして事実を述べたものかどうか、疑わしいと言わざるを得ない。しかし林述斎が編纂させた厳密な史料集である『朝野《ちょうや》舊聞《きゅうぶん》裒藁《ほうこう》』では多くの説が紹介されていて、この伝説が大きな意味を持っていたことを窺わせる。

兎の話は寛永・正保頃にまとめたと推定（成島司直による）される『参河後風土記』に見える。[2] 同書巻第四の「徳川有親父子没落付剃髪並兎ノ吸物起本之事」には、管領上杉憲実の圧力で郷里の得川に居られなくなり、所々流浪して相模藤沢の清浄光寺において剃髪し、有親は長阿弥、親氏は徳阿弥と名乗って信州に赴いた。信州にはかつて鎌倉において親交があった林藤助光政（小笠原清宗の三男）が山家に蟄居していたのでその家を訪れた。時に十二月下旬であった（以下読点筆者）。

光政大ニ悦ヒ是ヲ饗セントスルニ一物ハナシ、殊ニ山家ナレハ不及力、十二月廿九日自ラ雪ヲ分テ狩シケルニ兎一ツヲ得タリ、翌ル（永享）十二年庚申正月朔日、有親父子に雑煮ヲ進ム、且兎ノ吸物ヲ出、自是シテ兎ノ吸物ヲ徳川家ノ嘉例トス

雪中で藤助が捕った兎を心尽くしの正月の御馳走として食べることができたという話である。松井弘によると、岡崎市の大樹寺には林藤助の墓があり、松本市里山区には藤助が兎を猟したという字兎田という地名があるという[3]。

『本朝食鑑』は延喜式に兎の醢《ひしお》（しおから）が大学寮での釈奠（孔子を祭る儀式）に供えられたとあることを紹介している。また神君がたまたま信州に寓されたことがあり、正月朔日に兎を猟して羹にして献じたということにも触れている。同書は元禄八（一六九五）年の成立であるから、兎の吸物の伝説は早くから民間にも流布していたと思われる。兎は一般の食生活にも貴重なタンパク源としての位置を占めており、雪中でのワンダ猟（鷹の羽音を発する藁製品を空中に投じて兎を追い詰める）などさまざまな狩猟法があり、肉だけでなく骨も叩いて汁にした。

日光東照宮の歳旦祭に現在でも兎が一羽供えられているのは、この親氏の故事に倣ったものとされるが、一説には、家康が三方ヶ原の敗戦で小屋に潜んでいたとき、鶏の鳴き声で発見されてしまったので日光でも東照宮の

写真１－２　滝山東照宮（愛知県岡崎市滝町山籠）　2014.3

ある山内一帯では鶏を飼うことを禁じ、その代わりに動物ではあるが一羽二羽と数える兎を供えるのだともされる[4]。この兎は、日光神領の農民が調達することになっていたという。

愛知県岡崎市の滝山《たきさん》東照宮は、現在宮司不在であり氏子の方々によって管理されているが、代々の氏子の一人で滝山寺の門前に住んでいる鈴木修さん（昭和十七年生まれ）は、まだ小さかった頃、年寄りから「うちでは兎を食べてはいけないと伝えられている」と聞いたことがあるという。残念ながらこれ以上のことはもうわからないが、もし鈴木家が昔からこのタブーを継承してきたとすれば、東照宮（家康）と兎との関係は、江戸城内にとどまらない大きな意味を持っていた可能性がある。

兎の肉の特殊な効用

幕府正月の嘉例として兎の吸物は長く継承されてきたのだが、なぜ、兎なのだろうか。この話を実際の物語とみることは難しい。なぜなら、有親・親氏父子の漂泊譚の真実性には疑問が持たれており、当然ながらその過程での出来事にも疑問符が付く。のちに松平家の婿となり徳川家の初代とされる親氏を物語上の「英雄」と想定してみると、その英雄の力がすっかり衰退して窮地に陥った時、ある奇跡にめぐり合うことで一気にその力を回復するという、伝承文学上のパターンに当てはまるものではないかと考えられるのである。確かに藤助なる人物の子孫はいるが、結果的に親氏の窮地を救ったのが兎肉だったところに大きな意味があると思われる。

写真１－３　タウンビョンの兄弟像に祈る（ミャンマー）　2002.8

写真１－４　献上されたウサギの肉（ミャンマーのタウンビョンで）　2002.8

　ここで筆者がミャンマーで調査した同国内で一、二を争うほどの大きな祭りの中での重要な行事と酷似していることを紹介したい。ミャンマー国民の多くは仏教徒であるが、同時にその仏教の守護神であり、現世でさまざまな利益をもたらす無数の神々（ナッ）を信仰している。その中で最も霊力が強いナッの一つとされるのが、十一世紀にビルマ統一を果たしたバガン朝時代、王によって殺されたといわれる兄弟のナッである。二人を祀るタウンビョンの神殿は、かつてのビルマ王都であるマンダレー郊外にあり、年に数回の祭りには国中からおびただしい参拝者が訪れる。この祭りの中で注目されるのは、王に従って出征した戦いの帰途、疲れ果てた兄弟に古都アマラプラの住人が兎の肉を差し上げたところ、兄弟は元気を取り戻したという故事に倣い、今でもその時に兎肉を献上した家の子孫が、祭りに兎肉を奉納していることである。親氏に兎の羹を供した藤助の子孫が後々まで将軍家に兎を献上していたことを彷彿させる。

　では、なぜ兎なのだろうか。この物語の淵源は釈迦の前生譚の一つ、満月の中に住む兎の由来に関係があると思われる。老人に姿を変えた帝釈天が空腹を訴えたとき、狐と猿は食べ物を見つけてきたが、何も得ることのできなかった兎はその場に火を起こさせ、わが身を食べてくださいと言って自ら火の中に飛び込んだ。その気持ちを愛でた帝釈天は兎を月に送った。だから月の表面の雲のように見えるのは兎の焼ける煙であり、月の中に兎がいるというのはこの兎の形であるという物語で、中国唐代に成立した仏教書（『法苑珠林』）をもとにした話が日本ではすでに平安期の『今昔物語』(5)に引かれている。つまり、それだけ広く知られた話ということになる。また赤田光男によれば、兎は多産であることから豊饒の象徴であり、山の神の御使いともされたという(6)。兎のイメージがまた数多くの図像に描かれていることは今橋理子の研究に詳しい(7)。

親氏の話の背景には、兎肉を食べることによって衰退した力を回復する、ひいてはその人物が神の力を背景に持つ特別な人間であるという暗喩があるとみられる。あわせて兎を豊穣の象徴であるとすれば、子孫繁栄の縁起物とされるシダを模した前立《まえだて》をつけた家康着用の甲冑を歯朶具足と呼び、歴代将軍がこれを模した甲冑を作ったことにも通じるものがある。このような視点に立つと、これまで取るに足りない「お話」とされ、歴史研究者からは歯牙にもかけられなかった家康をめぐる多くの民間伝承が、神君家康を頂点とする幕藩体制を支える上で大きな意味を持っていたことが明らかになってくる。

二　家康の神格化と統治の理論

人間家康から神の君へ

家康は岡崎城主松平広忠と刈谷城主水野忠元の娘於大の長子として誕生した。伝説によれば、於大はよき子に恵まれるよう鳳来寺医王院（愛知県新城市）に参って子授けを祈願し霊夢を見て妊娠、天文十一（一五四二）寅年十二月二十六日の寅の刻に生まれたという。父一七歳、母一五歳であった。鳳来寺の本尊薬師如来には十二人の眷属がおり家康誕生とともに寅の方角の守り神である真達羅《しんだら》大将像が鳳来寺から消えたといわれる。つまり家康はその生まれ変わりということになる。山中の薬師堂あるいは観音堂に一晩お籠りをした結果、子どもを授かったという話は多い。一方では、仏堂では若い男女入り交じって雑魚寝《ざこね》する風習があり、その結果、誕生した子は仏（カミ）の恩寵を受けた子であり長じて優れた能力を発揮することになる。家康誕生についても後世の付会とはいえ、薬師如来（神仏）の加護のもとにあるといった神話ができ上がっていたのであった。

この伝説は源義経との恋物語として知られる「浄瑠璃姫」の誕生にまつわる物語が下敷きになっている。三河の国司、源中納言兼高は妻とした矢矧《やはぎ》の遊君との間に子がないのを嘆き、峰の薬師（鳳来寺）に子授けを祈願し、薬師仏から「十二神を一体子種に取らすべし」「名は南無東方浄瑠璃御前と付くべし」との霊夢を得た（岩波新古典文学大系『古浄瑠璃　説教集』）。この物語は十六世紀後半には成立していたとされ、近世には各地に伝わっている。たとえば静岡市有東木盆踊の詞章に「伊勢の山田の金高長者／金高長者に子が無き候て／峯の薬師へ申し上げ」とある（本著作集第二巻三六六頁）。英雄の権威付けには誕生にまつわる奇跡が有効であるから、豊臣秀吉の誕生に際して母の懐中に日輪が入った（『太閤記』など）という話が作られている。家康誕生に際してもなんらかの不思議が起きて当然（起きなければならない）という認識がこのような伝説を生んだのである。

その後の家康の生涯についてはすべて他書に譲り、元和二（一六一六）年四月十七日に七五歳の生涯を閉じ、久能山に埋葬されて以降の神格化をめぐる問題から始めることにしよう。

家康の遺言には、まず、遺体は久能山に、葬儀は江戸の増上寺で、位牌は岡崎の大樹寺に、一周忌を期して日光に小社を建てて神霊を勧請せよ、とあった。ことはそのとおりに進むのだが、死後の御霊《みたま》のありようについては、よく知られているように、明神か、権現かという大論争があった。

ヒトガミ信仰

死後、生前の業績や犠牲的行為が敬慕され「カミ」として祀られたという例は多い。たとえば、洪水に備えるための難工事に際して人柱になった旅人が守り神となったなどの伝承は各地にあり、乃木希典を祀る乃木神社（東京都港区赤坂）、東郷平八郎を祀る東郷神社（渋谷区神宮前）など近代の英雄が神として祀られることもある。これらをヒトガミと称し、死後に政治的な目的のもとに東照宮とされた徳川家康、豊国大明神となった豊臣秀吉、生前に自らを神に位置付けようとしたとされる織田信長もこの範疇に含まれるであろう。

家康は元和二（一六一六）年四月十七日に七五歳で世を去った。江戸幕府の公式記録である『東照宮御実紀付録』（巻二十五）には、山王一実神道を説き、かねて信頼を寄せていた天海（南光坊）を病床に召し「此うへは御坊の神道の奥義により。いよいよ子孫の繁栄を祈る事なり」と言い、ついで「大織冠鎌足は。播州阿威に葬り。一年過て和州談峰に遷葬せしとか。我なからん後には此例になぞらへ。遺骸をばまづ駿河の久能山に葬り。三年の後野州の日光山にうつすべしと御遺命ありし」とある。家康を神として祀るにあたり如何なる神号とするか、明神か権現かをめぐる熾烈な論争があった。それぞれの理論を主張する宗教者にとっては、主君の死後にもその後継政権に対する大きな影響力を持つことができるという意味できわめて重要な問題である。

明神か、権現かは、家康自身が決めたことではない。権現を推した天海の主張がなぜ通ったかといえば、明神号は秀吉が豊国明神となり、そして豊家は滅亡したという単純なものではなく、天海が天台系の僧侶であり、天台の本覚思想が現実肯定的な面を持つゆえに家康の共感を得ていたという背景があったとされる。(8)『徳川実紀』は後世の編纂物であるから、神号を明神とするか権現とするかの論争には触れていない。ここで重要なのは、家康の死後は自らが神として祀られることを当然と考えていたことで、野村玄は「天海の構想した仏本神垂迹説相間図」を著書で示し、「東照大権現を崇敬すれば、必然的に釈迦牟尼世尊以下、諸仏を尊崇することになる」ので、天海は釈迦の治める仏国を実現させるために、ある意味で東照大権現を使ったともいえようと述べている。(9)東照大権現という神仏混淆の神号の背景には天海の壮大な構想があったのである。

権現号の背景に隠された天海の目論見とは別なところで、家康を神として、ひいては仏の化身と見なす考えは広く行き渡っていく。本地垂迹説を前提とするこの神号論争とともに、家康を聖徳太子、ひいては太子がその化身とされた観音菩薩を家康と一体と見る思想は、よりわかりやすい形で展開されていった。

自戒する家康像の真意

徳川家康はひところの「狸おやじ」観を脱し、内政・外交ともに卓越した政策を展開し、二六〇年に及ぶ徳川の平和の時代を築いたとして高い評価を受けるようになった。そうした家康の人間性を窺わせる好個の事例として広く知られている肖像画がある。「徳川家康三方ヶ原戦役画像」で、一般には足を組んでしかめっ面をしたさえない姿なので「顰《しかみ》像《ぞう》」（徳川美術館蔵）と呼ばれてきた。家康関連の図書にはほとんど掲載されているほど有名な画像である。伝承によれば、家康が武田信玄に大敗した三方ヶ原合戦（元亀三＝一五七二年）の後、この敗戦は己の慢心が招いた結果であると反省し自らの後世への戒めのために苦渋の表情を描かせたと伝えられる。

写真１－５　徳川家康画像
（三方ケ原戦役画像）（部分）
徳川美術館所蔵　© 徳川美術館イメージアーカイブ／DNPartcom

ところが、近年の研究によってこの絵画が描かれたのはもっと後のことで、三方ヶ原合戦の敗戦云々は何の根拠もない後世しかも明治時代以降の説明に過ぎないとされるようになった。[10]では、この図はどんな意図で描かれたのであろうか。ヒントは、この図像が仏像彫刻によく見られる半跏つまり片足を組んだ姿にあり、如意輪観音像などの様式にのっとったもので、しかも情けないように見える顔つきは、実は天部の諸像に見られる憤怒の表情ではないかという見解が出されている。[11]また家康の生涯を描いた絵巻物「東照社縁起絵巻」（三代将軍家光の命によって制作、日光東照宮蔵）では、その誕生の場面は「聖徳太子絵伝」を模範とする図様で「聖徳太子伝という視覚的な話型により徳川将軍家の始原を語り、正統性を付与する」と松島仁が明快な解釈を下している。[12]家康を、観音菩薩と同体とされた聖徳太子と同様に、深く仏教に帰依し人びとを護り導く存在として位置付けているのである。つまり「しかみ像」はそのような家康を礼拝する目的で描かれたと解釈できる。「東照縁起」には仏教に深く帰依した家康が描かれ、宗教的徳を持つものが政治支配を行うべきという理屈になるという。[13]家康は常に国の安寧と諸人の幸せに心を砕く偉大なカミ（ホトケ）として崇め奉られる存在になったのである。

もっとも、このような家康観の構造はきわめて理論的なものであり、縁起本文や絵巻作成に関わった天海の思想を反映したもので、それが広く一般に理解されたかどうかは別である。特に家康像は「神秘《じんぴ》」の画像とされ、絵画でも文章でも神格化が進められたのであるが、徳川家の事績に関する出版は禁じられていたので縁起の本文が普及することはなかった。

しかし家康崇拝につながる数多くの事績は書写されることにより内容の信憑性の有無に関わらず広く流布し、時には地域の伝説として語られるようになる。神君としての家康像（イメージ）は幕府の積極的な流布策がなくても、江戸時代も中頃を過ぎると、その神性や卓越した人間力が特定の地域と結び付けられ、思わぬ姿で身近に降臨した家康から与えられたとされるさまざまな特権や由緒を説く物語として各地に伝えられることになる。

三　庶民の中の権現様

1　家康との親交

身近な大御所様

家康と三河武士たちとの間には共に死線を越えてきた強固な紐帯があり、家康は彼らの行動をしっかり記憶していた。また家臣たちも身近な家康と交わした会話について感激をもって振り返ることができた。いわば主従の間には血の通った人間関係があった。彼らは家康との距離感で言えば、生身の家康と最も近しい関係があった人たちである。また商人や能楽、囲碁などを通じて家康との関係を持った人も多かったが、いずれも保護・被保護という関係にあった。それに対して、家康との直接的な利害関係を持たず、生前の家康と人間的な付合いがあったと自負する人たちもいた。

駿府馬場町に的場源七という人がいた。的場家は後に茶商として江戸城に茶を納めた有力な商家として知られる。家康と出会った契機は不明だが、源七を気に入った家康はしばしば同家に立ち寄って源七と話すのを楽しみにしていた。夜中に来たときすぐわかるように屋根に破風を作れと命じたほどだった。馬場町は駿府浅間神社の門前町で、家康が鷹狩を楽しんだ駿府近郊への通り道にあたる。ある日、家康が突然同家に立ち寄ったところちょうど源七は食事の最中で真っ白な飯を食っていた。それを見た家康は急に不機嫌になりそのまま城に帰ってしまった。慌てた源七はすぐに城に行き言い訳をしようとしたが家康は会ってくれない。しかも家来を通じて

「汝と懇意にしてきたのは質朴を愛する者であったからである。にもかかわらず、今日のように白飯を食うなど驕りにもほどがある。以後出入りを差し止める」という厳しい言葉が伝えられた。そこで源七は仰天し「下賤の身で白米など食べられません。あれは麦に豆腐のからをまぜたものです」と申し上げた。すっかり恐れ入った源七は以後、毎日おからを膳の上において食事をするようにし、今に至るまで子孫はこれを守っている（『駿国雑志』巻之九下）。

駿府鍛治町に住んだ岡村助左衛門はかつて戦場で家康に仕えた武士であったが、刀鍛冶になって鍛冶町に住み、駿府城内で家康としばしば碁を打った。ある時、帰り際に家康は黄金を両手でつかみ助左衛門の懐に入れてくれた。その翌日、町で黄金を拾ったという届け出がいくつもあった。それらは助左衛門が落としたものに違いない、さてさて無欲な者よと言われた。

志太郡一色（現・焼津市）に住む良知惣右衛門は家康放鷹の時には案内役を務め、無欲風狂を家康に愛されていた。ある時、ドジョウが沢山とれたので藁のツトに入れて駿府城に持参し家康の前で披露したところ、ツトの端を縛っておかなかったので一匹も残っていなかった。それでも家康は褒美に金を与えた。惣右衛門はそれを懐中に入れて帰る途中、川を渡ったときに全部落としてしまった。この話を聞いた家康は「みだらけな奴よ」と言ったという。ミダラケとは迂闊もの、オッチョコチョイといった意味である。子孫は現在でも「みだらけ」という屋号で呼ばれており、江戸時代以来久能山の例大祭に参列を許されている。

ここに見える話の主人公はいずれも実在した。共通するのは、家康が身分にこだわらずに胸襟を開いての会話ができた人物だったことである。臣下との親しい関係を示す話はいくらでも記録に見えるが、ここでは身分の枠を超えた関係を家康が楽しんでいたのである。高名な僧を招いて法話を聴いたり、宗論をさせたり、あるいは住職に会うために寺まで出向いたという記録は家康の人柄を示すものとして広まった。これらは家康と同時代に生きた主従関係がない人びとが自然体で家康と交わったという、いわば人間家康の交遊録である。もちろん、三河以来の家臣たちとの深い絆についての物語も多い。

家康ゆかりの献上品

『駿国雑志』（天保十四＝一八四三年成立）には、筆者阿倍正信の時代においても毎年江戸幕府に献上している産物名が列挙されている（表１－１）。

たとえば、由比（現・静岡市清水区）東山寺《ひがしやまでら》の林香寺から毎年献上されている山椒の実の由来は次のようである。慶長十四（一六〇九）年、家康が由比山で鷹狩の帰途、当寺に立ち寄り冷水を所望したところ、住職天倫和尚が湯呑の水に山椒を浮かべて差し上げた。家康がその香りを愛で、山椒の献上を命じ、以来明治三（一八七〇）年まで山椒の実は駿府と江戸に献上されたと

写真１－６　林香寺（静岡市由比東山寺）　2022.2

図１－１　興津鯛の図
出典：『駿国雑志』巻 25

表１-１　『駿国雑志』（巻之十八）に見える江戸城への献上品

品名	数量	献上者	献上日
興津鯛	1籠干物21枚	城代・定番	正月2日出立、同11日江戸で披露
	1籠干物50枚×2籠	加番3衆	11月23日出立、12月1日披露
	15枚（尺余）箱入	小島領主	寒中
	50枚入磨き籠さらに箱入	田中藩城主	正月7日
蜜柑	500入1籠	城代・定番	寒入りの日出立
初茄子	120入籠	城代	4月（日不定）出立
初茄子	25入1籠	有度郡下清水村	5月節入出立。久能御宮に8個、瓜と同籠
初筍	30本入り1箱	府中八百屋一統	4月節入出立。久能御宮に5本
白瓜	35入2籠	安倍郡安西井宮村	5月節入出立。久能御宮に7個、茄子と同籠
熟瓜	35入2籠入を1箱	安倍郡安西井宮村	6月節入出立、久能御宮に15入り1籠
山椒	1箱	庵原郡東山寺林香寺	土用入三日目に詰める、日限不定
鶍鶉	30羽余	富士郡本市場村鳥屋	7月中に江戸御鳥見衆へ持参
芝河海苔	100枚入1箱	富士郡半野村芝河	11月か12月の内出立、韮山代官支配御林守経由
蘭		府中宝台院	佳種ある時のみ
塩鮎	100匹箱入	備中庭瀬領主	狩野川の鮎を香貫村の郷士が調製（由来不明）
足久保煎茶	10斤入1箱（1斤10袋）	田中藩城主	6月献上
塩引鰡	20本入1箱（1本毎包）	田中藩城主	在所着御礼
塩鴨	1つがい青籠入1箱	田中藩城主	12月
浜塩鯵	30（8寸～1尺）青籠入	久能山惣守護榊原氏	5、6月
鰹開き	31本を4節とする	久能山惣守護榊原氏	10、11月（かつては久能蜜柑だった）

注：「村里の献進は総て御代官是を扱ふ」

いう。『駿河志料』（庵原郡東山寺の項）には「九英和尚西湖の山椒を持来り、殖しとて、香気も勝れたり、御在城の時より献上せしとて、毎年土用入三日摘取、県令（この場合は駿府城代か）へ公納す」とある。家康ゆかりの献上品が江戸時代を通じて継続されていた。

献上品として最も名高いのが興津鯛である。これはアマダイ（方名：グジ）のことであるが、呼称の由来は諸説あり、たとえば家康駿府在城の際、大奥女中の興津の方が十二月十三日の煤払いの時に「方頭魚《くずな》」の干物を献じて昼の膳に供した所頗る御旨にかない、毎年今日献ずべしと言ったので興津鯛と呼ばれるようになったとか、興津河内守なる者が献上したからだなどと言われるが、いずれにしろこの場合の興津は地名ではない。興津鯛は多く益津郡城腰《じょうのこし》村（焼津市）でとれ、城代・定番・加番衆から毎年献上される。幕末の記録ではあるが、嘉永二（一八四九）年に城腰村では献上用の一〇〇枚と各所への配布用も含めて六〇四枚を領主の田中藩に納めた。納期は十二月二十八日で、翌年一月七日に江戸将軍家御台所に献上されたという。[14]なお『駿国雑志』には「干物二十枚一籠青籠に入る、其間藁を敷て箱に納るなり、御城代、御定番是を献す。毎年正月二日当府発足、同月十一日江戸披露」とあるほか、表1-1に見るように、城代だけでなく加番、小島藩主、田中藩主よりも献上されており単純合計でも一八六匹になる。

名物の由来とお手植え伝承

これらの家康がらみの話は、献上の契機そのものの真偽はさておき、毎年実際に献上されていることから、すべてを後世の作り話として退けてしまうわけにはいかない。しかし献上物ではない土地の名物の由来はある時期の作り話の域を出ない。有名なのは駿府の安倍川のほとりの茶店で売られた安倍川餅である。搗き立ての餅に砂糖入りの黄な粉をまぶしたもので、あるとき家康に差し上げたところ「何という餅か」と尋ねられた。ちょうど

写真１－７　駿府城本丸内の徳川家康手植えのミカン（静岡市）
2023.11

安倍金山が栄えていた時であったので、これは安倍の金の粉をまぶしたキンナコ餅でございますと答えたという。当時珍しかった白砂糖を使った餅は高価ではあったが東海道の名物として人気を博した。街道の人気ぶりは寛政七（一七九五）年に完成した猿猴庵『東街便覧図略』（名古屋市博物館蔵）に、亀屋という立派な構えの茶店の図が載せられている。これを五文取といい、小さな餅が一皿に一〇個載ったものを五文で売った。『東海道中膝栗毛』では、「名におふあべ川もちの名物にて、両側の茶屋、いづれも奇（綺）麗に花やかなり」とあり「めいぶつ餅をあがりヤアし。五文どりをあがりやアし」と女たちが声掛けをしている。

その他、山葵、お茶についてもなにかと家康由来の物語が付されているが、いずれも確かな史料の裏付けはない。家康の神格化が進む中で意図的に付されていったもので、近年に至っては観光目的で家康と地域の産物との結び付きを強引に語る例も少なからず見られる。

家康との関係を強調する伝説の中では、お手植えの樹木が特別な意味を持っている。お手植えは高貴な方（天皇や皇族）がその地に残した足跡を語るものである。一例だけ挙げれば、駿府城の旧本丸内に家康手植えと伝えられる蜜柑（静岡県指定天然記念物）がある。小ぶりながら香りがよい在来種であり、毎年数千個の実をつけ市民にも配られている。隣に立つ鷹狩姿の家康像と相まって、駿府城跡のシンボル的存在になっている。本来のお手植えされた樹木はカミの宿る聖なる木であり、カミとして植樹した人物の勢威が後世にまで伝わっていくことに意義がある。家康お手植え伝説は、家康がその土地を寿ぐカミであることを示しているのである。

焼津市石脇の旧家である原川家はかつて家康が武田氏と戦った時に忠節を尽くし、のちに家康が鷹狩のたびに当家に立ち寄ったと伝えられ、同家の門前には家康の旗掛石（鞍掛石）と駒繋松がある。これも古くは源頼朝にまつわる下馬桜（静岡県富士宮市狩宿）と同様にカミになった英雄の依代《よりしろ》であった。ただしこの伝説の背景にはもともと日本坂を越えるにあたってその登り口にあった巨石が旅人の行路の安全を祈る場ではなかったかと推定される。古くからの峠越えの信仰が、家康の偉大さを伝える物語になった。

なお家康が鷹狩にきわめて熱心であったことは、『当代記』などに驚くほどの事例と執心ぶりが出てくる（第二章参照）。鷹狩の目的は、軍事訓練、自らの健康維持などいくつもの理由が挙げられよう。鷹狩は日本だけでなく王侯貴族が好んだもので王権の権威を示す重要な行事であった。駿府在城の大御所家康のもとには朝鮮から鷹が贈られており、鷹は松と共に障屏画の重要な主題となっている。家康の鷹狩は家康個人の嗜好にとどまらず、王者さらにはカミとしての権威を示す重要な意義があった。

神となった家康の神性を具体的な遺物、遺跡、行動によって示してきたが、一転して戦に敗れ情けない姿を庶民にさらす家康伝説が、家康ゆかりの遠江国を中心に多様な内容で語り伝えられている。

2　家康敗走伝説

家康を助けた褒美

三方ヶ原敗戦の際に自己反省のため描かせたといわれてきた顰《しかみ》像は、それが描かれた本来の目的とは異なってきわめて道徳的な説明が付けられてきたが、それを皆が納得してきたのは、家康が三方ヶ原で武田軍によって完膚なきまでに叩きのめされたという歴史的事実があるからである。しかも浜松市周辺に特に多くの敗走伝説が聞かれるのは、三方ヶ原合戦に至るまでに遠州と三河の山間部において地元の国衆らと家康が合戦を繰り返していたこととも関係がある。逃げ惑う家康の姿はいかにもありそうな話として受け容れられたと思われる。

いくつか例を挙げてみよう。昭和七年に採集された話を二つ、原文のまま紹介する[15]。いずれも女性が伝承してきた話である。

・家康が戦に敗れて三倉村（現・森町）に逃げてきた。敵が後から追跡するので家康は百姓屋の倉にしのび込んで隠れた。ところがそこには三つの倉が並んでいたので、敵は探し出すことができず、家康は辛うじて助かった。そこで家康は三つの倉が並んでいたので助かったとて、非常に喜んで三倉村と名付けるに至った（本多みち）。

・家康が光明様地方をば逃げて帰る時、光明様で小豆を炊いたのを呉れたが、食べながら歩いたため其のつゆ（汁）をこぼした。そのため六町位のみちのりが、石も土も全部小豆色に染まっているだよ（鈴木とし）。

次は浜松市にある銭取という地名の起源である。敗走中の家康が空腹を覚えたとき道端に茶店があったので餅を食べていたところ追手が迫ってきた。慌てた家康がそのまま逃走すると、茶店のばあさんが代金を払えといって追いかけてきて、とうとう家康から銭をとった。ゆえにその場所を「銭取」という。また「小豆餅」という地名も生まれた。

あるいは遠州に帯金という姓の旧家がある。敗走してきた家康を助け、ここから逃げるには金が必要でしょうと言って帯から金を出して渡した。当家は以後、帯金という姓を与えられた。

このような家康をめぐる伝説は遠江に特に濃厚に分布しており、御手洗清は郷土史などを渉猟して数多くの事例を紹介している[16]。中山正典は家康敗走についての一〇七に上る事例を挙げ、次のように分類している[17]。

a　報恩　　天下取りの後、名誉や特権を与える
b　褒美　　その場で恩賞を与える
c　姓の由来　窮地脱出の状況に関わる姓を下賜
d　敗走　　庶民の中に入って難を逃れる
e　長者　　のちに恩賞を得て長者となる
f　その他　地名や関係する植物名などの起源

この分類はもとになる伝説が複数の要素を有することが多いのであくまでも便宜的なものであるが、窮地に陥った家康を助けたためになんらかの褒美を得た話がほとんどである。遠州のみならず駿府城下町にも家康の危急を救った話がある。駿府桶屋町では、敗走してきた家康を桶屋が伏せた桶に隠してやったことで難を逃れることができたので、家康がなにか褒美をとらそうと言ったところ、仕事の後で木屑などを掃除するのが面倒なので、桶屋は掃除をしなくてよいということにしてほしいと頼み、それが認められたという。磐田郡山香村（現・浜松市佐久間町）にも同様な話がある。信玄に負けた権現様が和泉平（周智郡春野町、現・浜松市）へ逃げて行く途中で桶屋に助けられ、同様の権利を得たというのである。しかしこの話は伝説としてはありふれたもので、敗走する主人公を頼朝とする例もあるから、核となる話に主人公と地名を入れ込んで地域独自の物語に仕立てるという伝説の基本を踏襲している。したがって物語の筋よりも地域とどれだけ密着して語られてきたかが重要である。

特権保持の根拠

口承文芸研究者の大嶋善孝は、家康絡みの伝説を静岡県全域および全国にわたって収集して大きく三つに分けた。すなわち、①特定の岩や石の説明にとどまる単純なもの、②三度栗などの奇跡型ともいうべきもの、③食べ

物や飲み物を乞うもので、これら三類型は、家康でなくても、たとえば日本武尊、源頼朝、日蓮など、地域ゆかりの歴史的人物に置き換えられる。大嶋はこれらの内容が曖昧な伝説とは別に、敗走する家康が危機を救ってくれた者に対して実利を伴う特権を与えたという部分に着目した。

たとえば、天竜川池田の渡船（明治以前には天竜川に橋は架けられなかった）の権利についての話である。家康が三方ヶ原合戦に敗れて逃げてきたとき、善右衛門という男が戦いを怖れて竹藪の中に隠れているのを見つけた。家康は天竜川を渡してくれるように善右衛門に頼んで無事西岸に渡ることができた。そのため善右衛門はこの地における天竜川渡船に関する運営権を認める御墨付を頂戴したとされる。池田ではこれを根拠に渡船の権利をずっと保持できた。もちろん御墨付には窮地を救ってくれた礼であるなどとは書かれていない。

焼津の漁師たちは漁船が高速を出せる八丁櫓が自慢であるが、本来八丁櫓は御法度とされていた。ある時、家康が焼津から久能まで漁船に乗って行くことになったが一般の船では護衛の軍船について行けない。そこで船元が御法度の八丁櫓を認めてくだされば追いつけますと言上して許されたので、無事に役目を果たすことができた。以後、焼津の八丁櫓が公に認められているという。このことを記した近世の記録はなく、八丁櫓は焼津漁船にだけ見られたものではないから、おそらくは焼津のカツオ漁発展とともに比較的新しい時代に語られ始めたものであろう。

このような類話を収集した大嶋善孝は、家康から特権を認められた者は海辺、川辺の人が多く、このことは交通・運輸ひいては軍事上重要な役割を果たす彼らを家康が巧みに取り込んでいったことを示すものと解釈されていると述べ、なんらかの特権に結び付いた家康敗走伝説について数多くの事例を集めて整理している。(18) 家康敗走伝説は、時には地域の産業保護の根拠にもなっていたのである。

四　家康神話の拡散と幕藩体制

金のなる木

家康駿府在城時の慶長九（一六〇四）年の某日、家臣たちと夜話数刻の後「汝等金の生木《なる》を知たる哉」と問われた。皆、知りませんと答えたら家康は自ら筆を把り「よろづ程よ木、じひふか木、しやうじ木の幹三本の木」を描かれ、「是を信用せば、富貴必の儘成べし」と仰せられた。折ふし細川忠興がそれを拝見し「左にかせ木、ついへのな木、ようぜうよ木、かなひむつまじ木の四枝を添へ、右にあさお木、いさぎよ木、しんぼうづよ木、ゆだんのな木の四枝」を添えたらいかがでしょうかと申し上げたところ、家康は「左右の枝繁茂せば、猶富貴長久たらん」と微笑んだ。居合わせた者は感嘆し絵を写して持ち帰ったという。これは伏見城内とか江戸城内でのことという説もある。この話を載せた『駿国雑志』（巻之九下・御事績）は天保十四（一八四三）年成立だが、著者阿部正信は「近頃これに金銭の花葉をそへ、結銭木と号して世に行はるゝ所のもの即是也」と記している。この話を具体的に描いた金の成る木の絵が広く流布していたようである。津藩（三重県）では、天保十一（一八四〇）年に「かねのなる木乃図」を一〇九枚印刷し、一枚五厘で配布したという。図の賛に「此図先年江戸人某より伝来」とある。また大坂心斎橋の達磨堂からも「金銀乃なる木」が版行されている[19]。日本銀行金融研究所貨幣博物館には「金のなる木」と題する錦絵が多数所蔵されている。たとえば、「婦久徳金の成期」と題して女性の徳目として一項目ずつ描いたものをはじめ、七福神や布袋などの背景に金の成る木を描いたものなどを同館のホームページ上で見ることができる。これらはいずれも幕末から明治初期のものとされるから、先の『駿国雑志』にあるように、幕末期に全国的な流行を見たものと推定される。並木誠士は、新たに「なさけな木」「ふ実

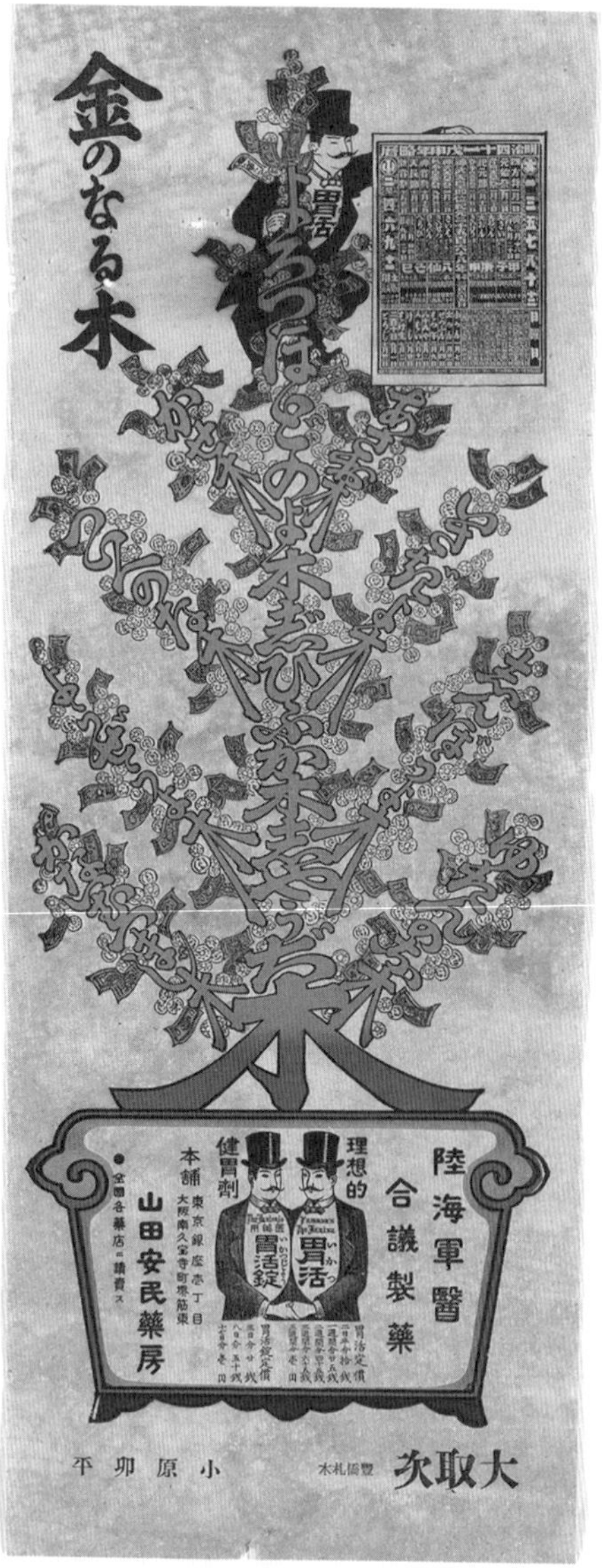

図1－2　金のなる木をデザインした暦
（豊橋市美術博物館蔵）

のな木」などを加えた明治三十二（一八九九）年の京都の燃料店引き札を紹介している。[20] 挿絵（図1－2）は明治四十一年の暦の図案として山田安民薬房（現在のロート製薬株式会社）が代理店を通して配布したものである。なお現在でも金のなる木を描いたカレンダーを販売している向きもある。

家康の墓所がある久能山東照宮の家康墓所近くに「金のなる木」と称する木があるが、近世には一般庶民の参拝は例大祭の時以外は許されていなかったので、これが知られるようになったのは近年のことと思われる。

東照君遺訓と狂歌

家康が道徳を説き、それを守ることで富貴となるという話は、有名な東照君遺訓にさかのぼるかもしれない。

人の一生は重荷を負て遠き道を行くが如し、急ぐべからず。不自由を常と思へば不足なし、心に望起こらば困窮したる時を思ひ出すべし。堪忍は無事長久の基、怒りは敵と思へ。勝事ばかり知りて、負くる事をしらざれば、害其身にいたる。己を責て人を責むるな。及ばざるは過たるより勝れり

この戒めの文言は「東照宮御遺訓」として広く流布しているが、現在伝えられている御遺訓写、たとえば『松永道斎聞書』（久能山東照宮蔵）などには載っていない。これは徳川光圀作と伝えられていた教訓文を幕末期に流布させたものという（『国史大辞典』東照宮御遺訓）。御遺訓とともに広く人口に膾炙している家康関係の警句や伝承には次のようなものがある。

・天下餅

織田がつき　羽柴がこねし天下餅　座りしままに食ふは徳川

江戸時代も終わりごろになって作られた狂歌。歌川芳虎が描いた諷刺画が「道外武者御代の若餅」に見える。この絵は発禁になり、版元とともに歌川芳虎も処罰されたという。

・三英傑とホトトギス（松浦静山『甲子夜話』）

「郭公を贈り参せし人あり。されども鳴かざりければ、

なかぬなら殺してしまへ時鳥　織田右府

鳴かずともなかして見せふ杜鵑　豊太閤

なかぬなら鳴まで待よ郭公　大権現様」

・初夢の定番（初夢に見ると縁起がよい）

一富士二鷹三茄子

正月が近づくとテレビ、新聞に必ず取り上げられる話題で、家康が好んだ駿河の名物であると説かれるが、実

は全く根拠がない。いつ、誰が言い出したのかも不明だが、もっともらしい解釈を付して広く流布している。なお茄子については早くから毎年の献上品となっており、名勝三保松原に近い折戸《おりど》（静岡市清水区）で作られる折戸茄子を家康が好んだと伝えられる。

幕藩体制の下支え

これらの事柄は、「まっとうな」歴史家ならば歯牙にもかけないものばかりであろう。しかし、一般庶民にとっては、徳川四天王が誰で、いつどんな戦をしたのか、などはどうでもよいことで、遠江を中心に伝えられてきた家康敗走伝説の方が身近に家康の存在を感じることができるという意味で重要だった。家康の一生のうちで敗走とそれに続く危機は、神である家康が弱みを見せて人間と直接接触する唯一の機会になったからである。山の神（女性）の出産と猟師という昔話がある。山の神が難産で苦しんでいた時、ちょうどそこに差し掛かった猟師がお産を助けてあげたところ、以後、獲物に恵まれるようになったという。神であっても危機に陥った時には姿を人間に見せて助力を求める。必死で逃げる惨めな家康の姿は、まさにこの苦しむ山の神に相当する。その苦境を助けた庶民は神の恩寵を得ることができるのである。逆に言えば、神君はこのような状況がなければ、庶民と接点を持つことができない。敗走伝説は、普段は不可視の神があえて弱みを人の前にさらし、適切に対応した者に恩恵を授けるというパターンそのものである。これらの伝承・伝説が、なぜ江戸時代を通じて継承されてきたのか、しかもそのほとんどが幕府創建時ではなく、主として江戸時代中頃以降の成立であると推定されることは、家康の神君像が確立し、神としての恩恵を庶民に与えるという物語が、幕藩体制の安定・強化につながっていくからである。

ここで大胆な絵を描いてみよう。神としての家康を頂点とする「江戸幕府教団」ともいうべき組織があったと仮定する。一般に宗教団体すなわち教団は次のような構造を持っている。頂点に教祖があり、それを直接支え教義を整えていくのが教祖の教えを直接受けた弟子たち、そして教祖が起こした奇跡を信じる圧倒的に多くの一般信者たちである。この三層構造の背景に、教祖誕生以前の物語（仏教でいえば前世譚）、すなわち徳川家の創世神話（流浪する祖先と兎）や家康誕生と峰の薬師の功験などが付随する。

この発想を神としての家康を頂点とする江戸時代の社会に当てはめてみよう。まず教祖に相当するのが徳川家康であり、神（理論上のヒトガミ）ないしカミ（人間としての側面が消え抽象化された不可視の存在）として頂点にあり、生前のあらゆる言動が神の意志の顕現とされる。第二層に該当するのは生前の家康と直接接したことがある家臣たち、中でも三河以来家康に尽くしてきた家康股肱の臣、あるいはその子孫で自家の由緒書や古文書などを有していて家康との接点がある者、家康に仕えた学者、芸能者など、家康を神たらしめる上で大きく貢献した人びとで、彼らは後世の人であっても神君に対する特別な思慕の念を持つだけでなく、その神話を吹聴する立場にある。いわば弟子であり「使徒」とも言えよう。そして第三層は当初から家康を神として認識し、身近に出現した神から与えられたさまざまな恩恵を得てきた者、あるいは公儀の権力・権威の源泉としての神君を不可侵の存在として崇敬する庶民である。もちろん、この意識を逆手にとった庶民には、無数に残る代官所への嘆願書に「以御慈悲、御願奉申上候」という決まり文句で要求を通そうというしたたかな

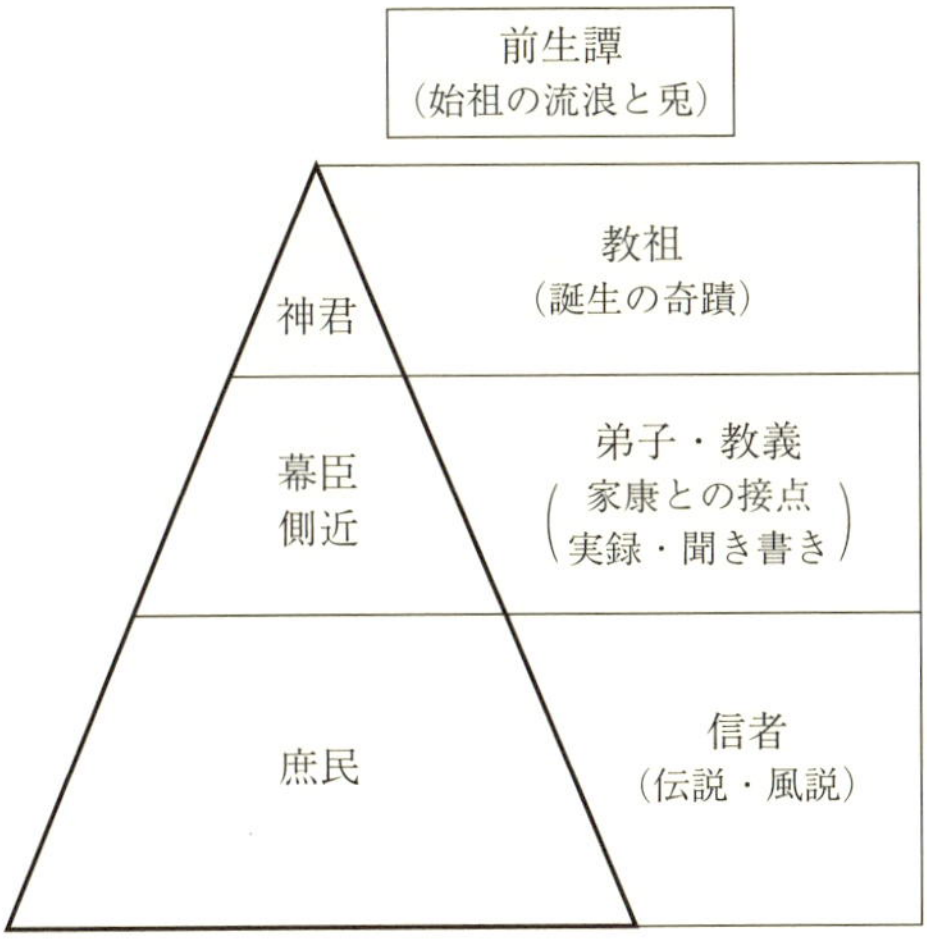

図1-3　「仮称家康教団」の模式図

側面もあった。

道徳神から福の神へ

このように図式化してみると、強固な幕藩体制は、現実の政治経済軍事などの支配組織や儒教などの理論的な根拠によって支えられただけでなく、より幅広い非論理の精神世界においても強固に秩序化されていたとみることができる。徳川二六〇年の安定は、このような精神と実益によって継続できたということになる。

ところが時代が経つにつれ、たとえば外国船の接近や度重なる飢饉、コレラの流行など、当初予期されなかった不確定要因が加わってくることで、将軍であり政治家であった家康の存在は次第に薄くなり、現実的な政治的対応が優先されるようになる。そして幕藩体制下で形成された統治者としての神のイメージは、御遺訓のような人の生き方を説く道徳神へと変わり、ついで「金のなる木」に見られるように、健康維持、家族融和、節約などを実践することが金儲けにつながるという、貨幣経済の発展を背景にしたハウツー本の主人公へと転換した。そして幕府の規制が完全に解けた明治になると、三英傑の二人のうちの信長・秀吉人気の高まりとともに狸おやじというマイナスイメージが強まる一方で、「金のなる木」を背景に大国様と並ぶ福の神へと転身していったのである。

最後に、あえて付け加えておきたい。本章は徳川の平和、大航海時代の家康の戦略など、近年の家康研究の動向は理解した上で、あくまでも庶民の精神世界における家康像の一端を民俗学のヒトガミという視点から通覧してみたものである。

〈付記〉
本章は静岡市が二〇一六年に刊行した『久能山誌』収載の「徳川家の出自と兎の吸物」に若干の補訂を加えた。

〈注〉
1　本多隆成『定本徳川家康』吉川弘文館、二〇一〇年、五二頁
2　愛知県図書館デジタルライブラリー『参河後風土記』。この本はのちに成島司直《もとなお》が改訂し『改正三河後風土記』の名で天保四（一八三三）年に完成した幕府公認の書籍である。
3　『大日光』二〇号、日光東照宮、一九六三年五月
4　『山幸―矢島貴文遺稿抄』矢島豊子発行、一九九四年、六九頁
5　『今昔物語』巻第五「三獣行菩薩道、菟（兎）焼身語第十三」（『新日本古典文学大系　今昔物語集二』）岩波書店、一九九九年、四二四頁
6　赤田光男『ウサギの日本文化史』世界思想社、一九九七年
7　今橋理子『兎とかたちの日本文化』東京大学出版会、二〇一三年
8　曽根原理『神君家康の誕生』吉川弘文館、二〇〇八年
9　野村玄『徳川家康の神格化　新たな遺言の発見』平凡社、二〇一九年、一六九頁
10　原史彦「徳川家康三方ヶ原戦役画像の謎」『徳川美術館研究紀要』金鯱叢書第四十三号、二〇一六年
11　薄田大輔「戒めの画か、神像か―「徳川家康画像」の謎」『鴨東通信』No.116、思文閣出版、二〇二三年
12　松島仁「徳川将軍家の始祖・家康の神格化と徳川日本の創建神話の創出―《東照宮縁起絵巻》をめぐって―」『徳川将軍権力と狩野派絵画』第二部、ブリュケ発行・星雲社、二〇一一年、一四五頁

13　（注８）九七頁
14　『焼津市史　漁業編』二〇〇五年、四〇〇頁
15　静岡県立女子師範学校内郷土史研究会『静岡県伝説昔話集』一九二〇年
16　御手洗清『遠州伝説集』正・続・続々、遠州出版社他、一九六八～一九七八年
17　磐田市史編さん委員会『天竜川流域の暮らしと文化・下巻』一九八九年、六九六～七一五頁
18　大嶋善孝『静岡県史　資料編25民俗三』一九九一年、九〇五～九一八頁
19　三重県史編さんグループ『発見！三重の歴史』新人物往来社、二〇〇六年、一三二頁
20　並木誠士「金のなる木」KITnews Vol.24、二〇二〇年

第二章　駿河国安倍郡の山村における巣鷹御用について

はじめに

　徳川家康の鷹狩好きは、特に晩年の大御所時代の行動に顕著である。駿府周辺での鷹狩はもちろん、上方や江戸との往来の途中でしばしば鷹狩をしている。一例を挙げてみよう。『駿府記』によれば慶長十六（一六一一）年十月四日、近郊で鷹狩をした後、江戸帰りの家臣から江戸では「当年雁鴨諸鳥甚多」と聞き、六日には放鷹のためと称して多くの側近を率いて関東に向けて出発、まず近郊の八幡《やわた》（静岡市駿河区）で放鷹して摯《と》った雁を日野唯心に下賜。途中で鳥に関する情報収集をしながら江戸到着後は、連日のように周辺で鷹狩を行い、十一月二十三日に駿府に帰着した。この四八日間で少なくとも一七回も鷹野（鷹狩）に出ている。公務や天候の関係で実施不可能の日もあったから、今風に言えば暇さえあれば鷹狩に興じていたといえよう。獲物は家臣に下賜したり調理させて振る舞ったりして大御所の権威を示している。和歌山藩南葵文庫「駿河御城指図」の駿府城御殿の図には家康の寝所近くに六つの小部屋が連なった「御たか部や」が見られる[1]のも、家康の鷹狩好きの表れであろう。

写真２－１　鷹狩装束の徳川家康像
傍らの家康御手植ミカンと共に静岡市の象徴になっている（駿府城公園）　2023.11

　家康の鷹狩好きを支えた鷹は、いかなる方法で入手されたのか。それは大きく分けると、若鷹を捕獲する網懸《あがけ》と、幼鳥を捕らえる巣鷹であるが、一般には巣鷹が重視された。全国に見られる巣鷹山という地名は巣鷹を確保するため設定された禁伐林で、厳重に管理された。結果的に環境保護の役割も果たしたため、今日では人と自然との関わりを示す事例としても関心が高い(2)。

鷹狩には、オオタカ、ハイタカ、ハヤブサなど大きさの異なる数種類の鷹が用いられるが、最も重用されたのがハイタカ（鷂）である。駿河国安倍郡（現・静岡市葵区）の最北部に位置する梅ヶ島・入島《にゅうじま》両村および井川七ヶ村（井川と総称される）にはそれぞれ四ヶ所の巣鷹山が設定されていた。村民は飛翔する鷹を見て巣のありかを確認し、巣立ち直前に幼鳥を巣から下ろし、駿府の代官（初期には町奉行が代官を兼務していた）に届ける。これを巣鷹御用といい、その代償に「御褒美」の米が与えられた。駿府に運ばれた巣鷹は初期には三島の御鷹部屋にいた鷹匠に送られたらしいが、寛文期（一六六一～一六七三）以後は甲府近郊に滞在中の幕府鷹匠に届けられていた。鷹狩は綱吉の生類憐みの令によって中止されたが、八代将軍吉宗が復興し、巣鷹御用も再開される。しかし梅ヶ島では宝暦期を最後として巣鷹御用の記録は見られなくなる。

本章では、巣鷹山を抱えた山村である梅ヶ島・井川に残された巣鷹関係の史料(3)をもとに、幼鳥捕獲から鷹匠に届けるまでの過程を明らかにする。

なお、次頁の図２－１の地図（『静岡県管内全図』）は、明治二十二年発行のもので、大井川の井川ダムや近代の自動車道路が整備される前の状況が示されており、江戸時代の徒歩でしか往復できなかった道の様子が読み取れる。またこの地域は本章のみならず第三章の安倍七騎の動静、第四章の駿河神楽分布の理解にも必要であるので、適宜参照していただきたい。

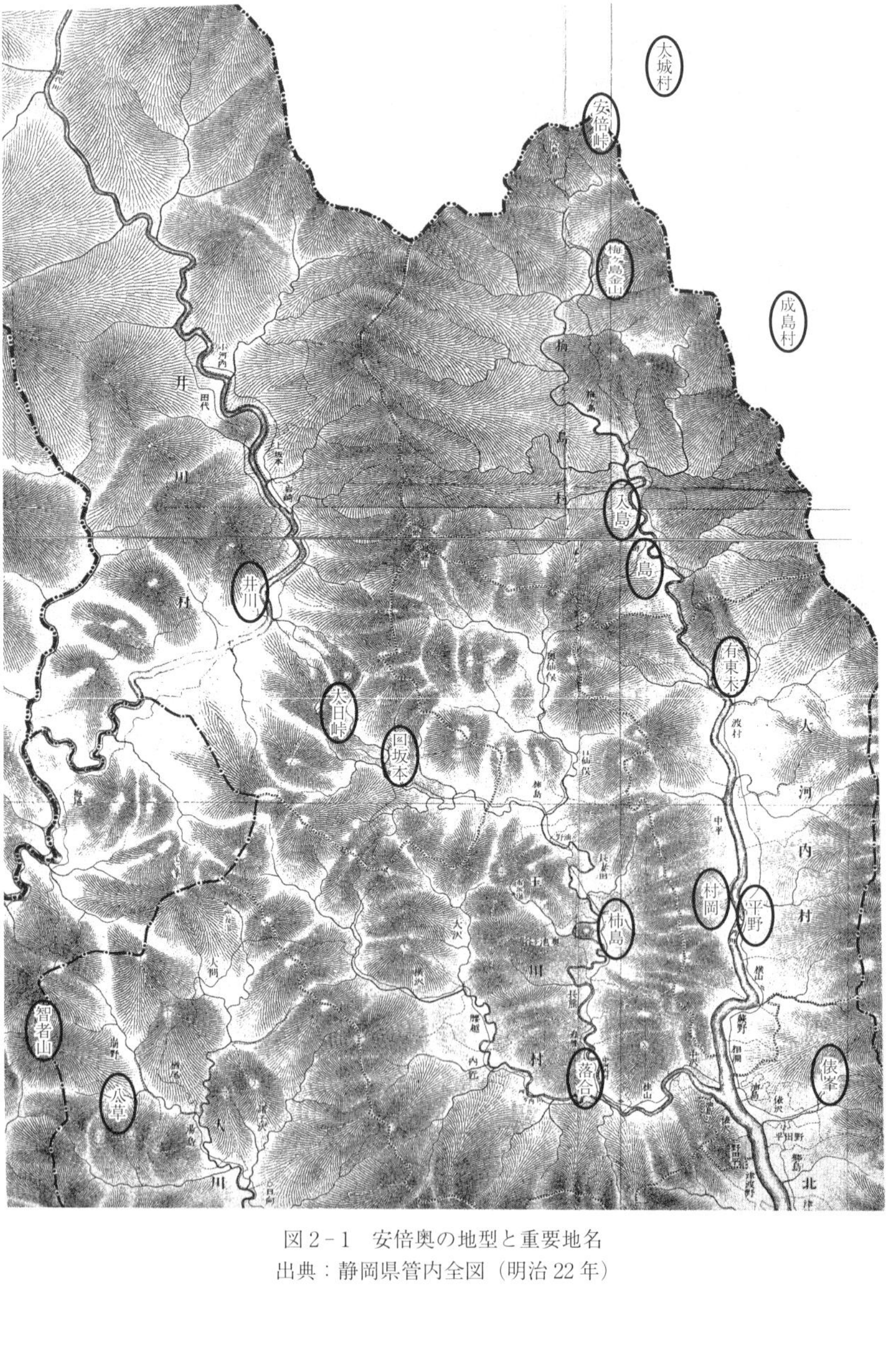

図２－１　安倍奥の地型と重要地名
出典：静岡県管内全図（明治22年）

一　駿府鷹匠町と鷹匠頭戸田氏

駿府鷹匠町の由来

駿府城下にある鷹匠町という地名は、鷹匠が居住したのがその由来とされる。近世の地誌『駿国雑志』（巻之五）に鷹匠町とは「横内加番小屋の脇より入小路にして、花陽院門前町に通ぜり。此所御城代与力、同心の屋敷有て、町家なし」と見え、同書「禽」の項（巻之廿五）には、富士郡岩山と安倍郡松野村に御巣鷹山があり、「其司を置て育せらる。今尚富士山、及び安倍深山等にあり。云々。神祖殊に鷹を御賞愛あり。故に府中御城、御玄関前御門に、白鷹を彫せて白鷹の御門と称す。云々。御鷹匠頭戸田五助」とある。戸田五助とは『寛政重修諸家譜』（以後『諸家譜』）によると、三河出身で家康に仕えて奮戦し七〇〇石を与えられた勝則（九平、九右衛門）のことであろう。彼の子息は早世し孫にあたる戸田貞吉は二代将軍秀忠の鷹匠頭になり、代々五助を名乗っている。秀忠も鷹狩を好み、寛永三（一六二六）年に鷹の巣を見いだした者に褒美を与えるとし、同五年には江戸周辺五里四方の地を将軍御鷹場に設定、さらに「放鷹場制札」を定め鷹を使う者には刻印の木札を与えるとした。(4) 木札を与えられたのは加藤伊織・戸田久助・小栗忠左衛門・阿部新右衛門であった。

鷹匠頭、戸田氏

この時点で戸田氏は将軍に仕える鷹匠として江戸に居住していたとみられる。さらに『諸家譜』によれば、寛永十八（一六四一）年の放鷹の際に管理下の鷹が丹頂鶴を獲ったので白銀を賜ったと伝え、慶安二（一六四九）

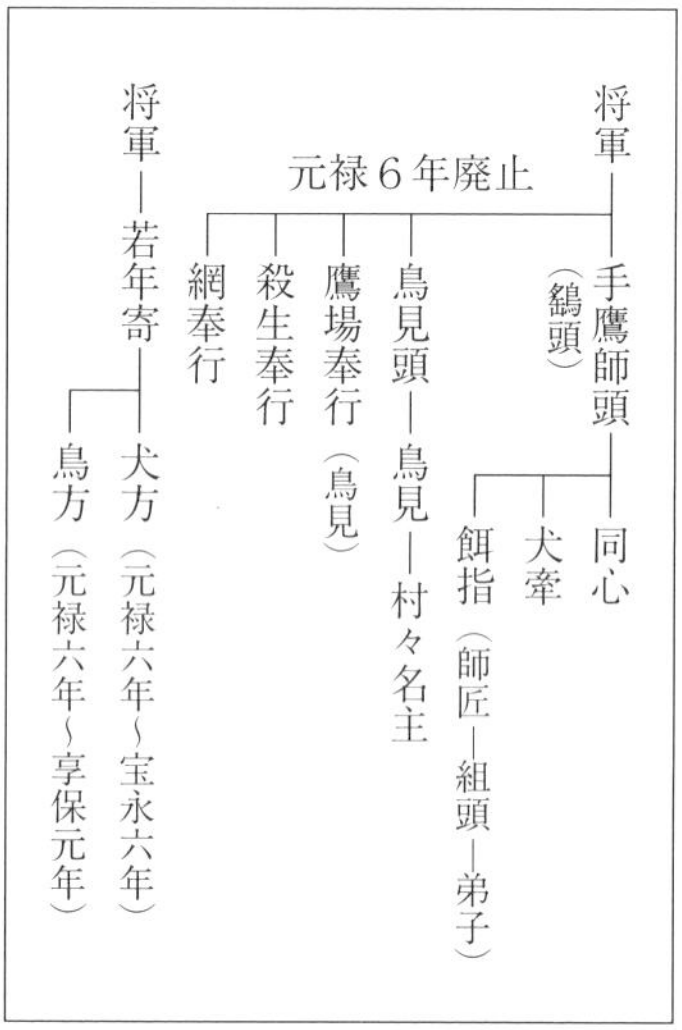

図２－２　初期の鷹匠らの系統
（延宝８年12月迄）
出典：本間清利『御鷹場』

年には同心五〇人を預けられ、正保三（一六四六）年には二〇八〇石を知行するようになり、慶安二（一六四九）年には同心五〇人を預けられた。子孫も代々鷹匠頭を勤めた。鷹匠頭は鷹部屋と呼ぶ屋敷を与えられ、幕府鷹匠衆としての同心を率い、さらに鷹場（狩りの場）での犬飼、鷹の餌を確保する餌取らを管理指揮した。また猟場となる鷹野の管理などを行う役も別置され、将軍の鷹狩はこうした集団によって維持された。鷹匠や餌取は幕府の権威をかさに着て農民を威嚇することもあったようで、それを禁じる幕府の触書は梅ヶ島村にも廻ってきている。戸田氏はこのような組織の頂点にいたことになり、のち吉宗が鷹狩を復活させた時には過去の経緯などを聴取されている。

二　安倍郡梅ヶ島村および井川村の巣鷹山

巣鷹山の設定

安倍郡梅ヶ島（嶋）村は静岡市の中央を流れる安倍川の源流部にあり、中世から近世初頭に大量の産金を見た安倍金山で知られるが、現在は近世以前から湧出していた梅ヶ島温泉（標高約一〇〇〇メートル）が観光地と

表２－１　享保15年梅ヶ島村御林の面積と主要樹木

場所	面積	本数	主要樹木本数
天神森	120間×300間	11,907本	シデ（2,182）、ハリノキ（1,220）、コナラ（2,201）、モミジ（1,782）、ミネハリ（1,237）など
いもし山	90間×360間	727本	栂木（180）、ハリノキ（210）、ミネハリ（60）、コハセ（250）、ミズクサ（ミズキ・280）など
仏山	100間×600間	12,404本	シデ（7,068）、ミネハリ（1,328）、モミジ（559）、モチノキ（400）など

出典：享保15年戊五月「三ヶ所御林木数改帳」（『静岡市史　近世史料四』461頁）より作成

なっている。その周辺に設定された幕府の御林が巣鷹山として保護されており、梅ヶ島村と隣村の入島村には巣鷹を捕獲する義務が課せられていた。ただしこの巣鷹御用は賦課ではなく、巣鷹捕獲の「御褒美」として米が支給され、のち買上金に代わる。

梅ヶ島村に設定されていた巣鷹山は三ヶ所（表２－１）、入島村にも一ヶ所（八重垣山、六三〇間×三八〇間、雑木山）あった。巣鷹山にはスギ、ヒノキなどの植林は行われておらず焼畑にもなっていなかった。主として落葉広葉樹の自然林に近い環境であったと思われる。

巣鷹御用の記録

同じ安倍郡井川村は大井川の最上流部に位置する。大日峠（標高約一二〇〇メートル）を経由すると駿府まで一日の距離で、安倍川流域の生活圏内であった。井川は井川七ヶ村と総称される七つの集落から成っており、それぞれに名主以下の村役人がいたが、全体を戦国期以来の土豪である海野氏が統括していた。海野氏は徳川家康の時代には大日峠に設けられたお茶壺蔵の管理を担っていた。これは新茶を詰めた家康所蔵の名物茶壺を保管して夏を越させるための施設で、厳重な警備体制が敷かれた（本著作集第四巻で詳述する）。近世を通じ井川の殿様と呼ばれたほどの有力者で、巣鷹御用も海野氏の差配のもとにあった。井川における巣鷹山は松山巣・御堂巣・諏訪巣・小河内巣の四ヶ所だった。

井川からの巣鷹御用の記録は後出の表2－3のとおりだが、寛文期に駿河・遠江の国境論争が展開された時、遠州に属すると主張する大間平からの巣鷹を井川の海野家は駿河側に属すると主張しているということで、巣鷹が国境論争の争点になってしまったことがある。寛文七（一六六七）年に評定所から大間平は遠州であり、巣鷹は両国それぞれ獲れた地区の代官所に上げよ、ということになった。その後、元禄九（一六九六）年の海野了無の先祖書には、これまでに（井川から）巣鷹三五巣を指上げたと記されており、表2－3の内容とほぼ一致している(5)。

三　元和・寛永期から生類憐みの令までの巣鷹御用

巣鷹御用開始の背景

徳川家康の駿府在城時代、駿府での巣鷹御用の記録はないが、家康の鷹狩に従ったはずの戸田五助は『武徳編年集成』（慶長十四年十月三日）に「鷹匠戸田九郎左衛門卒去、希世ノ巧術ノ者」であったと記されている。しかし同日の『台徳院殿御実紀』には「駿府の鷹師戸田九右衛門吉久父に先立って死す（寛永系図）」とある。いずれにしろ、戸田家の当主が鷹匠頭として家康に従いその伝統を代々継承していた。彼ら鷹師（鷹匠）には駿府の代官を経由して安倍の巣鷹山の巣鷹が提供されているが、その記録は元和・寛永期になって初めて現れる。巣鷹御用を差配した駿府代官（初期には駿府町奉行を兼ねた）として知られるのは、家康大御所時代に代官頭を務

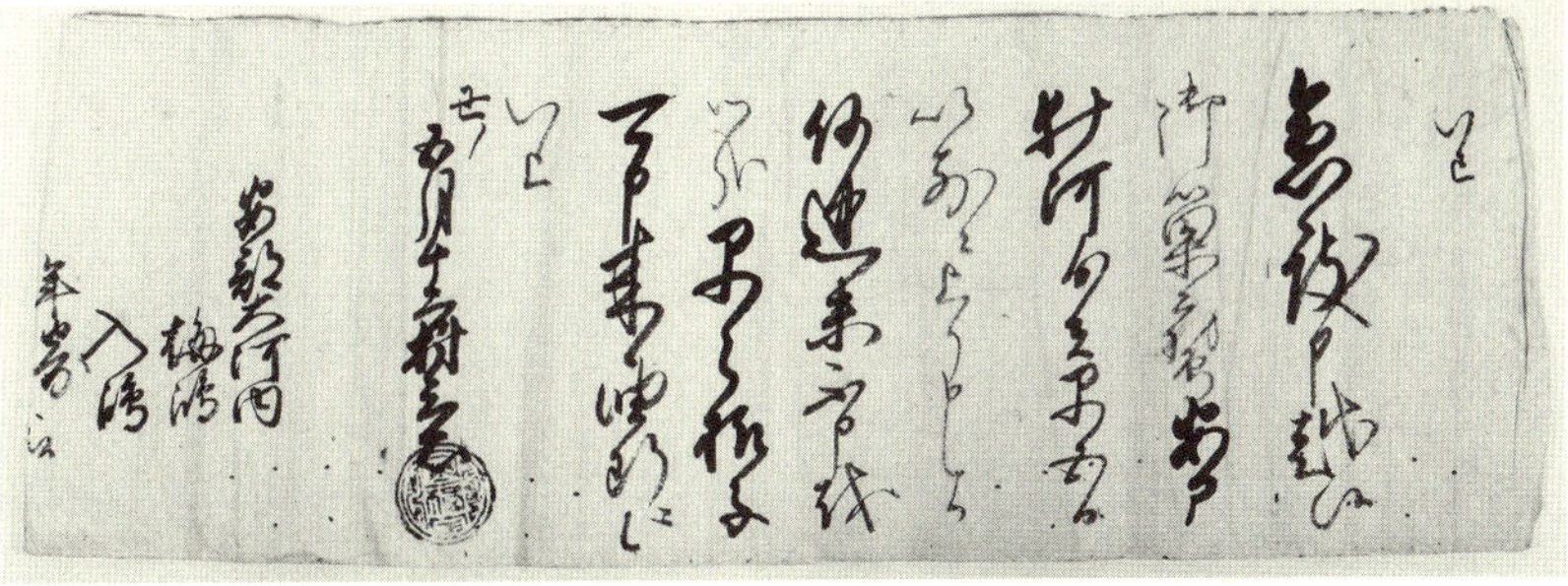

写真２－２　巣鷹上納を催促する村上三右衛門書状（元和８年カ）

めたのが井出正次、ついで駿府代官兼町奉行が彦坂光正、そして駿府代官になったのが村上吉正（三石衛門）でいずれも安倍川・大井川上流域の山林資源確保に大きく関与していた[6]。そのため結果的に巣鷹確保の役割をも担うことになった。

元和六（一六二〇）年二月（井・一一六一、年欠だが申年から編者宮本勉が推定）の文書に井川産の杉・欅の製材の費用とともに「五石弐斗五升　御すたかの御ほうひ」という一条が見える。二月付であるから、御褒美は前年の五月頃に鷹を献上したことに対するものであろう。これにより、井川における巣鷹の記録は元和五年が初見となる。また翌七（一六二一）年六月二十日には大井川筋の大寸又村（現・川根本町）の宮太夫から井川村の海野弥兵衛に対して「御巣鷹おろし上不申候ニ付」いての詫び状が出されている（井・一一六三）が、これは発見督励に対する言い訳であろう。

一方、梅ヶ島村・入島村（両村一体で行動しているので以後は梅ヶ島村として表記する）の記録（梅・一〇三二「御巣はい鷹請取申事」）には次のようにある。

〈史料一〉

御巣はい鷹請取申事

合三巣　但御鷹数御はい鷹三つ・このり四つ
御鷹数合七つ也
右請取申所実正也仍如件
戊ノ五月十三日
斎藤小兵衛　印
村上三右衛門様　参る

同年同月のもう一通（梅・七二二「請取申御巣鷹之事」）には「合壱巣このり三つ」とある。村上三右衛門の在任期間を考えると、この戊年は元和八（一六二二）年の可能性が高い。さらに年号欠の丑五月十二日村上三右衛門梅ヶ島・入島村宛て書状に「急度申越候、御巣鷹安倍井河ゟ者早五日以前に上り申候間、何迚未不申越候哉、早々様子可申来候、油断ニ候」とある（梅・資料番号欠「村上三右衛門書状」）。井川では五日も前に鷹を持参したのに何故遅れているのかという叱責である。この丑年を寛永二（一六二五）年と推定すると、この年には梅ヶ島と井川から巣鷹が納められていたことになる。梅ヶ島からは寛永七（一六三〇）午年にも納められていた。なお「このり」とはハイタカの雄のことで、メスよりも小型であり、鷹狩には適さないとされており、後世には「このり」は送る必要なしとする文書もある。

このように元和から寛永にかけて、梅ヶ島と井川から多くの巣鷹が駿府に送られていたのは、駿府代官が山林伐採に関係していたことと関係があろう。この頃、江戸城や大寺院などの建築のため大量の木材が必要になって、これまで人の手が入っていなかった奥山での森林伐採が急速に進んできた。その状況が寛文六（一六六六）年の井川の史料（井・二一一四）には「寛永十壱（一六三四）年戌ノ年御本丸御用木出申候時、遠州山ハ鉄屋弥三右衛門、駿府山伊勢作兵衛御請申、御用木取申刻は、遠州之分名主弥三右衛門御用木出申候ニ付、遠州方御代官近

山六左衛門様御改被成候、其外駿州山井川ニ而、作兵衛御用木出申候分ハ、駿河御代官安藤弥平様御改被成候、其以後弐十八年以前の卯ノ年（寛永十六＝一六三九年）之御用木、幷九年以前戌ノ年（万治元＝一六五八年）之御用木出シ申時も、遠州駿州国切ニ御改被成候」とある。

遠州山、駿府山とはいずれも大井川源流部の原生林のことで、江戸城修築に関わる用材伐採が盛んに行われ、用材は材木や榑棒として搬出された。そのほか、この文書には山を焼き、枯らした跡に切畑（焼畑）をしているとも書かれている。こうした開発の過程で、鷹の飛翔が目につくようになり、結果として代官のもとに鷹に関する情報が集まってきたに違いない。なお、史料中の代官安藤弥平（兵衛）の名は巣鷹催促の文書にも見える。

表2-2　梅ヶ島の巣鷹上納の記録

和暦	西暦	摘要
元和八年戌	一六二二	3巣（はい鷹3、このり4）
同	同	1巣（このり3）
寛永二年丑	一六二五	—
寛永七年午	一六三〇	入島　御褒美20俵
寛永一三年子	一六三六	入島村より「*つみ1巣・子数3本」御褒美5俵
寛永一六年卯	一六三九	入島より
寛文一〇年戌	一六七〇	（駿府から甲州石和村へ）
延宝六年午	一六七八	1巣
延宝七年未	一六七八	小沢巣1・巣鷹2連　御褒美米10俵
享保九年頃	一七二四	（上納ありと推定）3～4
寛延二年巳	一七四九	御巣鷹3据
宝暦三年酉	一七五三	御巣鷹2据（6月）
宝暦一二年午	一七六二	4両拝借

*ツミはハイタカより小型の猛禽類

三嶋御鷹部屋

家康大御所時代には駿河からの巣鷹上納の記録はないが、仮に巣鷹が上納されたとしたら鷹匠頭戸田五助のもとに届けられたであろう。家康の死後、戸田家は江戸で秀忠に仕えていたから、その間も駿府の鷹は江戸に送られていたであろうが、誰がどのように管理し江戸に届けたのかを示す史料はない。後述するように巣鷹はのち甲州に届けるようになるが、後世の伝承とはいえ、梅ヶ島の寛延二（一七四九）年の口上書に、「先年ハ豆州三嶋・甲州栗原ニ御鷹匠衆御座被成候而、右場所へ御納メ申候御事」（梅・一〇二九「乍恐口上書を以奉願上候御事」）という一文が見える。これによれば、巣鷹は村人が代官所を経由して三島にいる鷹匠衆のもとに届けた時期があったことになる。この裏付けになりそうなのが、三島代官の職務の範囲を記したとされる『伊豆鏡』（延宝五＝一六七七年成立[7]）の記述である。

一　三嶋御殿御鷹部屋　組垣長四百五拾弐三間ツ、
　此入用金六拾七八両ツ、　但し拾間ニ付金壱両弐分ツ、外金弐拾両程　御蔵御陣屋
　　是ハ五本組　此組垣壱ケ年置ニ組替、但平助馬場除申

御鷹部屋を囲う竹垣は総延長約八〇〇メートルとすれば、鷹部屋敷地は二〇〇メートル四方という広さとなる。その中には次のような建物があった。

三嶋御鷹部屋之分ケ
一　二拾五鳥屋、但し七尺間梁間八尺　放し鳥屋
一　三鳥屋　但し六尺間梁間八尺　養生鳥屋
一　七鳥屋　右同間つなき鳥屋
一　六間ニ四間　夜居鳥屋

一　三間ニ二間半　御餌作り家
一　九尺ニ六尺　小鷹部屋
一　三ヶ所の内　弐ヶ所ハ表　壱ヶ所ハ裏　土戸門、但明壱間ツ、
　　戌年後修復御入用
　　金九拾五両壱分銀六匁壱分
　　米拾五石三斗六升五合

次の一文は鷹の餌として犬が供されていたことを示すものだが、犬の数や金額は実際の数値ではなく賦課する金額の根拠である。鷹の餌としては鳥類や犬が用いられたが、享保期以降、幕府は犬代わりにスズメや鳩を用いるようになった(8)。これは上の竹垣などと同じく「国中諸役」とされていた。

卯年積リ　一　御鷹餌犬八百五拾四疋六分　但し田方平助馬場除
　　此金三百廿七両也

この卯年は延宝三（一六七五）年とみられる。三島には秀忠、家光が上洛の途次休息する御殿が元和九（一六二三）年以降に造られたが、御殿がなくなってからも鷹飼育のための御鷹部屋が置かれていた。後に述べるが、駿府では巣鷹の「産立」が難しく甲州の鷹匠に送ることになったと出てくるので、それ以前には三島に送られていた可能性が高い。この施設は生類憐みの令に際して廃止されたとされる（『伊豆大辞典』）。これは余談になる

が、伊豆には「鳥刺踊」という鳥もち竿を手にして踊る芸能が二ヶ所に伝承されている（伊東市の火牟須比神社・葛見神社）。内容は曽我兄弟の仇討を下敷きにしたものだが、鷹の餌となる小鳥を獲る餌指は各地を回っており、伊豆の若者たちが鳥刺踊を受け入れる素地になったのかもしれない。

巣鷹届け先の変更

巣鷹の届け先が甲州へと変更された理由を示すのは、年次不明の落合小平次からの井川海野弥兵衛宛書状（井・二一〇二八）で「当年之御巣鷹、駿府ニ而ハ御産立無之、甲州ニ而御産立有之候間、甲府御鳥屋飼萩原瀬兵衛殿へ相渡し可被申候、御巣鷹被差送時分ハ、瀬兵衛方へ我等状□越可申候」とある。幼鳥を育てるには駿府はふさわしくないため専門の幕府鷹匠、萩原瀬兵衛がいる甲州に届先が変更されたのである。以後、生類憐みの令が出されるまで、安倍の巣鷹は甲州の鷹匠衆のもとに農民が届けることとなった。

落合小平次は寛永十七（一六四〇）年から承応元（慶安五＝一六五二）年までの駿府町奉行（町奉行は二ヶ所あり、そのうちの大手町組）である。また、承応年間と推定される駿府町奉行手代から井川の海野弥兵衛に宛てた書状（井・二〇三四）には「御巣鷹多、殊新巣見出御指上、別而太兵衛大悦被申候、甲州御鷹匠衆も満足ニ申来候」という文言が見られる。文中の太兵衛は上記落合小平次の後任の三宅太兵衛（承応元＝一六五二年～明暦三＝一六五七年）である。これらから、巣鷹の甲州送りは慶安末から承応初年までに始まったとみられる。

届け先となった甲州御鷹衆（鳥屋飼）の萩原瀬兵衛（重正）とは、父の無重《なししげ》が甲斐国国府村（現・山梨県笛吹市）に采地二〇〇石を賜い「彼地にありて御巣鷹役」を務め寛永十（一六三三）年に甲斐国で死去、あとを継いだ瀬兵衛重正は万治元（一六五八）年に甲斐国で死去している（『諸家譜』）。

寛文二（一六六二）年に井川で確保された巣鷹を甲州に届ける道筋と届け先に関わる史料（井・二一一九六）が

ある。四月、梅沢山けへっとう（巣鷹山の名称）で発見した巣鷹を五月三日に巣下ろしをした。「子数弐ツ若ク候而、七村内ゟ打候儀番ニいたし十日ニ駿府迄参候、甲府左馬守様江渡り候故、甲府ゟ三里参東がう里栗原ニて、御鷹師衆へ渡シ候、秋（萩）原十兵衛殿者、栗原ゟ弐里奥ニ、うしおくと申所ニ屋敷在之、御褒美逗留之内も、番之通り当番ニて仕ル事」。これによれば、幕府鷹匠頭を継いでいる萩原十兵衛（重成、瀬兵衛重正の子）は采地である甲州栗原村にいて、駿府代官所経由で届けられる巣鷹を受領し、おそらく甲斐国内からも集められた巣鷹と共に江戸に運んだと思われる。文中の「東がう里栗原」とその奥の「うしおく」というのは、堀内亨氏（山梨県立富士山世界遺産センター）の御教示によると、甲州道中の栗原宿（山梨市下栗原）と甲州市塩山牛奥のことで、萩原氏は柳沢氏の甲斐入部に伴い知行を群馬に移されたが、萩原氏の邑宰だった五味家は牛奥の名主として続いたということである。

甲斐国に鷹匠が派遣されていた理由を、越坂裕太は、柳沢氏入部以前から甲斐国は幕府と特別な関係にあったからではないかと推測している。そして甲斐松平氏時代の記録である『甲府日記』を分析し、寛文五（一六六五）年に甲府へ巣鷹「産立」のために甲府家鷹匠が派遣されており、寛文六年七月十一日にも幕府鷹匠五名が甲斐に派遣されていることを明らかにした(9)。この五人のうちに名が見える間野惣左衛門は、延宝七（一六七九）年に梅ヶ島村から甲斐に巣鷹を届けたときの八人の鷹匠のうちの真野惣左衛門と同じであろう。駿河から甲州駐在の鷹匠のもとに届けられた鷹はそこから改めて江戸に送られていたのである。

巣鷹輸送の実態

一方、梅ヶ島から甲州へ巣鷹が送られたことを示す最初の史料は寛文十年の「巣鷹通行手形」（梅・一〇三〇「寛文十年戌巣鷹通行手形」）で、駿府代官は甲州石和栗原まで沿道の村々に人足四人を出すことを命じている。

表2－3　井川郷の巣鷹の記録

和暦	西暦	場所	発見日	巣下し	鷹の数	処置
元和五年＊	一六一九	－	－	－	－	御褒美米15石2斗5升
寛永二年＊	一六二五	－	－	－	－	－
慶安四年＊	一六五一	松山巣3 御堂巣2	－	－	－	－
承応年間＊	一六五二－五四	－	－	－	－	御巣鷹多し　甲州へ
寛文二年	一六六二	梅沢山けべっとう	－	5月3日	2	10日駿府、その後甲州鷹師へ
寛文三年	一六六三	諏訪之森	5月3日	5月6日	3（はい鷹1）	5月12日駿府へ
		大間	5月6日 卵	5月20日	3（はい鷹1）	5月27日甲府へ
		田代	5月5日	5月6、7日	3（はい鷹1）	5月12日駿府へ
		坂本	5月5日	5月7日	3（はい鷹1）	田代鷹と同道
寛文四年	一六六四	高土井	5月14日	5月21日	3（はい鷹2）	6月6日甲府へ
寛文五年	一六六五	田代（諏訪森）	5月3日	5月3日	3（はい鷹2）	大間鷹と同道
		大間西河内天地が森	－	5月9日	2（はい鷹1）	5月11日甲州へ
寛文六年	一六六六	天地が森うばがふところのツガの枯れ木	5月12日	5月14日	4（ことのほか若し）	－
寛文十二年	一六七二	松山見とうの尾	5月20日 確認	5月21日	3（はい鷹1）	
		大間平大ね沢	5月19日	5月20日	2（はい鷹2）	5月23日駿府、甲州へ
寛文十三年	一六七三	天地が森	－	－	2	－
		大ね沢山の神	－	－	3	5月4日駿府
延宝三年	一六七五	大そん又	閏4月18日	閏4月24日	4と卵1	5月2日甲州へ
享保期＊	－	－	－	－	－	（2回発見）

注：＊印は本文引用史料を示し、処置欄の「駿府へ」は駿府に持参した日、「甲州へ」は甲州へ出発した日を示す。
出典：宮本勉『史料編年井川村史』第二巻二一九六号文書より作成

〈史料二〉

此御巣鷹、当地御代官諸星惣左衛門、従駿府至甲州萩原十兵衛方迄、巣守相添差越候間、道中人足四人宛出之急度可相届候、泊所ニ而夜番堅可申者也

寛文十年戌五月九日　長田六左衛門　印

岡野長十郎　印

府中町／江尻町／興津町／鹿原／万沢／南部／下山／切石／岩間／黒沢／市川／甲州石和栗原迄（原史料は地名ごとに改行されている）　右宿中

巣鷹の輸送には人足四人が必要だった。それは通過する村々から出す人足なので、梅ヶ島から付き添う巣守がこれにプラスされる。なお萩原十兵衛は寛文九年に死去し、あとを九歳の十太夫重道が継いでいる。梅ヶ島からは延宝七（一六七九）年に同様の経路で巣鷹が運ばれている。

巣鷹御用に際しては予期せぬ行き違いもあった。井川村の慶安四（一六五一）年五月七日の「指上申手形之事」（井・二〇二四）では、御巣鷹は当年は差し上げる必要がないとの申渡しであるが、その連絡前に松山巣から御鷹三つ、御堂巣から御鷹二つを巣下ろしして持参し御鷹師衆様遠藤三左衛門様・石渡四郎兵衛様・大谷孫左衛門様・御鳥見津江武座衛門様へ指上げて御褒美米之御手形を頂いたと報告している。

実はこの年四月二十日に三代将軍家光が死去し巣鷹献上は無用とされたのだが、すでに四月末か五月初めに巣下ろしをして届け先から御褒美を貰ったあとだというのである。この手形により慶安四年には井川で二つから五つの巣鷹が下ろされたことがわかる。

梅ヶ島・井川における巣鷹御用は記録がある限り表2－2・3のとおりであるが、五代将軍綱吉の「生類憐み

の令」の趣旨に沿って鷹狩は廃絶、鷹部屋で飼育されてきた鷹は空に放たれた。当然ながら、梅ヶ島・井川に課せられた巣鷹御用も中止された。ここまでが安倍郡下における巣鷹御用の歴史の前半である。

四　吉宗の鷹狩再興と巣鷹御用の復活

巣鷹御用復活

徳川吉宗は将軍職に就くや鷹狩を復活させた。手始めは享保元（一七一六）年八月九日に鷹師頭であった戸田勝房らを呼び「鷹野御成」の故事を直接聴取した。吉宗の行動は迅速で、同月のうちに戸田勝房と間宮敦信（十二月に小栗正等）が鷹師頭に任命された。鷹師の組織は、戸田の下に鷹師二〇名、鷹師同心三八名の合計五九名、小栗とその配下を含めて総計一二〇名に上った[10]。このほか、鷹場の監視などを担当する鳥見、鷹の餌を確保する餌差など大掛かりではあるが、綱吉以前の組織よりは縮小されている。

鷹狩復活に際し巣鷹を献上してきた村々には旧慣調査の指令が来たとみえ、梅ヶ島では、享保二年酉正月に駿府代官宛ての「覚」（梅・二〇九四）において、過去の経緯を報告している。

〈史料三〉

覚

御巣鷹山　　　　駿州安部郡梅ケ嶋仏山之内　　小沢
右場所ゟ
厳有院様御世寛文十年戊五月、延宝六年午ノ年、同七年未ノ年三度御巣鷹上リ申候、未年ハ御ほうひ米壱巣拾俵被候扣御座候、戌年午年ハ御ほうひ米之請取扣無之、御巣鷹甲州へ相届ケ申候、宿次御証文御座候、此外入嶋村ゟ寛永七年未ノ年、同十三年五年、同拾六年卯年三ケ年御巣鷹上リ候由、其節之御褒美米請取之書付名主所持仕候

このように過去の実績を述べた後、当地には「名巣」というものはないこと、御巣発見後は村人が交代で見張ったこと、甲州へ届けて一巣につき米一〇俵の御褒美を村人に分けた旨を述べている。さらに同年同月の「乍恐以御口上書申上候御事」（梅・一〇二〇）では、環境の変化を述べている。

〈史料四〉

乍恐以御口上書申上候御事

一　此ほと所之御巣鷹御尋ニ而、拙者とも村茂先年御巣鷹差上ケ候場所故御尋ニ御座候得共、近年御鷹之巣掛ケ見候もの茂無御座候、尤四拾年以来八方ニ杣人茂多数入込ニ付御鷹之類相見へ不申候、尤当村三ヶ所御巣鷹山茂御座候得共、三拾年以来ハ一切御巣鷹巣掛ケ不申御鷹ニ紛候様成鷹儀茂無御座候得者、御尋ニ付無相違申上候以上

享保弐年酉ノ正月　　駿州安倍郡梅ヶ嶋村　　名主　　杢右衛門

組頭　兵左衛門
同　藤兵衛
同　兵作
同　兵重郎

この史料四で注目されるのは、近年鷹の巣が見つからないのは、四〇年以来すなわち延宝年間頃からあちこちに杣人が入り込んでいるためであると述べている点である。村人側に巣鷹御用という面倒を避けたい気持ちがあるとしても鷹の生息条件が悪化していることは確かであろう。立て続けに口上書が書かれていることは、代官所の問い合わせが微細を極めていたことを窺わせる。

巣鷹捕獲の実際

巣鷹御用が復活した。史料五の寛延二（一七四九）巳年「乍恐口上書を以奉願上候御事」（梅・一〇二九）によると、一一九年以前の寛永七年、村上三右衛門の支配時代に差上げて以来、七一年前の延宝七年までで中断し、二五、六年以前の小林又左衛門代官支配の節に三、四差上げてきた。小林の在任期間（正徳四＝一七一四年～享保十一＝一七二六年）からみて享保九（一七二四）年前後のことと思われる。つまり享保二年の巣鷹御用復活以後、同九年に実際に巣鷹捕獲が行われたようだがその記録は見つかっていない。そこで復活後第二回目となる寛延二年の実際の動きをこの文書および関連史料から追ってみたい（すべて梅ヶ島秋山家文書）。

〈史料五〉「乍恐以御口上書申上候御事」
（前略）年々相尋候處、一向ニ羽ぶりも見出し不申候ニ付、当村ゟ御上ケ不申候、其節井川ノ方ニハ御計候而差上ケ申候、当村ニ而ハ年久敷義、其後ノ者ゟハ得ト様子も不奉存候、併古来ゟ申伝候義ニ付、当年種々と相考見之所、時節至り候や、羽ぶり見出候ニ付、申伝之通り相考候處ニ御用にも相立可申候、本鷹と相見へ申候、依之右巣より差上ケ候場所、此節御用地被仰渡候ニ付大切ニ仕、昼夜番仕候而見届候處、巣おろし之時分ニ罷成り候ニ付御注進奉申上候御事

寛延二（一七四九）年、時節到来し「羽ぶり」を発見したのだが、巣下ろしをして代官所経由で江戸に届けなければならない。前回から二五、六年を経過していて詳細を知る者がいないが、井川では、小林又左衛門（正徳四年〜享保十一年在任）と永井孫次郎（享保十九年〜寛保二年在任）の代官時代に江戸送りを経験している。そこでその様子を教えてほしいと井川の権之助のもとに使いを出した（梅・二一四四「井川権之助書簡」）。この書簡は年月欠だが文中記載の代官名から判断すると、まさに寛延二年のものと推定される。権之助は、秘密の話まで含めて詳細を知らせてくれたので、この書簡中から重要な箇所を抜き出してみる。なお小林・永井代官時代の井川の巣鷹関連文書は未見である。(11)まず江戸までの旅費負担について見よう。

現在は巣鷹買上という形になったので費用は村負担になっている。井川では小林代官時代にたって願い代官所から江戸御屋敷までの御状を頂いたので、代官領内では伝馬使用が許され、領域外は駄賃を支払った。もっとも「伝馬と申ても御鷹斗《ばかり》ニ而御座候、手前などは馬籠相不叶儀ニ御座候」という状況だった。なお船・川については領域内外問わず品川までの賃銭は払わなかった。

江戸での行動については権之助書状本文を掲出する。

〈史料六〉
一　江戸御屋敷ニ被居候御手代様方案内ニ而、御鷹師組戸田五助様まて鷹持参いたし申候、戸田五助様よりせんだん木と申所へ、是ハ在郷ニ而御座候、是に木村弥七様ト申而、是も鷹師組五助様御相役ニ而御座候、御両人共ニ五千石くらい御旗本ト相見申候、是ニ而御買上ケ被遊候、御吟味之間三四日も相掛り申候
一　御巣鷹弐羽ニ而代金拾両頂戴仕候、此段御代官様へも拾両トハ不申、五六両頂戴仕候ト申候、一切御代官様ニ而ハ御鷹様子御存知無御座候、五助様弥七様ト御相談之上代物私方へ御渡シ可被下候

江戸では代官江戸屋敷の手代の案内で鷹師のもとに鷹を届けた。吉宗復興後の鷹師部屋は最初の本郷の屋敷が焼失し享保二年四月から駒込・千駄木あたりに移っているので[12]、井川の鷹二羽はこの千駄木の屋敷に持ち込まれ代金として金一〇両が渡された。この後の記述が実に興味深い。代金に一〇両もらったが、駿府のお代官はこのことを知らないから、頂戴した金額は五、六両だったと報告したと言い「何かと正路ニ申上候（ありのままに教えたから）、金子なと之儀、外へ御咄し御無用可被下候」と他言無用との釘を刺している。
こうした助言を参考にして、寛延二（一七四九）年の巣鷹江戸送りが実行された。再び寛延二巳年「乍恐口上書を以奉願上候御事」本文に戻る。なお掲出文第二項の三島鷹部屋については先に触れている。

〈史料五〉「乍恐以御口上書申上候御事」続き
一　当月十六七日比御巣おろし仕度何にか支度仕候、左候得ハ二三日も餌付候而、其上山本ゟ駿府御役所迄御届可申候、御下知次第ニ御江戸迄も附添へ差上ケ可申候、依之山本ゟ駿府迄村々江御触御廻可し可被下候、御巣鷹籠一指物人足弐人同餌鳥幷ニ道具添一指此人足弐人、右四人ノ人足無滞リ村々ゟ差出候様ニ被仰付可被下候、尤

川通り故川越人足等も差出候様ニ奉願上候、古来ゟ右の通り被仰付候御事
一　先年ハ餌鳥鉄炮ニ而うち申候由申伝置候、此義左様可仕候や御下知次第ニ可仕候
一　先年ハ豆州三嶋甲州栗原ニ御鷹匠衆御座被成候而右場所へ御納メ申候御事
一　小林又左衛門様御支配之節ハ、江戸へ相納メ候様ニ被仰付候、今度も左様に而御座可有候やと奉存じ候、古来ハ巣守ニ名主組頭餌指五人程宛ニ而相勤候由申伝候御事
一　道中之義ハ、先年諸星庄兵衛様御支配之節迄ハ、駿府町御奉行様ゟ宿継御書付出候、是又其節奉願、右御書付被下置候ニ付、今度奉入御披見候、宿泊り之節ハ夜番も宿中ゟ出申候由、尤暑時分ニ而御巣鷹かやつり候而置申候由、尤犬ねこ等不参候様ニ申付候由、右用心に而天井無之候處ニハ置不申旨古来ゟ申伝置候、年久敷上リ不申候義、大切成御用義ニ奉存候付、万事無覚迷《ママ》奉存候ニ付、何分ニも御下知奉願上候
一　近年百姓共段々困窮仕候ニ付、江戸迄被下リ納候も道中諸送用金も急相調不申候ニ付、路用並ニ用心金ニも仕度奉申候間、御金五両御拝借奉願上候、御用相勤罷帰り候迄上ハ当十月迄ニ急度御返上納可仕候、何分此義奉願上候、尤是迄諸送用ハ村方ニ而相賄候得共道中路金一切調不申候處又於江戸御ほうび等も被下候ハヽ、是又罷帰候次第差上ケ可申候、前々御拝借奉願上候而御用相勤候御事
右之通り私共義、右御用今迄相勤候義無御座候、尤年より候者共にも承り候處、其節之義不調法者共迄慥ニ覚之義も無御座候、大切之御用之義無覚速（束カ）奉存候得共　御上様之御用義為冥加之何とそ御首尾能相勤申上度奉存候、何分にも御慈悲之御意奉仰候以上
寛延二年巳五月十五日
駿州安部郡梅ヶ島村　名主　儀兵衛
（以下、梅ヶ島村組頭五名、入島村名主以下五名省略）
大屋杢之助様　御役所

　この文書の概要は次のとおりである。鷹の「はぶり」すなわち飛翔する姿を追跡して巣を発見、昼夜見張りを立てて見守ってきたが、いよいよ巣下ろしの時期が近づいた。五月十五、六日頃に巣から下ろし、二、三日餌付けをしてから、最終的には江戸に届ける予定であるが、その前に山本（梅ヶ島村）から駿府代官所まで届けなければならない。その道は安倍川に沿った通称安倍街道で、おおよそ一〇里の道のりであるが、途中の集落で運搬人を交替しながら代官所に運び込むことになっている。そこで代官所には運搬に必要な人足を途中の村々から出すことを命じてほしい。人数は、巣鷹籠を持つもの一名、指物人足二人、同餌鳥兼道具添一名の計四名が必要だが安倍川対岸の村もあるので川越しのための人足も必要になる。そして江戸に行くためには今回の復活以前の例で言うと、名主・組頭・餌指の計五人が必要だった。これに続けて、町奉行所（かつては町奉行が代官を兼任していた時期がある）から「宿継御書付」すなわち伝馬利用の許可証を出してもらい、蚊や犬猫用心のため天井がある部屋に泊めるなどの注意を払っていた。次が最も言いたいことだったろうが、村方困窮につき金五両を旅費として拝借したい、十月までに必ず返済する、江戸で御褒美（お金）を貰ったら戻り次第差し上げるといった内容で、江戸に送り届けるまでの段取りや人数、費用負担の実態などを窺うことができる。

　代官所では、こうした村方の要望に応え、江戸まで巣鷹を運ぶ費用の前渡し金として五月二十日に四両を貸し与えた（梅・一六五九「奉拝借御金手形之事」）。返済期限は要求どおり十月迄としている。五月二十一日に宿々の問屋宛て次の「添触」（梅・七八七「添触」）を手交した。

〈史料七〉

（端裏）「金四両　御巣鷹持参江戸へ罷越候ニ付拝借金証文　梅ヶ嶋村　入島村」

添触　大屋杢之助手代　鈴木善蔵

新嶋与右衛門

覚

一　御巣鷹　三据
　右持人足弐人

右御巣鷹江戸表江差上候間、書面之人足弐人御定之賃銭請取之、無滞可被差出候、且又泊宿ニ而ハ犬猫鼠等之用心能所ニ差置、麁末無之様ニ問屋ゟ宿江可被申付候以上

五月廿一日　大屋杢之助手代
新嶋与右衛門　印
鈴木善蔵　印

駿府ゟ
品川迄
右宿々
問屋中

品川宿ゟ江戸小日向立慶橋大屋杢之助屋敷迄、賃人足可差出候以上

この時の道中の諸経費を記した道中駄賃帳（梅・五一二〇「巳五月　従駿府　大屋杢之助御役所　道中駄賃帳」）によると、鷹運送に携わったのは二人で、帳面には「無賃人足二人」二十一日に駿府を出発、継立ては二人分が無料だが、宿によっては一人当たり五〇文ほどを取られている。二十二日は三島に宿泊、箱根の問屋では二人で五一八文、大磯まで二人で一八四文、平塚から藤沢までが一六〇文だったが、平塚で馬入川が降雨による増水のため一泊、馬入川名主から遅延の証文をもらっている。一行は、二十六日に品川に到着、帳面記載はここまでだが、先の「覚」によれば、品川から大屋杢之助の屋敷がある小日向立慶橋《りゅうけいばし》まで送り届けた。小日向立慶

橋は神田川にかかる橋であり、隣町の小石川には鷹師の屋敷があった。

最後の巣鷹御用

梅ヶ島の次の巣鷹御用は四年後の宝暦三酉（一七五三）年で同じ大屋杢之助代官時代である。今回は「御巣鷹二据」で、代官所は梅ヶ島村から井ノ宮村までの二〇ヶ村に対し人足三人ずつを出すように命じた（梅・一〇二一「人足触」）。これが六月三日だが、五日に降雨で安倍川が増水したため数日遅れ、六月八日に駿府出発となったらしい（梅・二一五六「添触」）。文言は前回と全く同じである。

その後、（宝暦一一年）午五月、江戸表へ巣鷹を差上げるにつき「道中為路用先格之通御金四両」を拝借したいと願い出た文書（梅・一〇二八「乍恐書付を以奉願上候御事」）がある。梅ヶ島村巣鷹御用の記録はこれが最後である。おそらく以後の巣鷹献上はなかったとみられる。

先に引いた史料五に「先年御巣鷹差上ケ候場所故御尋ニ御座候得共、近年御鷹之巣掛ケ見候もの茂無御座候、尤四拾年以来八方ニ杣人茂多数入込ニ付、御鷹之類相見へ不申候、尤当村三ヶ所御巣鷹山茂御座候得共、三拾年以来ハ一切御巣鷹巣掛ケ不申、御鷹ニ紛候様成鷹儀茂無御座候」と見える。材木の伐採が進んでいることを理由に余計な負担を避けたい村の立場を割り引いて見ることは必要だし、この後でも巣鷹が献上されたことは先に見たとおりだが、鷹そのものが減少していることは間違いないだろう。

もっとも、宝永四（一七〇七）丁亥年十月、諸国に大地震があり梅ヶ島においても土砂崩れの被害が出た。加えて暴風などによる風折れ、根返りなどの被害もあった。また正徳二（一七一二）年には、いもじ山の御林を江戸町人阿野屋九平治・藤田屋平左衛門が御用御薪木として請負ったが、伐採後地には苗木を植えたり「根はえ」つまり、ひこばえも育ったりしていた[13]。厳重な保護下にあったとはいえ「御用」の名のもとに伐採が行われ樹木の更新もないわけではなかったのである。

　安永三（一七七四）午年十月に梅ヶ島村と伊豆国田方郡大平村（現・沼津市）彦七らが取り交わした文書（梅・一一七一「売渡申椎茸山之事」）は、梅ヶ島村の白沢山（水落山堺）で椎茸山を行いたいので「中年十年」、山代金二両で買うという内容である。注目すべきは、村の慣行を守ることや雇人は村から出すということのほかに「鉄炮之義ハ別而大切成儀ニ候間、御申渡シ通リ随分大切ニ致し、猥リ鉄炮打申間敷候、万々一鉄炮ニ付不調法成儀も出来候ハヽ何方迄茂罷出申候」との文言である。椎茸栽培とはいえ、彼らは鉄砲を持参しており、仮に威し鉄砲であろうと発砲すれば周辺に悪影響を及ぼすことになる。また近隣の村では炭焼なども行われている。鷹の生息環境悪化は明らかだった。

まとめ

　鷹狩は将軍の単なる遊興ではなかった。それは古代から続く王者の権威を広く知らしめるという政治的な目的に加え、鷹場の確保による江戸防衛体制の確立、獲物の贈答による朝廷や家臣との間の関係強化など早くから指摘されているように重要な意義があった。しかし鷹狩は使用する鷹の確保が出発点となる。巣立ち前の幼鳥を巣から下ろし鷹匠のもとで育て上げる巣鷹は、幕府領内の鷹生息地の義務とされ、大名たちにとっても領内から幕府への献上品として重視された。本章では、駿河国安倍郡下で巣鷹山を抱えた二地区の近世文書の分析をもとに、幕府領内（駿府代官領）での巣鷹上納の歴史を見てきた。

写真２－３　細江神社祭礼における大名行列の中の鷹匠姿の少年（浜松市細江町）1988.7

ここで明らかになったことは、まず巣鷹の捕獲から幕府鷹匠のもとに鷹が届けられるまでのプロセスである。徳川家康大御所時代から家康に仕えた鷹匠戸田氏と駿府との関係と、静岡市の町名の一つである鷹匠町という町名の由来が実証的に明らかになった。また、家康亡き後も鷹狩は将軍家の重要な行事であったから駿河からの巣鷹上納は継続されていた。巣鷹山で捕獲されたハイタカは、当初は三島の御鷹部屋の鷹匠に届けられていたが、やがて甲州の鷹匠が届け先に変更されたこと、生類憐みの令によりいったん中断された鷹狩を復興した吉宗の時代になると、農民自身が鷹を駿府代官屋敷まで運び、さらに江戸の幕府鷹匠のもとに届けるようになり、かつては鷹の代償として「御褒美」の米が支給されたが、この時には買上げとされ現金支給に代わっていたことなどを明らかにしてきた。

このような巣鷹御用の歴史は、山の自然環境の変化と連動していた。寛文・延宝期における大規模な森林伐採に際して鷹の生息が確認され、駿府代官から梅ヶ島・井川に対して執拗な督促があった。しかし享保期の鷹狩復活後は、鷹発見が次第に間遠になっていく。周辺での伐採、炭焼、椎茸栽培など、里山から深山へと開発が進行し、伐採地跡では焼畑も拡大した。これらが原因となって鷹の営巣地が減少、必然的に巣鷹上納も絶えざるを得なかったのである。

近世初期の官主導の山林資源大規模開発が巣鷹御用の契機となり、中期以降の民による個別の山地利用進展が鷹の生息域を狭めていき、ついには巣鷹御用を消滅させたことになる。巣鷹の歴史は、開発と環境の関係を歴史的に追究する上での格好の主題であることをあらためて認識させられる。

〈付記〉

本章は『静岡市歴史博物館研究紀要』創刊号（二〇二四年）掲載の同名論文に若干の追記を行った。

〈注〉

1　松本長一郎「駿府城本丸御殿について」『地方史静岡』第十二、一九八四年

2　鷹狩研究の蓄積は文学から歴史、民俗にわたるが、近世の鷹狩について本稿執筆にあたって参考にさせていただいた総括的研究を一書だけ挙げると、根崎光男『犬と鷹の江戸時代〈犬公方〉綱吉と〈鷹将軍〉吉宗』（吉川弘文館、二〇一六年）がある。巣鷹を中心とする個別具体的研究として、名越裕太は「甲斐柳沢家の巣鷹献上―御用鷹としてのハイタカの献上事例に着目して―」『鷹・鷹場・環境研究』（二〇二一年三月）など多くの成果を発表している。また中野渡一耕「盛岡藩における巣鷹捕獲―三戸町小笠原文書『巣鷹御用覚帳』の分析から」『鷹狩の日本史』（勉誠出版、二〇二一年）などがある。

3　本稿で使用する史料のうち、井川村の史料は宮本勉『史料編年井川村史』第一・二巻（名著出版、一九七五・七八年）を利用させていただいた。同書翻刻史料には一連番号が付されているので引用文には（井・〇〇）と注記する。梅ヶ島村の史料は、所蔵者である同地の秋山英雄氏（故人）の御厚意を得て、昭和五十年代に連日お宅に通って数千点に上る全文書を閲覧・複写させていただいた中から選び出した巣鷹関係の文書を（梅・〇〇「標題」）と表記した。ただし、番号は文書閲覧に際して便宜上付した仮番号であるが、その後、秋山家文書は文化財関係者により分野ごとに分類し直されたため、筆者が付した仮番号では検索できなくなってしまった。あらためて原文書にあたり直す余裕がないため、やむを得ず仮番号のみを表示した。分類番号との対照作業は後日を期したい。

4　本間清利『御鷹場』埼玉新聞社、一九七一年、三二～三四頁

5　「海野了無先祖書」『静岡市史　近世』所収、四六七頁

6　『静岡県史　通史編3近世一』一九九六年、七六四頁
7　『清水町史　別編史料集1伊豆鏡・秘書（上・下）』一九九八年
8　根崎光男『犬と鷹の江戸時代〈犬公方〉綱吉と〈鷹将軍〉吉宗』吉川弘文館、二〇一六年、一六〇頁
9　越坂裕太「甲斐柳沢家の巣鷹献上―御用鷹としてのハイタカ献上事例に着目して」『鷹・鷹場・環境研究』vol.5、二〇二一年三月
10　（注8）一一八～一二四頁
11　宮本勉編『史料編年井川村史』は元禄期までで以後は未刊。
12　（注8）一三〇頁
13　「差ケ上申一札之事」『静岡市史　近世史料四』四五九頁

第三章　安倍七騎の伝承と山屋敷

―戦国時代末期地侍の動向―

一　安倍七騎の伝承

安倍七騎の伝承

戦国時代末期、今川、武田、中村、徳川と、めまぐるしく支配者が変わっていった駿河国安倍郡に、安倍七騎として列挙される地侍（土豪）がいた。彼らは安倍川流域の山間地集落を拠点とした小規模領主として、死ぬか生きるかの混乱期を巧みに生き抜いた。その子孫のうちには江戸時代にも引き続き村の名主などを務め、近代以降も広大な山林を所有して地域の名望家であり続けた家もある。そのような彼らの地位と誇りを今に伝えるのが今川氏・武田氏の判物である。本章では、子孫が大切に守ってきた古文書や近世の地誌の記述、地域の伝承などを総合して、安倍七騎とは何であったのか、彼らの存在が地域の歴史の中でいかなる意味を持っていたのかを考える。

主題となる安倍七騎とは、近世の地誌の一つ新庄道雄の『駿河国新風土記』（俵峰杉山の項）によると、俵峰の杉山、同村の望月、足久保村の石谷、落合村の狩野、村岡村の末高、柿嶋村の朝倉、中野村の海野の七人というが、海野・朝倉は七騎よりも家格が上であるので、代わりに上落合の大石、牛妻村の某（姓未詳）を加えた七家ともいう。だが上落合の大石については『駿河記』（上落合の項）に「むかし大石某と云国人居住せしに、柿島村の朝倉氏夜討して切随へて、已が被官となしけると云」とある。

桑原藤泰の『駿河記』（安倍郡巻之四、薬沢）には、木曽義仲が信濃国から駿河・遠江の国へ山路を越えて軍兵を出そうとした時、安倍の地侍仁科弥七という者が安倍郷の地侍柿島の朝倉、落合の狩野、平野（村岡）の末高、俵峰の杉山、足久保の石貝、千頭の大間等を促して木曽軍を猪（井）川に引き入れて悉く討ち取り、その首を鎌倉に送って恩賞を受け、仁科は猪川七郷を賜ったという話を載せているが、これは七騎誕生の根拠をさかのぼらせただけの、時代的には荒唐無稽ともいえる話である。

七騎のうち石谷（石貝）は遠州出身で今川義元・氏真に仕えたのち家康に召され、以後旗本として将軍家に仕えた（『寛政重修諸家譜』）。足久保との関わりを直接示している記録はないが、主家が今川氏から徳川氏に代わっていく経緯は他の家と大同小異である。末高は初代正長が氏真に仕え安倍郡のうちに五百貫文の地を領し、武田家に仕えたのち郷里に帰り閑居した。二代正久は系譜が不明確だが、その長女は七騎のうちの朝倉六兵衛（後出の史料三に名が見える）に嫁し、次女は今川の臣狩野修理佐に嫁している。三代正宣は安倍七騎のうちの朝倉六兵衛有重の娘を妻にしており家康に仕え紀伊の頼宣に付けられたが病を得てやはり平野村に閑居したという、四代正勝は家光に仕え甲府の綱重に付けられたという（『寛政重修諸家譜』）。

また大石は上落合の住人であったが、柿島村の朝倉氏の夜討ちにあって朝倉の被官となった。そのため上落合の住民すべてが朝倉氏の家来だといわれる（『駿河記』上落合の項）。俵峰の望月は絶家。俵峰の別の一騎杉山と狩野・朝倉・海野については後述する。

安倍七騎の文字は十九世紀に編纂された地誌に初めて現れるもので[1]同時代史料には見えないが、後述する本多正信の書状（史料七）には「安部衆」の語が見える。駿河国の山間部において勢力を分け合っていた土豪たちの総称が「安部衆」であり、梅ヶ島などの金山の採掘技術を持った集団は別に「金山衆」と呼ばれた。安倍七騎は、安倍衆の中で特に統率力があって拠点となる館周辺の村々も支配していたと考えられる。

一騎の実態と「七」

七騎の武士が領域を分け合って神事に参加している例が遠州掛川藩領の上垂木に鎮座する雨桜神社の流鏑馬執

行組織に見られる。詳細は本著作集第一巻（第八章）で述べたが、比較のために要点を紹介しよう。流鏑馬を行う家は本来七軒と決められている。その由来は、現在七騎の中心となっている中村家で、むかし収穫が終わって俵に入れてあった麦を天から下りてきた獅子が食い荒らして逃げ去ったので、そこに駆け付けた六騎の騎馬武者と力を合わせて獅子を退治できた。それによりこの七軒が流鏑馬を継承してきたというのである。彼らの素性は明確ではないが、戦国時代末期にこの村にやってきた者たちであろう。なぜなら神社の祭祀はこの七騎登場以前からヤトの田を開発してきた神官六軒が世襲してきたからである。ちなみに流鏑馬に際して各家が出す一騎の構成は、騎乗の少年、馬の口取り、弓、的、鉄砲などで、家によっては十文字槍、袖搦《そでがらみ》を出す。かつての出征風景を想像すれば、直接戦闘に加わる従者のほかに兵粮や馬糧、武具の運搬などにも人手が必要であるから、一騎とはいえ実際は十数人で構成されることになる。あえて掛川の事例を出したのは、戦国時代における軍役としての一騎が、実は集落挙げての戦闘組織と同義であることと、一騎が地域を分けあう形でうまく配置されていた点に共通するところが見られるからである。ただし七騎すなわち七人の有力者という表現は、必ずしも実数を示すものとはいえない。落ち武者七人を葬った七人塚とか、さまざまな場面で七が使われる。本章では一貫して七騎にこだわるが、「七」は必ずしも実数ではなく、同じような規模の武力集団の中で突出した力を持った者たち、といった意味で理解すべきであろう。その意味では後述する「安部衆」と同義と捉えてもよいかもしれない。

中世城館跡と安倍七騎

ここで視点を変え、安倍七騎とほぼ同時代、同じ安倍の山中に彼らに匹敵したかもしれない土豪たちがいたことに注目したい。その中には落武者が定着したとする伝説、村落内に何々殿、何々屋敷という呼称のみが伝わっている例、さらには実際に今川・武田の発給文書を伝えているが七騎には数えられていない有力者もある。そうえようか。

した伝承を『駿河記』から抜粋してみたのが表3－1である。いわば、安倍七騎に数えられ損なった家々ともい

ここで彼らが居住していたと伝える屋敷（城館）に関する現地調査の成果を見ていきたい。文化庁の全国事業として実施された「中世城館跡」の調査の一環として静岡県教育委員会が昭和五十三年から三年間にわたって現地調査を実施した報告書がある。(2)県内六六九ヶ所に上った調査対象のうち、安倍七騎に関わる可能性がある伝承地の概要を同報告書から摘記してみる。

・海野屋敷（井川）井川郷の中心、上田村の標高六八〇メートルの山腹。南北に長い方形状。屋敷地上段に海野家菩提寺龍泉院がある。

・杉山屋敷（俵峰）集落の北、標高四六〇～四八〇メートルに位置し東西一八〇メートル、南北三〇メートルほどの屋敷地の中に石垣に囲まれた元屋敷と思われる一角がある。屋敷の位置は下方に安倍街道、山側からは稜線を越えて庵原郡の興津川方面へと通じている。

・末高館（平野トイグチ字末高段）平野集落の安倍川対岸、旧村岡村という。標高二五〇メートル余の台地上にあり、広さは南北七〇メートル、東西一〇〇メートル。東南北を安倍川に囲まれ安倍道を北上すれば有東木から地蔵峠越えで甲州に通じる。

・朝倉館（柿島字城山）中河内川東岸台地上の柿島集落の北端に位置。東西九〇メートル、南北四二メートル、井川往還道に沿う。朝倉氏鎮守の粟鹿神社下から引き入れた水路を屋敷地内で東西に分流させ領田の用水としている。

・狩野屋敷（落合字上助）狩野氏の枝流とされ中河内川と西河内川の合流点の上部に位置する。

・石谷屋敷（足久保口組）足久保川西岸の神明原の山裾に立地するが遺構は見いだせない。

表3－1　駿府周辺の地侍伝承（『駿河記』上巻より作成）

	村落名	内容
足久保地区	産女新田	今川の家臣で信州の人、牧野喜藤兵衛流浪してこの地で妻を難産で失う
	羽鳥	里正石上長信藤兵衛の家は福島伊賀守の子孫で今川義元から羽鳥代官職を命じられていた
	内牧	狩野氏の城跡あり
	遠藤新田	今の里正遠藤氏は武田家の家臣で勝頼の妹を連れて落ち延びてきた中之郷村に居住し、地先に新田を開発
	足久保	安倍七騎という武人のうち石貝孫兵衛が居住、中頃火災にて文書等失い、今は証拠なし、子孫は貧民で原村居住の半左衛門
	松野	むかし別所殿、川島殿、ボッカア殿という三人の武士の居城であった所を城山という
	津渡野	高滝将監という武人の居城で畳石や塹の跡あり、井川の海野弥兵衛に焼討されて滅亡
中河内	桂山	長光寺は旧武人長倉佐渡守某の屋敷跡、長倉氏は常陸坊海存の末裔
	落合	里長（狩野）富右衛門の先祖は安倍七騎の内なり、家蔵古文書に武田氏朱印状あり
	柿島	むかし「ともとう殿」という武士が住んでいたが敵に夜討をかけられ千俣村に逃げたが討死、妻子も長妻田で淵に投身
	長妻田	白鳥氏の祖は越前の朝倉氏という
	上落合	むかし大石某という国人がいたが柿島村の朝倉氏の夜討をうけて臣従し被官となった
井川郷	井川郷上田	郷士海野氏の屋敷あり
	井川郷薬沢	里人望月氏の言に、源頼朝の治世に某という武士あり猪川七郷を賜って勢い猛かったが、その屋敷跡に中西長次右衛門なる貧民が住む。寿永二年の秋、木曽義仲の郎従が信濃国から駿河・遠江の山道を経て駿河安倍の地侍仁科弥七が計略し、「安倍郷の地侍、柿島の朝倉、落合の狩野、平野の末高、俵峰の杉山、足久保の石貝、千頭の大間」等を促し木曽軍を猪川に引き入れて悉く討取り、仁科は猪川七郷を賜る
	井川郷田代	永禄天正の頃、海野七郎太郎、七郎三郎兄弟の郷士あり、兄の七郎太郎は岩崎に住み、弟七郎三郎は田代居住
西河内	内匠	往古長島某という武士居住
	腰越	昔、菅沼某という武士ここに居住

藁科谷	小瀬戸	狩野介貞長の伝承あり
	水見色	水見色殿と称する武人の古城跡あり、水見色殿は古池のナメダラ牛を焼石を投じて追い出す
	昼居渡	小地名に御所平、稚児屋敷
	杉尾	八人塚は公家の落人の家来たちの印で高橋権守・高橋少の両氏の名が残る
	崩野	法光寺の地は、阜岐（土岐？）氏の屋敷、寺下に馬屋敷という地名、阜岐氏はこの辺を領した武人か
	日向	土岐山城守の居城が村落西北の山上にあり
	橡沢	治承の頃、源頼政に仕えた官女米沢が坂上某に連れられて当地に隠れ住み夫婦となり、その娘坂本姫が関東の五郎某と結婚、代々米沢五郎右衛門を名乗る、聖一国師円爾を出す
	大間	往古いさご宮太夫という落人が信濃国から移住
大河内	村岡	今民家なし、安倍七騎のうちの末高氏が居住、往古より安倍の住人で今川家の幕下で軍役を務め、天正頃に神祖の幕下に召し出された。今、民家なし
	入島	孫左衛門は武田家臣小泉勘解由左衛門の子孫で武田氏の判形2通を伝える
	俵沢	里長大村氏の先祖はもと信濃国の住人、当村山林田畑とも一円所持、県史③二七一七、三四六三、④八六五
	俵峰	村長杉山氏は安倍七騎の一人。今川武田の判形所持
	郷島	村長惣右衛門（海野氏）武田氏判形二通所蔵、県史④二二一七
	牛妻	今川氏のとき荻野伊予守居住、子孫荻野直右衛門尾張藩で三〇〇石という
	松留菖蒲ケ谷	里民源左衛門は酒井下野守の末孫、寿桂尼の朱印状を伝える

注：③④は『静岡県史』中世史料編の巻数、数字は文書番号を示す。

これらは表３－１に見た近世の伝承を裏付けるものであり、同報告書には、これら以外にも多数の城館跡の調査結果が掲載されている。いずれも小規模ながら村落の領主的な存在となっていたことを窺わせる。その規模を想定させる実際の発掘結果を遠江国の例ではあるが、豊臣秀吉が若い時に仕えたとされる松下嘉兵衛の松下屋敷の跡（浜松市頭陀町）から見てみよう。屋敷は東西一一五メートル、南北一二〇メートルほどの単濠単郭の館で土豪屋敷の典型であり、普段は農業経営に従事し、合戦になれば寄親《よりおや》の城に入る。(3) ここで寄親というのは戦国大名の有力家臣が寄親となって在地の土豪を寄子として勢力下におき、戦時に引率するという仕組みである。安倍七騎の上に寄親がいたのかはわからないが、それぞれが各一騎として計算され、軍団構成の最小単位となっていたとみてよいだろう。一騎の規模は、先に見たように、当主のもとに一族郎党らを含めても二〇人にも満たない勢力であったろう。彼らは安倍衆としての仲間意識を持ち、婚姻関係を結んで結束を深めていた。「七騎」が互いに協力し合っていたという記録はないが、変転する駿河国の領主の間を巧みに泳いで所領の保全を図るとともに、相互に支配領域を分け合うことで、結果的に安倍山中の安定に貢献していたと言えるだろう。

では、安倍七騎に独自の生き方を可能にした要因は何だったのか。それは彼らが拠点とした城館（屋敷）が交通上の要所にあったことである。駿府から安倍川流域を経て甲州に通じる道、あるいは安倍川源流域の安倍金山に通じる道、山岳地帯を東西に横断して大井川流域へ出る道など、いずれも戦略上重要な道路の交点に館があった。彼らは重要な交通路を押さえる位置に館を構えていたのである。

消えた殿たち

表３－１は安倍七騎を含み、安倍・藁科・井川に伝わる戦国期と思われる地侍に関する伝説を略記したもので『駿河記』の筆者桑原藤泰が自らの足で歩いて書きとどめたものである。かなりの家が今川氏関係の判物を伝え

ている。中には松野の「ぼっかあさま」、柿島の「ともとう殿」など、滅亡後におぼろにその名を伝える者もいる。「ぼっかあさま」についてはこんな伝説がある。

松野は安倍川右岸の河岸段丘上に開けた集落で、静岡市指定文化財の松野阿弥陀堂仏像群（八体附二片）に含まれる阿弥陀像（写真3－2）は平安後期作の丈六像であり、かつて村内に古い寺があったとも伝えている。この松野の殿様であった「ぼっかあさま」が、ある時、出陣に際し、自分が戻るまで正月の餅を搗かずに待っていよと言い残していった。しかし年末になっても戻ってこない。そこである村人が餅を搗こうと火を起こしたらたちまち火事になってしまった。そこで松野では今でも正月の餅を搗かない、という伝説である。いわゆる餅なし

写真3－1　安倍川の河岸段丘上にひらけた静岡市松野の景観　1983.7

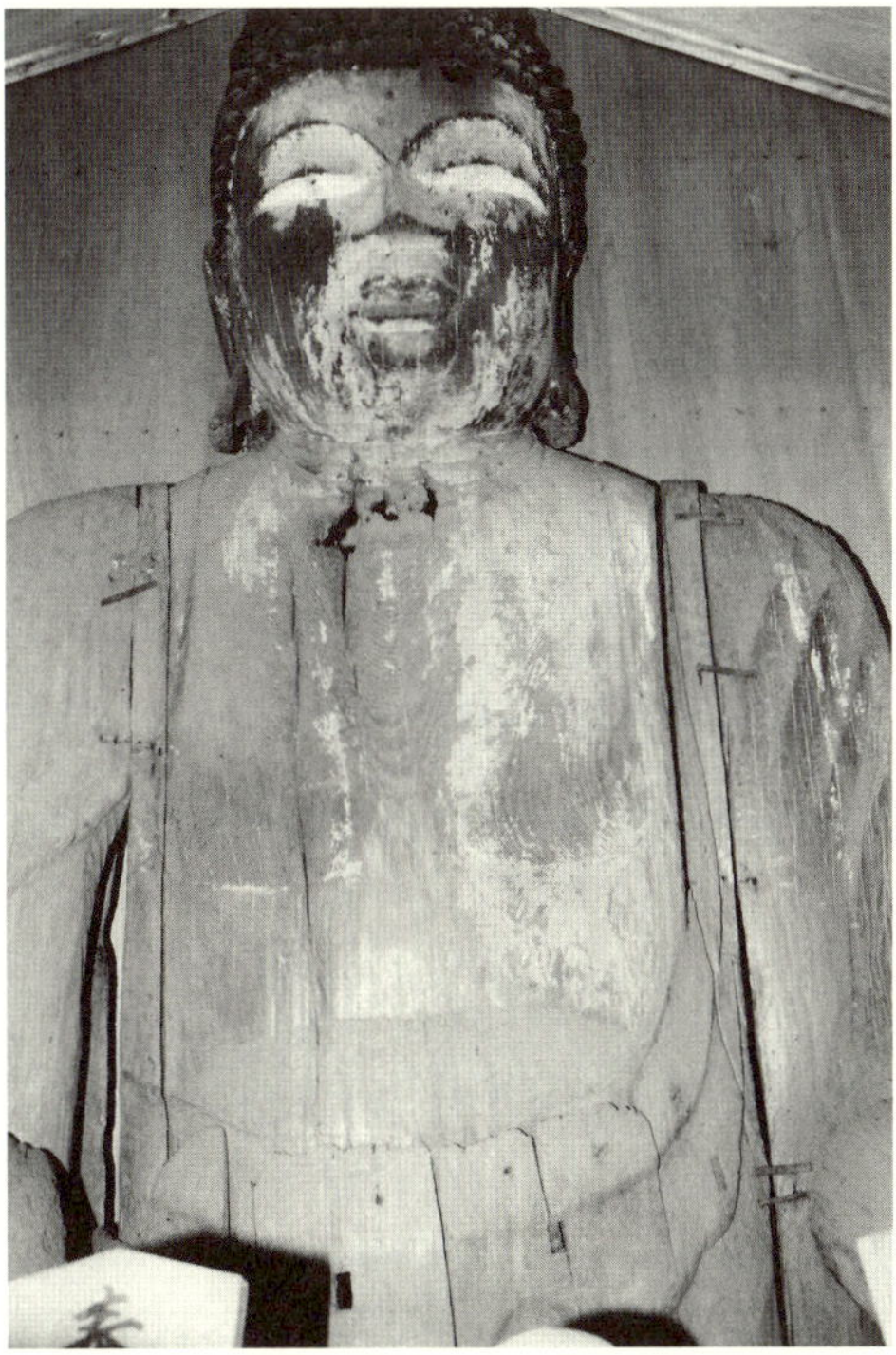

写真3－2　地元では薬師像として信仰されている阿弥陀像（静岡市松野阿弥陀堂）　1983.7

正月の伝説の一つであるが、主人公のぼっかあさまは、消えてしまった地侍だったのだろう。表に掲げた以外に、梅ヶ島村の秋山家、入島村の小泉家、平野村の大村家などは今川氏・武田氏関係の文書を伝えており、戦国大名が地域の有力者を取り込んでいた様子が窺える。

このような小領主の間に小規模な争いがあったと思われるが、今川氏の駿河入国によって各自の所領が安堵され紛争も解決されていく。七騎の由緒を見るといずれもその土地生え抜きではなく、大名や名家の血筋を引くとされる「貴種」である。規模は小さいながらもよそからやってきた貴種を推戴することで利害が調整され地域も安定していったであろう。

その意味では、駿河国の支配に成功した今川氏も貴種として有力国人をまとめていた。戦国乱世の時代は、各レベルでの機種が武力集団を（場合により利用されて）統率するという、一種の「いれこ」状態にあったとも言えるかもしれない。

二　戦国末期の安倍山中

安倍山々の一揆

建武三（一三三六）年、今川範国が駿河国守護となり駿河国の新たな歴史が始まった。今川氏は南朝方の狩野氏との激しい争いを制し、大井川上流域に勢力を有していた土岐氏も滅ぼして駿河国内を安定させ、氏親、義元の時代に最盛期を迎えたのである。安倍の山中の地侍（土豪）たちは今川氏の権威に服し、山間地域の政治は安定していたと思われる。しかし、桶狭間合戦により義元が討死し、義元の生前から家督を継いでいたとはいえ氏真の時代になるとその領国は、武田・徳川・北条氏らの争いの場になった。在地の武士たちは強力な戦国大名の間にあって、情勢を見極めつつ生き残りを図らねばならない。今川氏は彼らを配下にとどめることに腐心し、安倍山中の土豪たちに次々と安堵状を発給した。しかし永禄十一（一五六八）年十二月、武田信玄の駿府侵攻により今川氏真は掛川城に敗走、いったん今川氏の家臣たちの一部が駿府を奪回したかに見えたが最後は駿府から退いた。安倍山中の武士たちには、新たな支配者となった武田氏にどのように対処するか葛藤があったに違いない。武田氏に従うか、武田以外の勢力と結んで反抗を続けるかの選択を迫られたのである。

　武田支配に抵抗する在地の勢力の一部は、永禄十二（一五六九）年二月、宗定・小泉・見条・南条・五郎左衛門の五名連名で小田原北条氏に援軍派遣を求めた。その文書で、武田軍三千に安倍口を固められているが、（山中に拠点を有する）我々は各自二、三〇ほどの人数を出すことができると述べている。[4] 彼らは今川時代に安堵されていた本領や権益の保全のために武田支配に抵抗したもので、自らを「山々の一揆中」と呼んでいる。森竹敬浩は史料中の筆頭にある宗定は海野元定であろうとし、『甲陽軍鑑』には駿府の今川館の焼け跡には阿部大蔵（海野元定の舅）らが置かれたとあることを紹介している。[5] 井川を支配していた安部・海野両氏は反武田の旗幟《きし》を鮮明にし、駿府から撤退して井川に戻り抵抗を続けることになる。そのほか、小泉・見条は、安倍川流域の入島村の旧家小泉氏（後述）や中平の見城氏（「天正七年徳川家七か条定書写」県史中世四の一一四三号を伝える）につながる家と思われる。

梅ヶ島金山の行方

　安倍山中（現在の梅ヶ島地区および下流域と大井川最上流部の井川地区を含む）は金採掘を目的に早くから開

発が進み、特に梅ヶ島金山には金掘をはじめ付随する鍛冶屋、大工などの職人たちや食料供給者、遊女たちまで含めて相当数の人間が生活していたであろう。梅ヶ島金山にも遊女が客を待ったというけはい坂の伝説がある。また井川から梅ヶ島に抜ける途中に篠（笹）金山があり、伝説では金掘役夫の小屋が建ち並び駿府から食料や塩などが運び込まれ、妓女も呼び集めて大いに賑わったので千軒平と呼ばれた（『駿河記』小河内の項）。時代は少し下がるが元和四（一六一八）年五月「駿州安部篠山上口拾分一御帳」[6]という、篠山金山入り口の番小屋で徴収した十分一税の取立て明細書がある。米・酒・味噌・麹・かつおのたたき・素麺などの生活物資が大量に運び込まれていたことが書かれており、金掘たちの生活の一端を知ることができる。

　安倍金山は今川氏親・氏輝の時代、特に享禄年間を「元栄《もとさかえ》」と呼び大量の産金を見たと伝えている。永正十四（一五一七）年八月、氏親が遠江引間（曳馬）城を攻めあぐみ「安部山の金堀をして城中の筒井悉堀くつし水一滴もなかりしなり」、すなわち金採掘技術を持って敵の水の手を断つことで勝利したと連歌師宗長が書き残している（『宗長手記』）。金の採掘技術を有する集団がいわゆる金山衆であり、戦国大名にとって彼らを配下に置くことが財源確保や攻城戦において不可欠であった。一方で安倍山中では一揆と称する不穏な動きが頻発していた。金山支配をめぐる争いがあった可能性が高い。たとえば大井川上流の梅地（川根本町）の筑地家の先祖は京都梅津の里から信州飯田を経て落ちて来たと伝えるが、筑地弥三郎重房主従三人が天文十五（一五四六）年に梅ヶ島の大代で郷民一揆のために殺されたとされる。

　今川氏の時代、安倍の金山およびその周辺がどのように管理されていたのか、具体的な事実を示す史料はないが、駿府が武田氏の手に落ちて間もない元亀元（一五七〇）年四月に梅ヶ島に隣接する入島村の小泉氏に対し次のような朱印状が発給されている。

〈史料一〉

武田家朱印状写（秋山文書）

駿河国安部郡之内入嶋・梅ヶ嶋両郷之事

如前々可為御料所、然則存其旨、御土貢等可相勉者也、仍如件

土屋右衛門禳（尉）奉之

庚午卯月拾六日

小泉勘解由左衛門

同百姓中

（『静岡県史　資料編8中世四』一九九号）

文中の「如前々可為御料所」に注目すれば、今川時代と同様に直轄地とするということで、武田氏は重要な財源を確保したことになり、小泉氏は今川時代からの権利を認証されたのである。梅ヶ島・入島両村は異なった村ではあるが、近世においては巣鷹役負担などでも同一歩調を取っている（第二章参照）。文書を伝える秋山家も小泉家も近世において名主を務めた家柄である。金山を抱えた村落として戦闘に関わらず、安倍七騎とは異なった立場を維持し続けたのであろうか。次に七騎のうち先に見た以外の家について概略を記してみよう。

落合の狩野氏

狩野氏はもと伊豆国の在庁の出身で、一族が駿河・遠江に展開した。鎌倉幕府滅亡後は家運の復興をもくろみ、両国の守護今川範国と対立、安倍城にこもり宗良親王を擁して戦い続けた。安倍川に沿った内牧に「かなどの城山」といわれる城跡がある。「かなどの」とは狩野殿のことで、今川時代に狩野介貞長がここを拠点に湯（油）

島城などをも勢力下において今川氏と争ったが、応仁頃に今川氏により滅ぼされた。一族は安倍山中の土豪として勢力を有するに至ったと考えられる。拠点とした落合は安倍川の支流である中河内川と西河内川との合流点という重要地点である。土豪となった狩野氏は今川氏に仕え、次の史料二に見られる安倍川本流（大河内）に沿った村々を配下に収めるようになっていた。

〈史料二〉

（永禄十（一五六七）年貫高注文写）

一　弐百文　津殿村
一　五百文　比良野村
一　三百文　横山村
一　五百文　蕨野村
一　三百文　内匠村
一　百五十文　相淵村

定

一　三貫文　中沢村山屋敷　狩野敷部
一　五貫文　山屋敷落合村　市河藤十郎
一　六貫文　同断　狩野四郎右衛門

一　五貫五百文　朝倉六兵衛
　　山屋敷柿嶋村

一　七貫文　　末高権兵衛
　　山屋敷村岡村

一　拾弐貫文　望月四郎右衛門
　　山屋敷同断

一　弐拾四貫文　杉山小太郎
　　山屋敷俵峰村

永禄拾年　卯ノ十月　御朱印　狩野四郎右衛門

（『静岡県史　資料編7中世三』三四二三号）

この文書は義元が桶狭間で討死したのち、領国維持のために家臣団を再編成した氏真が、駿府北郊の村々において現地の地侍たちの所領を安堵したものと理解できる。内容は三つに区分できる。第一は、冒頭の津殿村から相淵村までの貫高を記したもので狩野氏の勢力範囲、第二は「定」以下に山屋敷と地名を合わせて狩野一族の所領を狩野四郎右衛門に安堵したもの、第三は俵峰村の杉山・望月、村岡村の末高、柿島村の朝倉の四氏について山屋敷と地名を書き上げたもので、自らの所領ではなく近隣の有力者に認められた所領を示すものと思われる。杉山・望月・末高・朝倉の四氏はいずれも安倍七騎に含まれる。(7)

しかし今川氏滅亡後、狩野氏は武田氏に従うことになった。次の史料三は、今川氏に代わり駿府の支配者となった武田氏が、狩野氏の旧領を安堵したことを示す。

〈史料三〉
武田家朱印状写
定
一　壱貫文　紙すき山屋敷共
一　壱貫文　池谷
一　四百文　津渡野
一　三百文　平瀬
一　二百文　たゝま
一　二百文　平野
一　壱石弐斗　浅服内有長郷
一　夫壱人
一　壱貫文　常友　狩野善次郎分
山屋敷共
一　壱貫文　国末　市川藤九郎分
山屋敷共
一　八百文　平瀬　狩野六郎右衛門分
向後可抽忠節之旨申之間、如此被下置候、猶依奉公、可被宛行御重恩者也、仍如件
永録十三（一五七〇）年　二月廿日（龍朱印）　土屋右衛門尉　奉之
狩野弥次郎
（『静岡県史　資料編8中世四』一六六号）

先に武田氏の駿河侵攻に際し、「山々の一揆中」が小田原北条氏に援軍の派遣を依頼したことを紹介したが、狩野氏の動向は不明ながら、この史料を見る限り一揆に加わっておらず（もしくは早くに帰順したか）、今川時代の旧領（史料三）を武田氏によって安堵されたばかりか新たに安倍川本流を越え賤機山の東側にも「浅服内有長郷」を得たことになる。これは現行地名でいえば、浅畑の有永に該当する。

柿島村の朝倉氏

朝倉氏の祖は越前国の朝倉孝景（敏景ともいい戦国家法「朝倉敏景十七箇条」で名高い）の弟景高で、兄との跡目争いに敗れて駿河に落ちてきて安倍に領地を得て今川氏に仕えた。その子在重（六兵衛）[8]は武田氏に従い、さらに家康に仕えた。家康関東移封後も駿河にあって中村一氏に従い、中村氏が伯耆国に移ってからも駿河にとどまり続けた。そして井川の海野氏と共に安倍山中の探検を行い、同じく海野氏と共に井川のお茶蔵（大日峠に設けられた茶壷保管庫）の警備にあたった。名門の末であることが家康の信頼を得たのであろうか。朝倉家は安倍川支流の旧清沢村一帯を支配していた。史料四には、今川氏真時代の永禄六（一五六三）年における棟別免許の村々が列挙されている。

〈史料四〉

永禄六（一五六三）年五月二十六日　今川氏真判物写

安部西河内棟別免許之事

村又村　坂本　長津又　柿嶋　池谷　大渕　横沢　大沢　腰越　内匠村　平瀬　落合　萱間

以上

右、今度就三州急用、分国中免許之棟別一辺雖取之、任天沢寺殿印判之旨、不準自余之条所令免除也、縦重免除之棟別諸役等、他之在所者雖相破、於彼在々所々者、別而令奉公之間、永不可有相違者也、依如件、

永禄六癸亥年五月廿六日　　上総介（花押）

朝倉六郎右衛門尉殿

（『静岡県史　資料編7中世三』三一三七）

これによって朝倉氏が安倍川上流域の西河内（旧玉川村地区）において一四ヶ村に及ぶ広い範囲の支配権を有していたことがわかる。狩野氏と朝倉氏は支配領域を分け合っていたのである。

朝倉氏もまた今川から武田へと主家を代えたことは後述する。俵峰の杉山家などと共に、朝倉六兵衛（元和元年没）は天正三年九月に遠州小山城で奮戦したことに対し武田勝頼の感状を得ている。また慶長十（一六〇五）年には井川の郷士海野氏と共に家康の命を受けて甲州まで山林資源の踏査に赴いている。朝倉氏の系譜（『駿河記』）を追うと朝倉孝景の弟で兄と争って駿河に移ってきたという在重は中村一氏に仕えて安倍を領し、後年家康に召し出されて長久手の合戦で戦功を挙げたが元和元年に死去したとされる。その子、宣正は小田原陣の時に召し出され、のち駿河藩主徳川忠長に仕えた。さらにこの宣正の弟は六兵衛を名乗り紀州侯に仕えたという。先に見たように宣正は末高氏の娘を母としており、在重（六兵衛）との娘（宣正の妹たち）は海野弥兵衛、狩野官兵衛の妻になっている。安倍山中の土豪たちが互いに縁戚関係にあったのである。

朝倉氏が拠点とした柿島の朝倉館跡についてはすでに触れたが、柿島の白鬚神社（神主白鳥氏）に朽ちかけた棟札があり「永禄九（一五六六）丙寅三月九日　本願主朝倉弥六郎並百姓等、河村七郎左衛門並百姓等」の文字が見える（『駿河記』柿島の項）。この棟札の書き方は、駿河国庵原郡蜂ヶ谷村の若宮八幡宮に残る文明十四年棟札(9)に領主である由比氏に続いて「蜂谷村百姓十員」の文字が見えるのと類似している。蜂ヶ谷の百姓十員（人）は

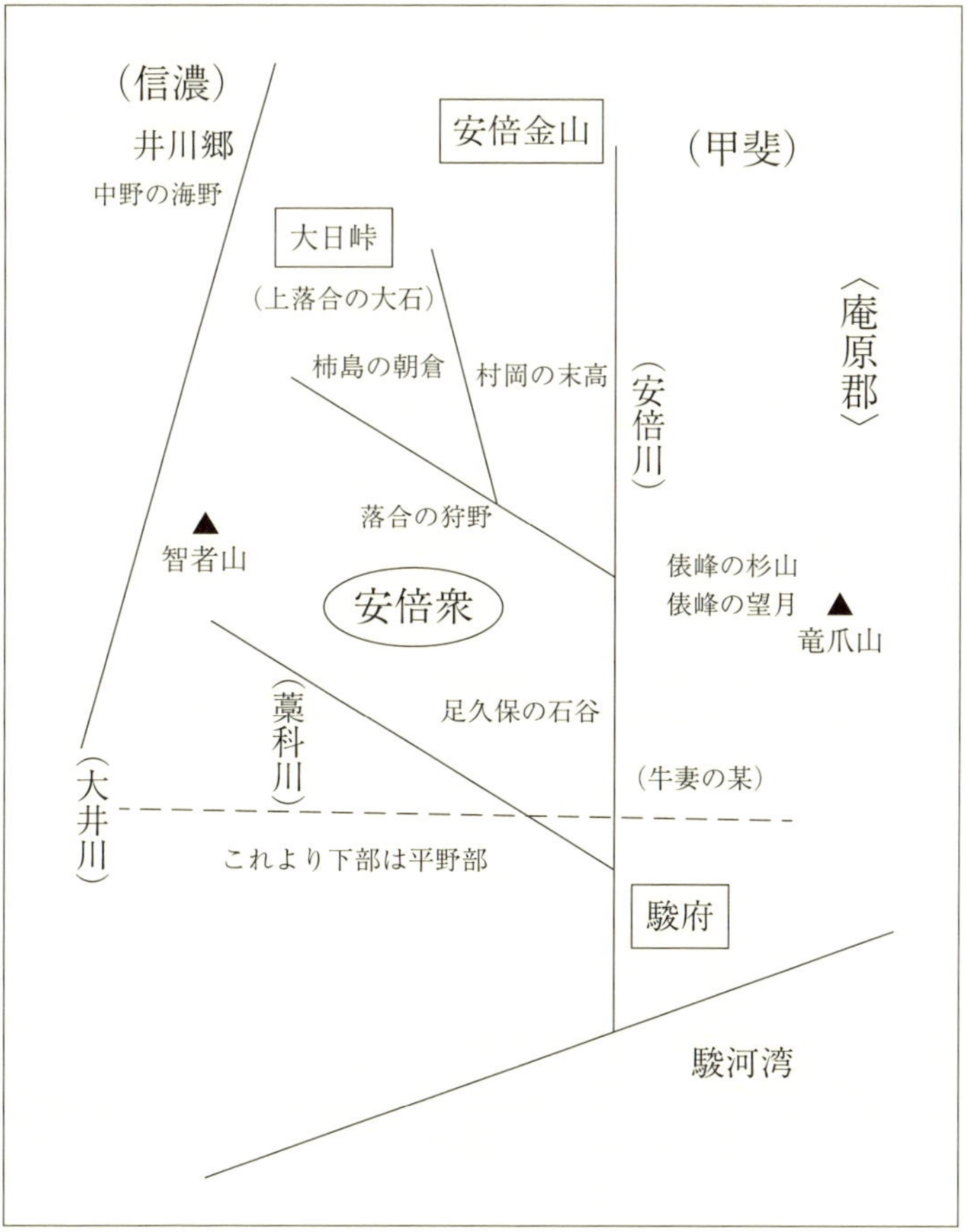

図3－1　安倍衆と安倍七騎

村を開発した百姓の子孫であり、外来の由比氏が彼らを従えたということを反映している。落合村の棟札の記載も、越前から来た朝倉氏と在地の百姓との関係性を示していると思われる。さらに村の用水が朝倉氏が勧請した粟鹿明神社の下から引かれている。朝倉氏が村の水を制して百姓（在来農民）らを従えたのであった。

俵峰の杉山氏

俵峰の杉山家も今川・武田・徳川と次々に代わる支配者のもとで旧来の権利を安堵され生き延びてきた。

〈史料五〉今川氏親黒印状（折紙）

（印文不明）

安部山内俵嶺半分之事、今度山中より出忠節として所充行也、於此上尚々可抽忠功者也、仍而如件、

明応三　　九月廿日

杉山太郎衛門殿

（『静岡県史　資料編7中世三』一九六号）

今川家に仕える在地土豪として山中から参戦した功績により俵峰（嶺）の半分をあてがわれたものである。半分というのは、杉山家と同格の望月家（安倍七騎の一つ）と分け合ったということであろう。その後、今川義元からも所領安堵されている。

〈史料六〉今川義元判物（折紙）

（義元花押）

駿河国安部内俵峰相拘名職山屋敷之事

右、相定年貢諸役、如前々可勤之、以継母計別子又者親類等仁割分之儀、恣雖出置之、遺跡不相渡以前兼不相断、於押取之者不可許容之、只今号割分田畠等、各於押取之者、進退可及退転之旨、遂訴訟之条、所出判形也、仍如件

天文廿一年　十月十一日

杉山小太郎殿

（『静岡県史　資料編7中世三』二一四八号）

俵峰の杉山家は、明応期に太郎左衛門が氏親のもとで参戦しており、天文期に小太郎が、相続争いを制して旧来の名職（正規の田畑の権利）と山屋敷を安堵されている。さらに天文二十一（一五五二）年四月には義元から杉山・望月連名で俵峰の諸役を免除されている（『静岡県史　資料編7中世三』二一二〇号）。その後、義元討死（一五六〇年）後の永禄六（一五六三）年に両家は氏真から棟別銭を免除されるが、その文言は「今度就三州急用免許之棟別、一返悉雖取之、両人事者依勤陣参」とあり、功績により棟別銭を免許する（同三一二六号）という内容である。杉山・望月両家は今川氏の配下で参戦し、その結果として居住地の所領を安堵されてきたのだが、永禄十一（一五六八）年十二月、武田氏の駿府侵攻により今川氏真が遠州懸河（掛川）に敗走し、安倍川流域も武田氏の支配下に入った。そして元亀二（一五七一）年十二月には武田氏配下の朝比奈信置らから「安部内俵峰村」の軍役として弓鑓負担をすべき五人の名が示された（同三七五号）。ちなみに、武田軍の規定によれば、小身でも乗馬を嗜むこと、三間柄の鑓三本、鉄砲、弾薬、鎧一式、小旗持、弓などの備えが求められていた(10)。駿河国川野辺郷を本領とする海老江元喜の場合は御具足・騎馬の当主以下、徒《かち》の者一〇名、運搬のための夫丸五人、夫馬一疋のほか陣僧までを含む二十数名であった。しかも武具のほかに鶴嘴・鍬・鉈・金棒まで用意されていた(11)。

杉山氏の場合、弓鑓を負担する五人との関係は不明だが、杉山家の戦力として計算できる被官であったかもしれない。その後、杉山小兵衛は新たに志太郷三輪分のうち五貫文を与えられ、さらに天正二（一五七四）年十二月十八日の武田家朱印状（『静岡県史　資料編8中世四』八六四号）により軍役奉公を務めた功として安部之内本地四貫文と賀地間（富士川囲近くの加島）のうち二〇貫文を安堵された。この段階では杉山家は武田氏に従っており、高天神城攻防に際して重要拠点であった小山城（吉田町）において徳川勢の攻撃に耐え、「小山地徳河取る詰之処、数日籠城励む戦功之条神妙」という武田勝頼の感状を天正三年九月に得ている。これと同じ文面の感状を狩野次郎兵衛、朝倉六兵衛も受けており[12]、安倍七騎のうち少なくとも三騎が武田に従軍していたことがわかる。武田氏が滅亡し、天正十年二月に家康が駿府に入った。その後の杉山氏の軍事的動向を示す史料はない。

井川海野氏の出自

井川の海野氏は安倍七騎に数えられることもあるが、拠点とする井川の地理的な条件と、海野家の伝承などから見ると、安倍七騎とは異なり、井川という隔絶された地域で独自の勢力を養ってきた独立性の高い土豪であった可能性が高い。

そもそも井川の地は安倍郡とはいえ大井川の最上流部にあり、駿府へは標高約一二〇〇メートルの大日峠を経由しなければならない。生業の中心は焼畑であり、木材（榑木）や曲げ物などが主要産物となっていたが、井川では各所で金が採れた。海野家は近世以降には井川の殿様と呼ばれたほどで、井川七ヶ村を支配する立場にあった。

海野氏は井川郷の有力者であった安部氏と姻戚関係を結び、後述するように安部氏が井川を去ったのち、「井川の殿様」として井川七ヶ郷を支配するようになる。安部氏は家伝によれば（『寛永諸家系図伝』）、祖先は源姓諏訪氏であり、諏訪刑部大輔信真の八代の祖が信州諏訪の郡から駿州安倍谷に移住したもので、信真の子元真（大蔵《おおくら》）にいたって初めて安部氏を名乗ったという。そして家康に仕えて数々の武勲を挙げ天正五（一五七七）年に死去した。この元真こと大蔵の女婿となったのが海野本定である。『駿河記』には、滋野朝臣信濃国住人として海野小太郎左衛門以下八代の名が記されてから本定が登場し、海野弥兵衛尉（元定、天正三＝一五七五年没、法名松雲）が安部大蔵の婿として井川に居住したと記されている。

写真３－３　田代集落の景観
対岸に見えるのは小河内集落（静岡市）　1989.10

　安部氏、海野氏が信濃から移住してくる前、井川には別な勢力が存在していた。井川郷七つの集落のうちの一つ、中野の観音堂鰐口銘に「奉　下井河中野観音堂施入　応永廿一（一四一四）年十一月吉日　旦那敬白」（『静岡県史　資料編6中世二』一六八〇号）とあり、この五年前に同じく井川郷の田代薬師堂に施入された鰐口には、井川という地名はないが「応永二十六年十月念五日」と見え[13]、井川郷の中心部における有力者の存在を窺わせる。宮本勉は、静岡県伊東市を本貫とする伊東氏が十四世紀において駿河の安部（倍）山一帯に権力を持っていたことを明らかにしている。中でも貞治二（一三六三）年には「安部山内上田村地頭郷司職」を先例どおり伊東掃部助祐家に認める文書が出されており[14]、宮本はこの職名は類例のないものではあるが、内容から見て井川の上田村が伊東氏の支配下にあったことを示すものと解釈している[15]。そしてこのような文書が発給される背景として伊東氏が金山採掘の技術を持っていたことを挙げ、そうした金工技術の持ち主であったことが安倍山中の村々に中世の鰐口が残されている理由であるという。安倍川右岸の内牧にある結成寺には正応五（一二九二）年銘の懸仏《かけぼとけ》が伝わっている。銘文の末尾に記された施入者名が「アヘノモリサネ」とあるのは「安部ノ盛真」と解釈できるので、宮本勉は安倍大蔵につながっていく安部（安倍）氏の先祖ではないかという。(16) この推定が正しければ安部氏はすでにこの時点で狩野氏に対抗できるほどの存在だった可能性がある。鎌倉期から駿河に勢力を持っていた伊東氏の係累は信州からやってきた安部氏に次第に勢力を奪われていったのではなかろうか。安部氏は今川氏に従っていたとされるが、大日峠を含む山領が格好の防壁になり、今川氏とは平穏な関係を有する自立した土豪として七ヶ村を支配していたのではなかったろうか。

在来の住民との軋轢

では安倍衆のリーダーとなっていた外来の海野氏と在地の住民とはいかなる関係にあったのだろうか。海野氏以前から、井川には大井川源流部の奥山において焼畑を営みながらかなりの年月をかけて下ってきた者たちと、安倍の山中から峠越えで入域した者たちがいたのではないかと推定される。

七ヶ村の中でも規模が大きい田代には海野氏をめぐる血なまぐさい事件の伝承がある。海野七郎太郎（岩崎居住）・七郎三郎（田代居住）という武勇に優れた兄弟がいた。武田氏はこの兄弟を疑い地元民に召し捕るように命じたので、カモシカを捕らえるための落とし穴にだまし入れて弟を討ち取り、兄は武田の討手に捕らえられて殺された。しかし、兄弟の怨霊が祟りをなすので八幡社を建立して鎮魂に努めたというのである。これは『駿河記』の記述であるが、他の文献や伝承も大同小異である。兄弟のことは海野家の正規の系図には見えない。

海野元定の舅にあたる安部大蔵父子に関しては、宮本前掲書の海野家由緒におおよそ次のように述べられている。安部氏は元来今川氏に仕え駿府城を預かっていた家臣の一人であった。しかし武田信玄の駿府侵攻にあたって主君の今川氏真が掛川に逃れ、残った安部大蔵に信玄から武田方に付くよう働きかけがあった。しかし大蔵はこの誘いを拒絶し井川に引き籠ったので、信玄は井川のうち田代と小河内に対して大蔵父子を討ち取れば褒美は望みのままであるという文書を送った。そこで両村の人民が一揆を起こして安部父子を襲ったが、父子は危うく遠州に脱出し、以後は家康に仕えるようになった。家康は父子の報告に基づき一揆を討伐するための加勢の人数を与え、父子は井川に戻って多数を討ち取ったという。

海野七郎太郎らをめぐる伝承はこの話が下敷きになっている可能性もある。一揆の伝承は外来の安部・海野に対して在来の住民（百姓）が激しく抵抗したことの反映であり、しかも井川の一部（田代の対岸に位置する小河内集落には望月姓が多く甲州から来たと伝え、かつ金採掘の技術を有していた）が武田氏の強い影響下にあったことが考えられる。地元民の抵抗を克服することで安部・海野両氏の支配が確立したのであった。

海野元定は安部大蔵の娘と結婚し両氏は義理の親子関係となった。この話は徳川家の始祖とされる親氏が漂泊の末に三河の松平氏に婿入りして松平姓となったという伝承に似ているが、それはさておき井川の支配権はこのような経緯で海野氏に委譲されていくのである。安部氏のその後をたどると、徳川家康の信任を得た安部・海野は家康に従って遠州を転戦した。その後、安部氏は海野に井川の支配権を譲って井川を離れ、家康関東入国に際しては現在の埼玉県深谷市に陣屋を構えるまでになり、さらに信盛の代に大坂定番を経て摂津国で二万石の大名となった。

このように井川海野家の歴史は、安倍七騎とは異なった道を歩んでいる。有力な家でありながら七騎に数えられないのは、七騎がいずれも今川・武田に従ったのに対し、いったんは武田に付かず、あくまでも独自の生き方を貫いたからであろう。その後、天正七（一五七九）年十月二十九日には当主海野弥兵衛が武田家から駿河国八楠（現・焼津市）の内や「岩崎・田代之郷上山共」などを安堵されている（『静岡県史　資料編8中世四』一二四二号)。その後、家康から信頼された海野は七騎の一人、朝倉六兵衛と共に家康から森林資源調査の命を受けて安倍の深山を踏破し甲州に行っている。目的は国境付近の情勢探索はもとより、金山の情報と豊富な木材資源に関する現地調査であったと思われる。次に示すのは家康の側近であった本多正信の書状である。

〈史料七〉

尚御無沙汰被成間敷候、以上、

山々之材木為可被為見、駿河安部衆之内、海野弥兵衛、朝倉六兵衛被遣候、拙者奉之儀候条、何之国之内たりといふ共、其改被成間敷候、為御心得一書申入候、恐々謹厳

本多佐渡

二月二十六日（慶長十年）　正信（花押）

駿州

遠州

信州　衆中様

甲州

（『静岡県史料　第三輯』海野文書六）

文意は、海野弥兵衛と朝倉六兵衛が私（本多正信）の意を受けて駿河・遠江・信濃・甲斐の山中で材木調査を行うので心得ておいてほしいという内容である。この文書の発給年次については二説あって、『静岡県史料』（第三輯）では慶長十（一六〇五）年としているが、宮本勉は『武徳編年集成』に見える天正十六（一五八八）年に信州・甲州への道を踏査せよとの命令を受けた時のものとしている。[17]一方で山梨県の早川筋の研究をしている白

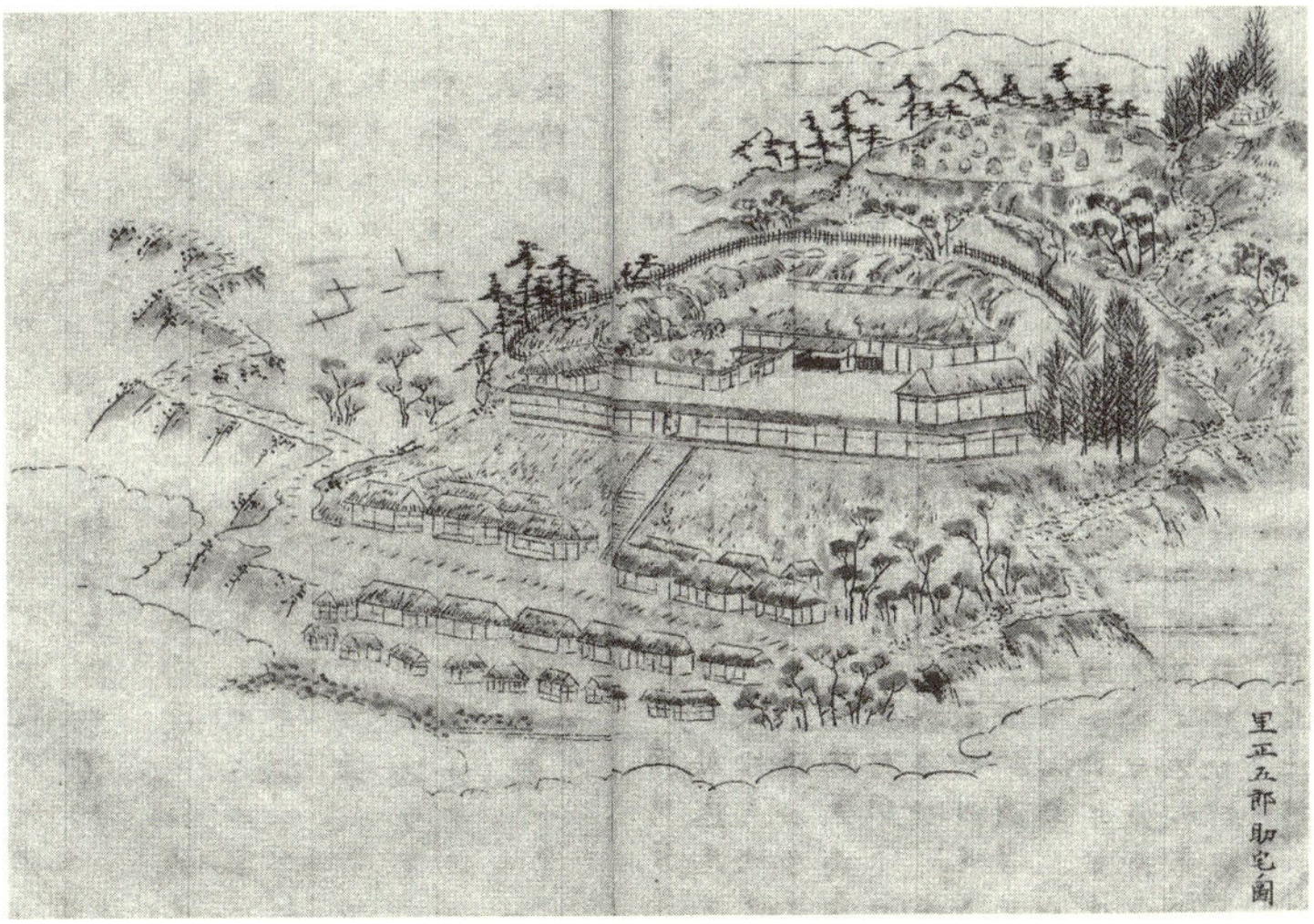

図３-２（参考）相模国津久井郡牧野（現・神奈川県相模原市）の里正五郎助の屋敷図
今川家臣であった蒲原徳兼は主家没落後、当地の郷士五郎右衛門の婿となり家康から牧野村の地を与えられ名主となった。（『新編相模国風土記稿』津久井郡）

図３-３（参考）静岡県森町西亀久保の友田家（建物は国指定重要文化財）の明治中頃の鳥瞰図
先祖は平清盛に仕えた刀鍛冶であったと伝える。母屋の周辺に分家と使用人の家屋が配置されている。（個人蔵）

水智は、朝倉六兵衛と海野弥兵衛が御材木改めに同地の土豪である佐野家に宿泊し、その主人の案内によって雨畑山などにおいて六千本の材木を帳面に記載していったという文書を紹介し、内容から見てこの出来事は慶長十年のことと推定、この本多佐渡の書状がその時のものであるとする。佐野家文書の文言中に材木調査という目的が明示されているのが理由であり、宮本の言うような国境踏査を行った時のものではないという判断である[18]。しかしここでは史料中の「駿河安部衆」に注目したい。これは戦国期に軍団編成の基礎となっていた在地の土豪たちをひとくくりにした表現であり、そのうちから海野・朝倉が選ばれたことになる。敷衍すれば、安部衆のうちから安倍七騎が出ていることを示すものである。

近世の海野氏

江戸幕府安定期に入ってからの海野氏について概観すれば、井川の農民に対する支配権も幕府による在地支配体制の整備の過程で失われた。『駿河国新風土記』所収の海野氏由緒書によれば、海野元定と元重父子は権現様（徳川家康）・台徳院様（秀忠）・大猷院様（家光）三代に仕え、「右御三代御茶壺御預御役相勤、且井河郷田畑開発為仕、七ケ村百姓支配御役被仰付、相勤申候、其後御代官所ニ相成候ニ付、右引附を以、当時者七ケ村百姓江諸御用無滞可相勤旨、指図仕候」とある。海野氏は、井川が駿府代官の下に組み込まれるとともに在地農民に対する直接的な支配権を失いはしたが、七ヶ村の農民たちに対する諸御用つまりまとめ役としての地位は維持し続け、その特別な地位から「井川の殿様」と呼ばれたのであった。海野氏は駿府城下に屋敷を維持し、駿府城下町の有力者との関わりを持ち続けた。井川における海野屋敷の図は残っていないが、海野と同じような経過をたどって地域の有力者として君臨した豪農の屋敷の様子を示す絵画（図3－2・3）のように、大きな居宅を中心に周辺に分家や使用人たちの家屋を配したものであったと推定される。

三　山屋敷と焼畑

山屋敷の意味

安倍七騎の支配下にあった村々は安倍川・藁科川の流域にあり、現代の表現を使えば中山間地である。彼らが安堵された村落名に史料二・三のような「山屋敷」が加えられていることに注目したい。戦国期における類似の文書では本人が居住している屋敷が「居屋敷」とあるほか、朱印状を与えられた寺社の「門前屋敷」、住僧に付された「沙弥屋敷」、本人の名前を冠した「元三屋敷」、位置を示す「府中屋敷」というように特定の場所ないし所有者の立場を示したものがある。また単に「山林屋敷等」という表現もある。この場合は山林と屋敷を並列させたもので、「寺領屋敷田畠山林等」とあるのと同じである。それに対して「河原屋敷」というのがある。これは駿府の西部、安倍川の河原近くに設けられた時宗寺院である修福寺に対する天文十七（一五四八）年今川義元朱印状（『静岡県史料　第三輯』廃修福寺文書一）に見られるもので、四壁の竹木の濫伐を禁止したものである。河原屋敷とは当時無主の物であった河原に設定された領域を指す。それとおそらく同じ概念として「山屋敷」があると考えられる。

宮本勉はこの山屋敷に注目し「これは単なる山にある屋敷というものではなく、当時の土地支配の一形態である。『静岡県史料　第三輯』には、約二十の『山屋敷』が見られるが、明らかに『屋敷』と区別されている。（中略）『山屋敷』というのは、普通の田、畠、屋敷などと異なり、土豪などの館と、それに付随する山野などを包括したものと考えられる。それらは、山間の小さな村落を単位としていたと考えられる。井川の在家はこれにあたると思われる[19]」と述べている。一般に在家とは中世荘園内で屋敷と耕作地を一体として把握された課税対象者

写真３－４　菅山の山作り小屋（静岡市井川）　1989.8

を意味し、宮本はこの意味で在家という語を使用している。

しかしあらためて『静岡県史料　第三輯』にあたると、山屋敷は必ずしも土豪の土地支配形態とは言い切れない事例が見える。静岡市内牧の増善寺文書には「山屋敷表之切起之事」（天文二十一＝一五五二年）、同市羽鳥の竜津寺文書に「山屋敷並寺領」（天文九＝一五四〇年）、静岡市清水区の「志多良方篠原分田畠山屋敷」、同鳥坂の内一所安西三郎兵衛分「山屋敷」（天文七＝一五三八年）など、いずれも寺領としての安堵状である。特に最初の山屋敷表を開墾したという意味の「切起し」という表現からは、山屋敷そのものが小村落を意味するとは考えられない。しかし、これらには共通点がある。それは比較的市街に近いとはいえ、いずれも山付きの地であって、当時は背後の山林において焼畑的な耕作が行われていた可能性が高い地域なのである。つまり、この山屋敷とは焼畑とその管理をするための家屋を合わせたもの、と見るのが妥当である。

焼畑経営の拠点

静岡市井川の山中には山屋敷の様子を彷彿させるような出作小屋、というよりもかなり本格的な家屋があり、実際に使用されている。その場所は大井川上流左岸の菅山で、井川地区の中心部である田代からは徒歩で二時間弱を要する。一九八九年に現地調査で訪れたことがあるが、サトの民家よりも小さいながら本格的な建築であった。建物の周辺にはヤマガイトと呼ぶキビ・ヒエ・ムギなどを栽培する定畑があり、その外辺で焼畑を行った。ヤマガイトに対して現住地はサトガイトと呼ばれる[20]。これはまさに山屋敷と呼ぶにふさわしい。

旧井川村は戦後になって井川ダムが建設され、村の中心部は移転を余儀なくされ、さらに上流部に畑薙ダムが建設されたことにより、田代よりも上流にあった沼平という集落の住民も移住したが、氏神社はそのまま残っており旧住民によって現地での例祭が継続されている。祭礼には八ヶ岳御幣といって幣の上部を左右とも八つの鋸形に切った幣束が供えられる。田代の氏神でありヤマメ祭で知られる諏訪神社の祭神オスワサンが田代に行く途中で宿を借りたところといわれている。住民が信州から移住してきたことの反映である。しかも図3－4に見られるように、それよりもさらに上流の伊谷《いや》にも八幡神社と墓碑があったと伝える。つまり大井川の最上流部で焼畑中心の集落を形成していた人びとが、近代になってから次第にサトの方に移住してきたのである。彼らは下流部からヤマに分け入ったというよりも、赤石岳などの鞍部を通り信州から駿河側に移ってきたと考えるのが妥当であろう。同じく、現在の田代よりも上流の左岸にある小河内集落の人びとは、かつては金採掘のために甲州から来たと伝えており、川を挟んで田代と小河内は気風も大きく異なるといわれている。

写真3－5　沼平の祭りの八ヶ岳御幣
移転後も旧氏神を祀る。八ヶ岳御幣は信州との関連を窺わせる。（静岡市井川）
1989.10

ここには挙げなかった他の事例の多くが安倍川上流域の土豪に対して安堵された文書に見られることは、「山屋敷」が面積測定不能の焼畑から耕作地としての価値が評価可能となる定畑へ変遷したことを物語っている。すなわち、大井川最上流部、南アルプスの懐に近年まで残っていた山中の集落は、定住のための家屋を中心とする焼畑と周辺の山林とを含むもので、まさに山屋敷の発展形とも言えるものであった。

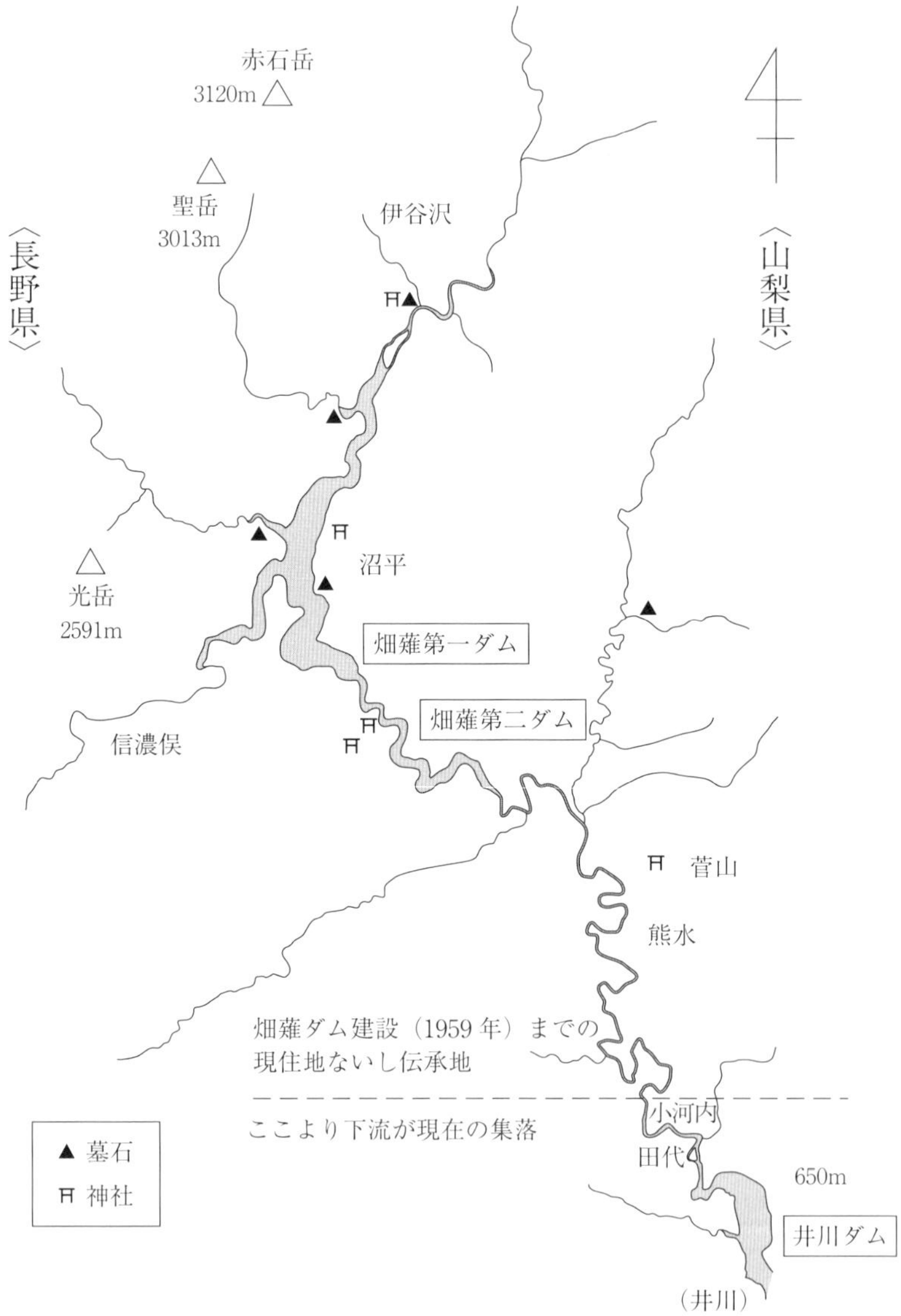

図3－4　大井川上流部における集落の痕跡
出典：静岡県史民俗調査報告書第十四集『田代・小河内の民俗―静岡市』（原図：滝浪文人）

大井川最上流部で営まれた山の暮らしをヒントに考えれば、山間地の地侍たちに安堵された山屋敷とは次のようなものであった。すなわち、焼畑を行うために山中に設けられた出作り小屋もしくは長期滞在が可能な建物とその周辺に設定された焼畑のことである。地名も面積も書かれていないのは、定畑とは異なって範囲が変動するからであり、当然面積も不定である。いわば、将来定畑化する可能性のある山間の比較的傾斜が緩い土地を利用する権利であり、努力すれば定畑に転換する可能性を秘めた土地であったと言えるだろう。さらに言えば、こうした未開地の権利が子孫に継承され、山林地主に成長する要因の一つになったのかもしれない。

まとめ

安倍七騎とは何であったのか。一口で言えば、安倍川とその支流に沿って開かれた山間集落を拠点とする安倍衆（小領主たち）の中で、特に今川・武田の軍事組織の末端に属すことで戦国の世を生き抜いた者たちのことであるが、必ずしも七騎に限定されるわけではない。しかも彼らの多くは在地の者が成長発展したのではなく、他所から入り込んでその地の農民たちを従えて村の首領となっている。外来者が村を支配できた理由が、まずは武力にあったことは当然だが、彼らの優れた血筋すなわち貴種であったことが大きい。新来者は武力と権威によって抵抗する勢力を屈服させ、周辺のいくつかの集落を支配下に置き、狭い範囲ながらも地域の有力者としての地位を確立した。しかも館を構えた村落は安倍山中の村々を結ぶ交通上の結節点に位置した。この安倍衆の動向は駿河一国を支配する今川氏にとって重要な意味を持った。なぜなら山の道の確保は、軍事的に重要であっただけでなく、安倍川上流部の安倍金山の確保にもつながっていたからである。金山安泰のため安倍山中は平穏でなければならない。今川氏は安倍衆に対して地域支配の権利を認める判物を発給して取り込みを図った。安倍衆は互いに婚姻関係を結んで結束を強め地域の安定に大きく貢献した。安倍七騎とは、安倍衆の中でも特に地理的に優位な村を拠点とする有力者を数え上げた表現であり、今川・武田の時代に特徴的な存在であった。

しかし安倍衆の結束は、今川義元の桶狭間敗戦で危機を迎える。氏真は旧来の権利を認める安堵状を発給して団結を図り安倍衆もそれを受け入れていたが、武田氏の駿河侵攻によって事態は一変した。武田に付くか、今川に殉ずるかの選択を迫られたのである。結束して反攻を試みた仲間もあったが、多くは最終的には武田に従い、今川時代の旧領を安堵する朱印状を武田氏から得る代わりに武田の軍団に組み込まれた。たとえば徳川と対峙した遠州小山城の籠城戦で奮闘した三騎が勝頼の感状を受けている。

ところが武田氏が滅亡し、駿河国は徳川家康の支配下に入った。家康が秀吉によって関東に移された後、一〇年間だけ豊臣系の中村氏が支配するがこの時期の関連文書は無い。関ヶ原合戦ののち徳川家が復帰すると安倍七騎の一部は家康に取り立てられ、特に信頼された海野・朝倉は安倍奥の事情に精通していることをもって国境を越えて山林資源の踏査を命じられている。あるいは旗本となって江戸に居住するもの、紀州徳川家に付けられて駿河を離れた者、駿河大納言忠長に付けられた者など、安倍七騎は時代の流れの中で変貌していった。

本章で取り上げた安倍七騎に象徴される、国人よりもさらに下位にあり、実質的な戦闘単位である小領主のありようは、戦国期の社会を研究する上で重要な意味を持つと考える。一般百姓層と名のある武将との中間に位置することで、地域の安定維持と非常時の軍団編成に不可欠の存在だったからだ。しかし駿河における家康の検地断行による兵農分離政策は、まさに教科書どおりの結果となった。彼らは都市に出て武家になるか、村の旧家として権威を維持するかという重大な決断を迫られたのである。

安倍七騎は、混乱の中での貴種崇拝による権威確立、戦国大名の盛衰に直面しての生き残り戦略、その後の名主層への転身など、まさに近世社会成立直前の地域激動の姿を物語るものである。江戸時代をも生き抜いた彼らの子孫は、明治維新後の村の近代化推進にも積極的に関わった。井川村の海野孝三郎が清水港からの茶輸出推進に貢献したこと、梅ヶ島村などの名主家が電気事業を起こし村に明かりをもたらしたこと、あるいは道路開削、鉄道敷設に努めた人もいる。かつての土豪たちは、今川・武田の朱印状を家宝とし、それを誇りに生きてきたが、その誇りは村の指導者としての責任感となり、地域の近代化を進める大きな要因となった。

〈注〉

1　安倍七騎については江戸時代末期のものだが、「駿河国安倍七騎性《まま》名覚」（静岡市葵区神明原の石井昭二家文書、『美和郷土史』一九八五年、六二七頁）と題する嘉永七（一八五四）年の文書があって「狩野九郎兵衛嫡男　当時駿府宮中ニ仮住居　駿府浅間流鏑馬　乗馬役兼高厚七」が古書より写し取って石谷氏に進上したという安倍七騎のリストが見える。それによれば、安倍七騎とは、落合村の狩野九郎兵衛（御神君御紋付頂戴）、大石安郎左衛門（柿島村の内、上落合に塚有）、長崎甚兵右衛門（腰越村の内、菅沼奥居所に塚有）、季（末）高石見守（平野村の向村岡村に塚有）、俵峰村の杉山仁左衛門、郷島村の海野惣右衛門、足久保村の石谷重郎左衛門であるとされる。小和田哲男は相互にかなり異動がある安倍七騎を整理した表を作成し、彼らは七騎として掌握されていたのではなく、「戦国時代から続いた『旧家』として、七つに集約した」ことを示すという（『美和郷土史』九七頁）。

2　静岡県教育委員会『静岡県の中世城館跡　静岡県文化財調査報告書第23集』一九八一年

3　『静岡県史　通史編2中世』一一六四頁

4　『静岡県史　資料編7中世三』三六一七号

5　森竹敬浩『安倍奥の雄、安部家代々と金山衆』静岡新聞社、二〇一六年、七三頁
6　宮本勉『史料編年井川村史　第一巻』名著出版、一九七八年、一一五九号。本章では宮本氏の労作を大いに活用させていただいた。井川地区のみならず静岡に残る近世史料の翻刻・出版などにおける宮本氏の業績に敬意を表するものである。
7　ただしこの史料は研究者である宮本勉氏所蔵（旧所蔵者不明）のもので、表題は県史編さん室が付したものである。
8　武田・徳川が争った遠州小山城の攻防戦に参加し、俵峰の杉山と同文の感状を武田勝頼から受けている。
9　（注4）一二一号。同社の永亨十一年から永禄十年まで「上棟」を記した棟札七点のうち、文明十四年から永禄十年までの五枚に百姓十八（員）の文字が見える。
10　『静岡県史　資料編8中世四』一〇六七号、武田家朱印状
11　（注3）八一三頁
12　（注10）九二七号（狩野宛）・九二九号（杉山宛）・九三〇号（朝倉宛）武田家朱印状
13　（注6）一〇四八号
14　これは『静岡県史　資料編6中世二』六八三号文書で、検討の余地ありという注が付いているが当面は内容を重視して引用する。
15　（注6）八四頁
16　（注6）三九頁
17　（注6）二〇一頁
18　白水智「山地土豪の中近世移行期—早川入野佐野家をめぐる文書から—」『山梨県史研究　第一一号』二〇〇三年
19　（注6）一三六頁
20　『静岡県史民俗調査報告書第十四集　田代・小河内の民俗—静岡市』一九九一年、一七頁

第四章　駿河神楽の歴史的背景

はじめに

駿河神楽は学術用語

静岡県の中央部、静岡市の中央を流れる安倍川流域および遠江国西端の大井川流域に挟まれた地域に集中的に分布する神楽がある。内容的には二〇～三〇番ほどで構成され、素面で鈴・幣束を採物の基本とするが、演目に応じて多様な面と採物を用いる。伴奏は太鼓と笛で、舞処は一般民家、特に新築の家や神社の拝殿があてられる。神楽の中核を成すのは外庭に設けた竈で湯を沸かし神官が印を結んで幣束でかき混ぜ、笹を浸して観客に湯を振りかける、いわゆる湯立である。また、舞処の正面には神楽のための祭壇を設け、天井中央に吊るした天蓋を五色の幣や神社名、鯛などを切り出した半紙で飾り立てる。演目の中には希望者の健康を祈る生まれ清まりの儀式を伝えるところもある。これら一連の流れの中で、湯立を中心と見れば伊勢流の神楽に分類されるであろうが、日本神話に関わる鈿女《うずめ》や須佐之男の舞や弓矢の舞などの演目や採物に注目すれば出雲流とも言える。このほか、招福芸の恵比寿大黒、遠来の翁が幸をもたらす演出など、地域色が濃厚な演目も多々あり独特の構成を持っている。

この神楽を伝承地では単に神楽とか村落名を関して○○神楽と呼ぶが、内容的には互いにきわめてよく似ており、ある時期に、それも短期間に地域全体に広まったものと推測される。この神楽の総称を安倍神楽とした時期もあったが、大井川流域を含む分布の全容が判明した現在は駿河神楽と呼んでいる。つまり駿河神楽は駿河国の西半分および駿河・遠江両国の国境にあたる大井川右岸までの範囲に集中的に伝承されている同系統の神楽群を意味する学術用語として理解される。

駿河神楽が分布する地域には、たとえば日向の七草祭（静岡市葵区）、滝沢の田遊（藤枝市滝沢）など中世芸能の特色を色濃く残す田楽・田遊も伝承されている。また神楽と呼ばれているが、田代や青部（共に旧・榛原郡本川根町）の場合には明らかに田楽・田遊との習合が見られる。そのほか、古式をとどめる盆踊も平野や有東木をはじめ旧大河内村に点々と分布していて、これら中世の面影を濃厚に残す諸芸能は早くから研究者に注目されてきた。それに対して駿河神楽についての関心は決して高くなかった。成立時期がそれほど古くないと考えられており、中世芸能ほど全国的視野に立った比較研究の魅力に乏しかったからであろう。昭和四十二年に清沢神楽が静岡県の無形民俗文化財に指定され、さらに翌年には藤枝市の高根白山神社古代神楽も指定されて駿河国内で継承されている神楽についての関心はようやく高まってきたが、この段階では点々と分布する神楽についての総合的な理解がほとんどなかったために、文化財の正式名称にも統一性がなく、地元での言い方がそのまま指定名称になっている。

駿河神楽の研究史

神楽に限らず静岡県の民俗芸能研究にとっては、静岡県文化財保護審議委員でもあった本田安次の調査報告が大きな意義を持っているが、静岡県を意識した研究の画期となったのは、同じく県文化財保護審議委員であった田中勝雄が県内の郷土芸能を集大成した『静岡県芸能史』の刊行である。(1) これによって静岡県内に伝承される郷土芸能の全容が明らかになり、研究者はまずこの書物を出発点として調査に入るようになった。田中は神楽について同書「上編駿河」で二三ヶ所を紹介している。

本田安次は、全国に伝承されてきた民間の神楽を、1巫女神楽、2出雲流神楽・採物の神楽、3伊勢流神楽・湯立神楽、4山伏神楽・番楽、5太神楽・その系統の獅子舞、という五つに分類し、日本全国の神楽の一覧表を作成した(2)。その中で本田は静岡県内で一九の神楽を神社名と共に挙げ、うち九例を伊勢流・湯立神楽としているが、安倍川流域の神楽は出雲流に分類されている。おそらく鈿女（伝承地によっては女郎ともいう）や須佐之男が登場することからの判断であろうが、湯立の存在が知られていなかったためとも思われる。分類の当否は別にして、本田が静岡県の神楽の内容を略述しているのは次の七つである。玉川村柿島の安倍の舞、同長熊の舞、梅ヶ島村新田の神楽、大河内村平野の神楽、井川村田代諏訪神社の一夜神楽、藤枝市瀬戸谷高根神社の閏神楽、同滝沢八坂神社の神楽。しかしその後の調査の進展によって現在では少なくとも五六ヶ所で行われていたことが確認されている。だが田中・本田両氏の段階では、これらの神楽についての研究は個別の調査・紹介にとどまっていた。演目を比較してみれば同じ系統に属することは一目瞭然ではあるが、そのような共通点をもとにして駿河神楽全体を考察する研究はなされないままであった。

神楽研究と駿河神楽

『日本民俗大辞典』（渡辺伸夫執筆「神楽」）では、「神楽は人間の生命力の強化と復活をはかるための祭祀であるが、死者の霊や祖霊を鎮めまつるため」にも行われたと定義し、本田の分類を踏襲しつつ、民間の神楽を巫女神楽・採物神楽・湯立神楽・獅子神楽の四種に分類しているが、一つの神楽に他の要素が混在している場合が多いことも指摘している。これは神楽の歴史的な差異あるいは芸態に着目した分類であるが、上に見たような神楽実施の目的に着目すれば、また種々な分類が可能になる。これは神楽そのものがさまざまな要素から成り立っているためで、その意味では、この四つの分類項目は民間の神楽の構成要素として捉えるべきであろう。

駿河神楽もいくつもの要素を持っており、何々流に属するという仕分け方ではなく、これらの構成要素が、どのように組み合わせられて起承転結の流れを構成しているかを見なければならない。それによって、地域の神楽の成立ないし伝播の問題を検討することができる。あらためて確認すれば、本章の主題である駿河神楽も、湯立に着目すれば湯立神楽（伊勢流）となり、演目に着目すれば採物神楽（出雲流）となる。実際、同辞典の「湯立神楽」（神田より子執筆）では、今は絶えたが伊勢神宮の外宮で行われていた伊勢神楽を源流とし、三河の花祭、信濃の遠山祭、遠江の霜月祭（静岡市・旧川根三町・藤枝市）などをその具体例としている。

ここで駿河神楽という呼称の由来を確認しておきたい。これら一群の神楽は安倍川流域の旧安倍郡に属する集落に顕著なことから先に触れたように「安倍神楽」という向きもあったが、分布域が大井川流域の志太郡にも及んでいることから必ずしも適切な表現とは言えなかった。そこで八木洋行はこれらの神楽を詳細に比較し、駿河国の西半分にあたる、安倍川と大井川の流域に特徴的に分布することを確認して駿河神楽と命名し、それが広く受け入れられるようになった[3]。駿河神楽は、どのような要素から成り立っているのか、それらの組み合わせがいつ、誰によってなされたのか、どのような契機で一定地域に分布するようになったのか、という歴史的な視点をもって検討することが本章の目的である。

一　駿河神楽の始まりと演目の特徴

駿河神楽はどこで始まったのか

駿河神楽とひとくくりにされる数多くの神楽が、最初に行われたのはどこだったのだろうか。そしてどのような契機で各地に伝播したのであろうか。残念ながらそれに直接答え得る史料は現在のところ発見されていない。

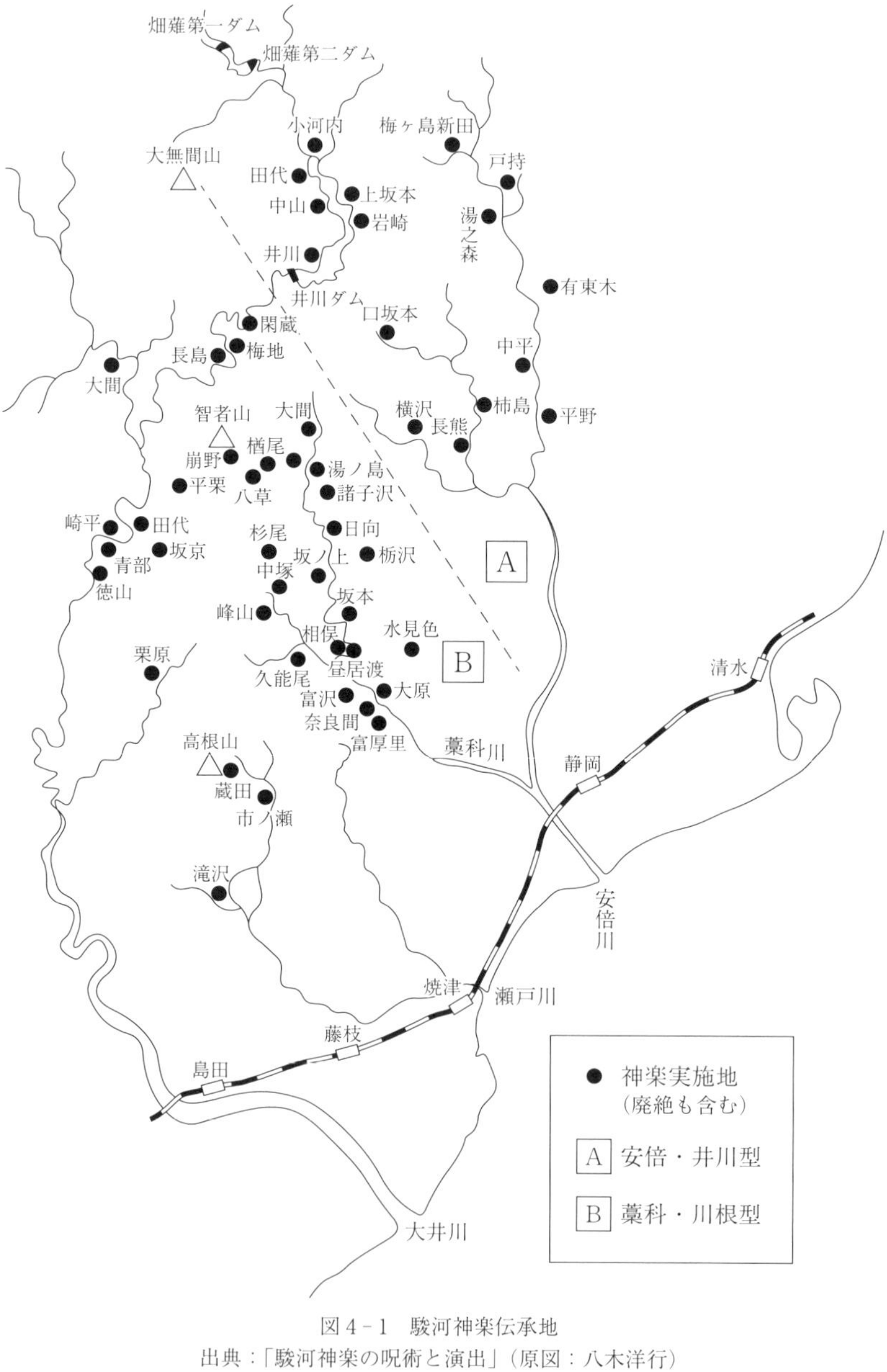

図４－１　駿河神楽伝承地
出典：「駿河神楽の呪術と演出」（原図：八木洋行）

そこで断片的な史料と伝承とを頼りに神楽伝播の背景を考えてみたい。

現在、駿河神楽伝承地に残された神楽に関する地元資料として最も古いと思われるのは、井川地区の大井神社に元和三（一六一七）年に納められた棟札で、そこには神社再興を皆が喜び「奉神楽而舞遊事快慶也」という文言が見える。(4) しかしこれだけでは神楽の内容は不明であり、格式ある神社で祭事のたびに奉納される巫女の神楽に類するものであったか、単なる修辞ではなかったかとも思われる。いずれにしろ駿河神楽とは直接の関係はないであろう。

では、現行の複雑な構成による駿河神楽は、いつ、どのような契機でこの地域で行われるようになったのだろうか。静岡市の旧・玉川村柿島で神官を勤めてきた白鳥家に伝わる文書には神楽の由来と演目が説明されている。(5)

〈史料一〉

一、静岡県安倍郡玉川村柿島

旧神官白鳥家ニ古代より伝云々左之通り記す

一、〈今ヲ去ル事二百九十八年前〉駿州安倍郡柿島村白髭大明神ノ祀官大和守興国〈本名白鳥平太夫〉ナル者、万治四年辛丑三月廿八日〈裁許状之写〉当時神祇官吉田殿へ神道裁許ヲ仰グ為上京ノ途次、伊勢神宮へ参拝太々神楽奏上ヲ拝観、是ヲ形造リ安倍ノ太々神楽ヲ造リ各神社ノ大前ニ奉納［　　］伝フ、是実ニ［　］安倍ノ舞ヲ数種記ス

一、オーリン舞　由緒　オーリン舞ハ天女ノ降臨マシマシテ舞始ムルヨリノ意〈オーリンワ御降臨ノ意ナリ〉

一、米《よね》ノ舞　由緒　洗米ヲ神ノ御敷ニ白紙ニノセテ舞フ、日本大小神祇へ洗米ヲ献ジル意ナリ

一、神酒の舞　神のお敷へ瓶子を壱対載せて舞フ、東南西北中央ト順次神酒ヲ日本大小神祇ニ献ル

一、湯の幣舞　幣〈赤青白幣〉を以て三度舞フ、五方舞

一、弓の舞　桃の木ノ枝弐尺位の小弓を造り是を以て東南西北中央と舞納む

　由緒　八幡八神の弓遊びとて武運長久悪魔降伏を祈る意なり

一、太刀の舞　太刀を持て五方舞納むるなり、武運長久、悪魔退散の意なり

一、殿の舞　殿様の面を穿ち紋付の羽織を着用し上に千速を着シ由布襷を掛け烏帽子を戴き剣を持て舞ふ

　由緒　武運長久祈願の意なり

一、三方の舞（三人）烏帽子狩衣を着シ三宝の筒とて竹の舞具に五色の紙を小サク切リシモノヲ入レテ是を奉持して舞ふ

一、八王子の舞　八人［　］子［　］太刀を持て［　］素佐之男命の八皇子天皇の劔の舞にて厄災解除病魔退散の意

　荘園〈御所田の〉作物　五穀豊穣を祈ると同時に豊穣祝□の意なり

一、鈿女《うずめ》の舞〈姫の舞〉姫の装束を着し姫の面を穿、白幣束を奉持して舞、天の宇豆女命の舞なり

一、恵比寿舞　恵比寿面を穿ち狩衣、烏帽子、魚取りビクヲ着用し舞ふ、魚を釣る姿、海の幸を祈願シ並ビニ祝賀の意なり

一、恵比寿大黒の舞　恵比寿大黒面を穿ち烏帽子狩衣を着し、恵比寿は魚取篭を腰に付け、大黒は大きい袋を背負ひ舞ふ、福寿成就・五穀豊穣の意なり

一、火の舞　風折烏帽子狩衣或は千速を着シ、由布襷を掛ケ尺五寸位の松明を持ち火を点じ舞ふ

　鎮火並に火防の守護の意なり

一、（属称《ママ》金丸大明神ト云ふ）天狗の舞　猿田彦の面を穿ち鳥カブトヲ頭に置き、劔又ハ白幣束を奉持して舞［　］

一、松竹梅の舞　狩衣烏帽子袴を着シ小サキ篭へ松竹梅を入レて背負ひ三人にて舞ふ
　松竹梅とて祝儀の意なり

一、膳越《ゼンゴシ》の舞　五人の舞子烏帽子狩衣を着シ五色の幣束を奉持して舞ふ
　神の折敷を東南西北中央と置き此の折敷□一ツゴトニ五人の者各々一角ゴト廻る幣束を持て舞ナガラ五方舞納むる五方舞納め清生る意なり
　以上

この中には湯立が含まれていないが、「湯の幣舞」とあるのが湯立の痕跡であろう。史料中の万治四年は西暦一六六一年で八月から寛文と改元されている。その年が二九八年前に当たるという「今」を、文書作成年として逆算すると一九五八年（昭和三十三年）となる。したがってこの文書は近年になってから伝承を取りまとめたものと考えられ、神楽の起源を正確に述べたものであるとは言えない。神楽を含む村落の祭祀を主導している神官としての記述であり、安倍川流域のほとんどの神官が吉田家から受領名を授与されていることを考えれば、ことさら伊勢との関係を強調したと思われる。史料にいうところの伊勢の太々神楽を見たことが導入の契機となったというのは根拠に乏しいし、導入時期がこの時期までさかのぼれるかどうかも疑問である。一方で川根本町の梅津神楽（駿河神楽の一つ）は京都の梅津大納言が伝えたものと説明されているが、これは伝承地である梅地の由来に関わらせた表現であろう。駿河神楽は民間の遊芸人などから伝わったものではなく、陰陽五行の心得ある人物によってきちんと組み立てられた祭儀として始められたとみてよい。

流域のほとんどの集落で行われていた駿河神楽だが、次第に舞うことができる演目が減少し、すでに神楽その

表４－１　清沢神楽伝承集落と神社名

集落名	神社名	上演日	石高	戸数
峯山	子之神社	10 月 12 日	50	17
杉尾	子之神社	10 月 13 日	54.726	10
蛇塚中塚	子之神社	10 月 14 日	65	16
中村	白髭神社	10 月土日	116	45
久能尾	大渡佐久地神社	10 月土日	118	20
相俣	白髭神社	10 月土日	204.225	75
昼居渡	天満宮	10 月土日	35	13
坂本	清沢神社	10 月土日	49.126	17

注：石高と戸数は『駿河記」による。
出典：『するが神楽調査報告書』

ものを執行できなくなった例も多い。その中で清沢神楽は指導者に恵まれて後継者も育っている。清沢神楽とは旧清沢村に属する八つの集落が信仰するそれぞれの氏神の祭日に奉納されてきた神楽の総称である（表四－一）。清沢神楽を構成する演目は次のようである。[6]

まず前段に「座揃え」と称し茣蓙を敷いた上で順の舞を舞う。ついで①順の舞、②三宝の舞、③八幡の舞、④天王の舞、〈湯立神事〉、⑤湯の舞、⑥五方の舞（膳突き）、⑦八王子の舞、⑧太刀の舞、⑨鬼の舞、⑩恵比寿・大黒の舞、⑪大助の舞、⑫金丸大明神の舞、⑬松竹梅の舞、⑭安倍太刀の舞、⑮須佐之男の舞、⑯殿の舞、⑰宇受女の舞、⑱御座返しの舞（米の舞）、〈昇神の儀〉、⑲ヒイナ下ろし、⑳しめ切り、㉑大弓の舞（矢所の舞）、㉒ヘンバイ。このほかに、生まれ清まりを目的とする「神子式」が入る。

駿河神楽は村落によって演目に出入りがあるものの、ほとんど同じ構成で演じられる。詳細は静岡県が作成した民俗芸能の映像記録と調査報告書に譲るが、特に駿河神楽の特徴と思われるものを挙げてみる。

湯立

湯立は駿河神楽の本質である。明治期に行われていた湯立の実際を記録の上で確認しておこう。安倍郡中藁科村大原（現・静岡市）で村社八幡宮の祠掌内野真澄が明治二十五（一八九二）年に提出した「社伝来旧式調書」[7]

写真４－１　清沢神楽の湯立（静岡市清沢）2019.11

写真４－２　花の舞の湯立①川合花の舞（浜松市佐久間町）1981.10

写真４－３　花の舞の湯立②今田花の舞（浜松市佐久間町）1975.11

写真４－４　霜月祭の湯立①上原の霜月祭（浜松市佐久間町）1993.12

写真４－５　霜月祭の湯立②草木の霜月祭（浜松市水窪町）1993.12

には、次のように書かれている。陰暦九月十五日の例祭にあたり前日にハマオリと称して海辺に行き海水（塩花）を汲んできて祓いに用いる。当日は開扉・献饌・奉幣・祝詞・幣ノ舞についで盟神探湯《くがたち》として「社中便宜ノ所ニ竈ヲ設ケ、釜ニ水ヲ入レ、清浄ノ薪以テ煮立テ、神官幣束ヲ以テ沸湯ヲ掻探リ、柄杓以テ湯湯《ママ》ニ汲入、神前ニ献上ス、而テ后穢ヲ祓フ誓ヲ立テ、次ニ釜ノ残湯ハ小竹葉ヲ以テ四方エ散布ス」。

このあと大祭には二三番の神楽を演じるが、最後の弓の舞のあとに再び盟神探湯を行うとしている。これにより神事の中心は盟神探湯すなわち湯立にあることがわかる。

この湯立の方式は、同じように湯立を中心とする三信遠地域の花祭や霜月祭と比べると、湯釜の設置場所と舞う位置に特徴がある。すなわち花祭などは舞処の中央に竈を設置して湯を沸かし、その周りで舞うのに対し、駿河神楽では、屋外に斎竹《いみたけ》を四方に立ててしめ縄で囲んだ中に釜を据える。そこからしめ縄を長く延ばして屋内の天蓋に結ぶこともある。舞はすべて屋内で行われる。

写真４－６　清沢神楽の天蓋と宇受女の舞（静岡市清沢）　2019.11

天蓋

舞処（道浄《どうじょう》）には神社の拝殿あるいは民家をあて、天井から華やかな天蓋を吊るす。梅津神楽の場合、天蓋は二間四方の木枠を六四に区分し、四方に八百、萬神、天神、地祇と切り抜いた半紙を吊るし四隅と

写真４－７　清沢神楽の神子式（静岡市清沢）　2019.11

中央にヒイナと呼ぶ網状に切った白紙を吊るす。この天蓋の中央には三笠山と称する五尺四方の小型の天蓋を吊るす。また神前には神棚を設ける。この天蓋から屋外に設けた湯立の斎竹まで一本のしめ縄で結ぶ。梅津神楽や井川神楽、清沢神楽などでは天蓋を設けるが、村によっては枠に五色の幣を吊るすのみに簡略化された例も見られる。この天蓋の設《しつら》えは駿河神楽の特徴というよりも、三信遠地域の霜月祭をはじめ、全国の神楽にも見られるもので、神事執行のために特別な空間を設定するために必須の装置であった。

神子式

神子《かんご》式は、川根本町田代の大井神社の神楽や静岡市の清沢神楽において行われる。内容は健康を祈願する子どもの上に天蓋の中央に吊るされた三笠山を下ろしてかぶせ、神歌を歌いながらこれを揺する。そして再び三笠山を上げたとき、子どもは生まれ変わるという儀礼である。田代の「御神楽若子」とある次第書に享和二（一八〇二）年と記されているので[8]神子式は少なくとも十九世紀初めには大井川流域で行われていたことが確認できる。清沢の場合には祈願者に狩衣をすっぽりかぶせており、籠りと再生の意識が強調されている。この内容は愛知県の奥三河で行われた生まれ清まりの神楽とよく似ている。清沢神楽の現行神歌を記した次第書[9]によって概略を示そう。

写真４－８　ミサキ送り（川根本町坂京）1993.1

三笠山（天蓋）の真下に茣蓙を敷き、大豆一升を入れた白布の袋を小さな俵に入れたものを人数分置き、神子をその上に座らせて狩衣を掛ける。鈴を振りながら唱えられる神歌は、神の子を孕んだこと、海・山・川・里の産物を参らせ、「伊勢の国のつげの小櫛」を弾き鳴らし、天地が開けて神の子が誕生する。生まれた若子に羽衣をかけ糸車を持たせ帯をしめ鬘をつけるまでである。そして頭上の三笠山を上下に揺り回して神子式は終わる。

ミサキ送りと神がかり

「みさきの舞」のミサキとは不慮の死を遂げた人の霊がこの世の人に祟ると考えられているいわば悪霊のことで、特に山村において広く信じられてきた。安倍郡の村々では二月と十二月の各八日に送り神と称して悪霊を小さな神輿に祀りこめ村外に送り出す行事があるが、八木洋行はこうした悪霊すなわちミサキを送り出す行事が演目に取り入れられたのであろうという。梅津神楽では、まず幣束を持った四人が舞処（道浄）の四隅に座り、別に一人が中央で大幣束と鈴を持って舞い、座っている四人が幣束を小刻みに振る。すると四人のうちの一人が神がかりして騒ぎ出すので、各自が持っていた幣束を中央の一人が取り上げひとまとめにして別人に渡す。受け取った人は屋外に設けてあるみさき棚まで走って行き幣束を納める。神がかった人は周囲の人が取り押さえると涙を流して平常に戻る。(10)筆者もこの場面に立ち会ったが、神がかりした男性は顔が真っ青になり、激しく体を揺らすのを目撃した。古老の記憶では、突然立ち上がり幣を持ったまま屋外に飛び出したこともあったという。神がかりするのはいつも同じ人で、のちに本人に聞くと、最後に幣を手放すのが惜しくてならなかったと言ったそうである。静岡市有東木の神楽（本著作集第二巻参照）でも神がかりをした人がいたという。

写真４－９　清沢神楽の「おーすけ」（静岡市清沢）2019.11

土産をもたらす翁

駿河神楽に欠かせない演目が「おーすけ」である。上演中に屋外の暗闇から俵を背負い、太い杖を突きながら登場する翁のことで、清沢神楽の場合には自らを伊勢の国からやってきた「三浦の大助」と名乗る。この役は機転が利いて話術にたけた人が演じることになっており、舞台に上がって参会者と軽妙な会話を交わしながら、持参した種々の土産物を与える。文字どおり、異界から幸をもたらす翁の姿であり、中世芸能の田楽・田遊に登場する翁と同じ存在である。静岡市日向の七草祭と称する田遊に全く同じように海山の産物を土産に持った若魚・浜行が登場する。日向の場合はひょっとこ面を付けた道化の姿で、舞台でも剽軽な所作をするが、他所の田楽・田遊では、異界から数々の宝を携えて村人を寿ぐためにやってきた神聖な翁である。日本神話や呪術的な祭儀に基づく演目が多い中での「おーすけ」は、田楽・田遊の影響を受けて始められたのであろう。日向には決して開けてはならぬと伝えられる翁面を収

写真4－10　井川神楽の反閇（静岡市井川）
1990.2

めた箱があるが、現在は翁という演目はない。それが道化姿の来訪神に変わったのは、駿河神楽の影響ではなかったろうか。芸能が相互に影響しあっている様子が窺える。

反閇

もう一つ、特色となるのは神楽がすべて終了してから行われる反閇《へんばい》である。座敷に白布でもって五角の星形、いわゆる清明判を描き、猿田彦面に鳥兜、白衣を着た祭主が星形の上を規定に従って踏み回る。五名の者がそれぞれ星形の角に着座し祭主は大幣を持って一巡するなど、詳細な決まりがある。

二　駿河神楽の伝播

二つの類型

柿島は安倍川の支流の西河内に属し、旧村名でいえば玉川地区の中心である。柿島の白鳥家では梅ヶ島新田の神楽は柿島から伝えたものであると伝承している。ここは井川の海野氏と並び称された朝倉氏の本拠地であり、朝倉氏は落合の狩野氏と共に戦国期までは在地に大きな力を持っていた。帰農後も有力農民としての地位を維持し氏神の祭祀にも大きな発言力を有していたはずで、神楽導入に際してはこのような地域有力者の存在を無視することはできないであろう。

一方梅ヶ島村では、旧大河内・梅ヶ島地区の神官を務める中平《なかひら》の見城氏の祖父が柿島で覚えた神楽が伝えられたといい(11)、さらに梅ヶ島新田の神楽で使用している面は大正中頃に京都より購入したもので、それ以前には中平の神官から借用していて、舞も中平の神官の指導を受けたこともあると伝える。しかし最初に伝わった時期については全く伝承がない。つまり昭和の時代にはすでに神楽創始に関する記憶を持つ人がいないということであるから神楽習得の時期は明治期以前にさかのぼる。その点では、同じような条件下にある安倍川本流筋の旧大河内村平野、有東木などの集落でも同様な経緯で神楽を受け入れたと考えられる。少なくとも安倍川本流に沿った地域の神楽については、柿島の白鳥家から伝えられた可能性が高いと言える。また八木洋行によると駿河神楽は五方拝の取り方および竈の形を基準にして、大きく安倍・井川型と藁科・川根型とに分けられ、この柿島白鳥家に関連ありそうな場所はすべて安倍・井川型に属しているという。神楽の舞方はきわめて論理的に構成されており、舞手は陰陽五行説でいうところの五方（中央東西南北）を念頭に置き、順番に五方の位置を取りつつ流れるように舞い続ける。その時、五方を舞処の四隅に設定するか、四方の各辺とするか、という違いが見られ、四隅を取る安倍・井川型と四辺を取る藁科・川根型に分かれ、さらに湯立に使用する竈も安倍・井川型は三本足の鼎《てい》を用い、藁科・川根型は土を盛る竈を使っているとする(12)。五方の取り方は類似の芸能を比較する上で重要と思われるが、他方で「必ず五方を舞う」と伝える西浦田楽（浜松市天竜区水窪町）では演目によって三種類の取り方が決められている(13)。また駿河神楽の内の清沢神楽では、演目によっては五方の取り方が隅であったり辺であったりす

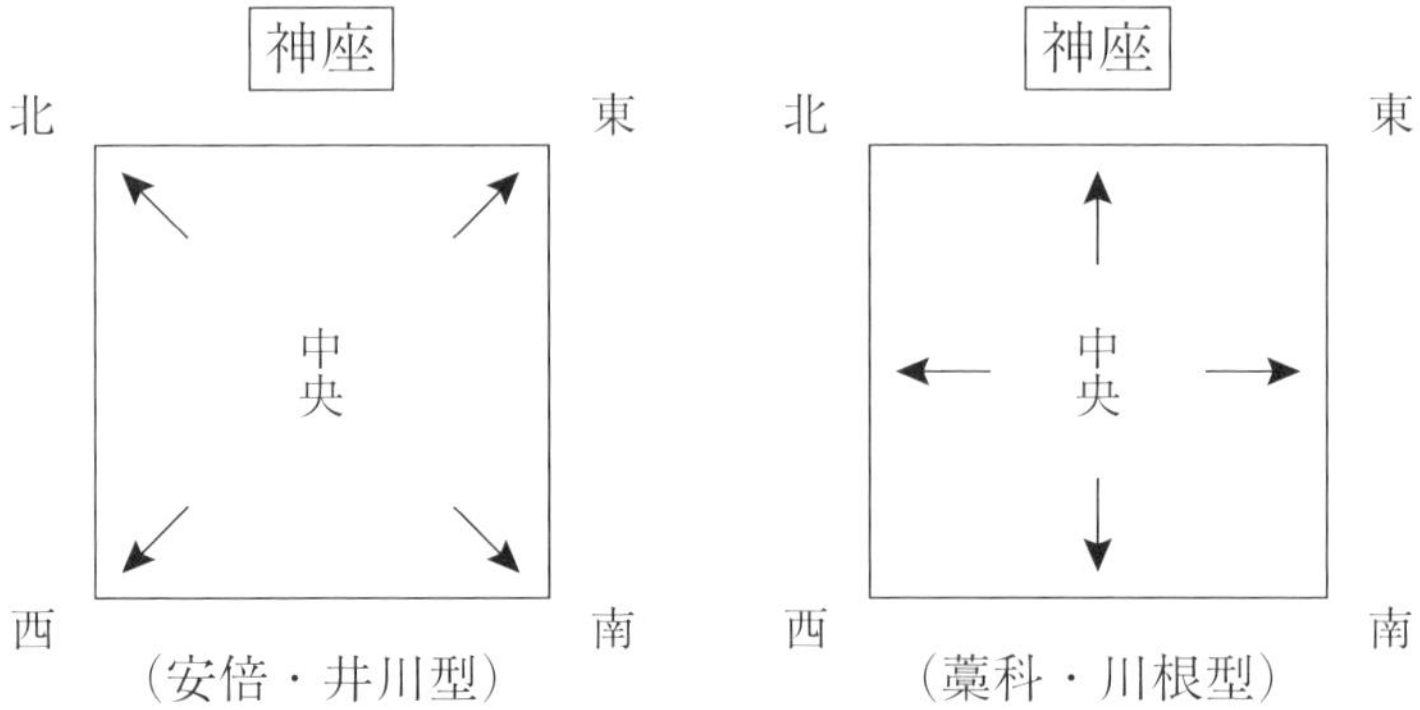

図４－２　五方を拝する方角の違い（『安倍・藁科の神楽』より）

るというので、これだけが神楽の系列を示す唯一の指標とは言えないかもしれない。しかし五方の取り方の差異は、演出者であった修験・法印らの宗教理念の相違であり、芸能の比較研究にとっては重要な指標であることは間違いあるまい。

一方、藁科・川根型に属する梅地・長島の神楽に関しては、同地の神官を務めた筑地家に文化十四（一八一七）年の「神うた神道行事祓」という文書があり、[14] 湯立に際しての唱え言や作法が記載されているが、その末尾に次の文言が見える。

　五穀成就猪鹿退散村内はんじゃう記《ママ》念可致すもの也
　　　　　　　　　　　　　　梅地村　築地河内正控
八草村　高橋伊予正殿　　宝書引写
　余人江ゆるすべからずつゝしむべし
　　　　　　　　　　　（『本川根町史　資料編』八〇一頁）

神楽上演の目的の一つに、山村特有の獣害を防ぐ（厄払い）ことが挙げられ、かつ八草の高橋家から伝来したことがわかり、神楽伝播の道筋の一端を窺うことができる。このほか、弓の舞や天王の舞に共通する文言も見られ、神子式もあったことが唱え言からわかる。

神楽情報の相互交流

標高約一〇〇〇メートルの智者山は安倍川と大井川との分水嶺を成す峰の一つで、中腹に智者山権現社と観音堂がある。観音堂では、春秋の彼岸にオコモリといって老若男女が堂内の大きな囲炉裏を囲んで一晩を過ごした。駿河西部から遠江にかけて広く分布するヒヨンドリ（本著作集第一巻参照）という、男女交歓の機会になっていたと思われる。八木洋行は、ここに各地から神楽衆が参集し二夜三日の神楽を行っていたこと、智者山の天狗は神楽好きだと伝えられること、神職を務めていた高橋家は神楽面を伝えている、など重要な聞書きを報告している。(15) 高橋家は藁科川上流の八草在住の旧家で、次のような文書を伝えていた。

〈史料二〉

浅原安近手形

以上

野口ニ置申候地しや山之へつとう、金山江兵粮登候番所申付からは、たれ人成共横わい之事申間敷候、為其仍如件

慶長六丑之卯月廿六日　　浅原四郎右

安近（黒印）

（『静岡県史料』第三輯駿河古文書「八草高橋文書」）

野口（智者山所在地）にある知者山の別当（智者山神社神官）に対し、金山に送る兵粮の監視を申し付けるということで、この別当にあたる高橋家が安倍・井川の金山に通じる道の要所を管理していたことがわかる。浅原氏は慶長期に志太郡を支配した地付きの代官であるから、兵粮は大井川筋の川根方面から運び込まれていたと推

定できる。神楽などにまつわる伝承と実務としての番所設置などを考え合わせれば、智者山が人や物の行き交う重要な結節点であり、神楽に関する情報交換の場にもなっていたと言えるだろう。かつての金山の盛況について現地を歩いた桑原藤泰はこんな風に記している。

井川郷に属する坂本小河内から笹山の頂を越えて梅ヶ島村の日陰沢にはおおよそ四里。篠山は金山で、貞享年位までは金砂を多く出した。盛時には「上坂本と岩崎の際の後山の平に、金掘役夫の小屋を多く建連て、国府より米国塩醤其外諸色を運送し、妓女等まで呼集めて賑々敷繁昌なせし所と云。今其所を千軒平と呼ぶ」（『駿河記』安倍郡巻之四　小河内）。

智者山と同様に志太郡における雨乞の山として知られる高根山の中腹に鎮座する高根白山神社の十月の祭礼には、近隣の村々から多くの参拝者が登山してくる。同じような内容の神楽が伝わっている川根本町坂京の中野昌一家にはこの神社が神楽執行にあたって広く参加を呼びかけた木版刷りの文書が残っている。

〈史料三〉

神楽御名前帳

一、先例之通リ、当十一月十五日より同十七日迄二夜三日之間、於高根山三ケ年一度之閏神楽執行仕候、依之為御信心之御村々へ御神楽一口ヅツ神納被成下候様、偏奉願上候、然ル故は於神前御村々五穀成就・御家内安全之御神楽執行仕候、猶又其節御参詣被成下候様、奉希上候以上

文政十三年　寅十月

高根山　社役（印）

（『藤枝市史　別編民俗』四七五頁）

文政十三（一八三〇）年、高根白山神社で二夜三日にわたる閏神楽（村によっては大神楽ともいう）が執行されるので周辺の村々に参加を呼びかけた案内状である。神楽催行に伴って関係者からは花（祝儀）が寄せられる。この白山神社所有の安政四（一八五七）年の「御神楽連名帳」（『藤枝市史　別編民俗』）には、地元瀬戸川沿いの村々とともに伊久美郷や旧笹間村（島田市）に属する集落名のほか、浜当目（焼津市）や玉取（藤枝市岡部町）という村名も見える。

静岡市井川七ヶ村の一つ、岩崎の枝郷である中山集落において嘉永三（一八五〇）年正月二十四日に演じられた神楽に際し「御神楽御供見合覚帳」として当村若者が記した冊子がある（『静岡市史　近世史料四』所収）。これにには祝儀（花）を寄せた人物と金額が書かれており、個人の場合はほとんどが金一分、酒なら二升、若者中としては金一分から一分二朱である。村名だけを挙げてみると、田代村、小河内村、大島、上坂本村、中野村、桂沢、薬沢村、中西、上田村、大西、閑蔵、梅地村、平田、口坂本村、嶋和合、柿島村、上落合、下落合村、梅ヶ島村内（村名のみ）、大代である。前半は井川郷に属する普段から付合いがある村で、後半は大井川に沿った下流の村と、大日峠の東側に位置する村々である。これらには同系の神楽を伝承していた村が多く、祭りに際しては互いに行き来をしていたことがわかる。なお上田村の冒頭には「金二朱　海野様」（本文省略）と書かれているのは、俗に井川の殿様と呼ばれていた郷士海野家（本書第三章）の当主からの寄進である。

神職の交流

ここで注目すべきは梅地の神職が藁科すなわち八草の神職と親交があったらしいことである。自動車道路が発達する前は大井川上流域から静岡方面への交通は大井川に沿って下流に行くよりも東側に峠を越えて藁科川沿いの村に出るルートが使用されていた。生活道路を通じて流域を異にする二つの地域間には交流があり、両地区の神職の間に情報交換があるのは当然であった。先に玉川村の白鳥家が旧大河内村の見城家と付合いがあったことと同じく、神官同士で親密な行き来があったことが、芸能の伝播に関係していたのである。

藁科川中流の大原で神官を務めてきた内野家の「社伝来旧式調書」（前出）には、遷宮とか臨時祭には「御神楽」と称し、大規模な場合は神官十二名で二夜三日、中規模では神官五名で一昼夜、小規模なら三名で一日あるいは一夜をかけるとある。それに続いて上演される演目や装束などが列挙されているが、内容的には各村落の駿河神楽と同じものであることがわかる。そして「本掌ガ兼務スル各村社ハ総テ之ニ準スルヲ以テ他村社ニ対シテハ別冊ニ之ヲ調査セズ」と書かれている。この時に内野神官が居住する大原以外にどこの神社を受け持っていたかは不明であるが、周辺の神社で同じような神楽が奏されていたこと、大規模に神楽を執行する場合にはかなりの数の神官ないし神事に携わるにふさわしい人間が必要であることから、相互に手助けしあっていたことが想定され、当然ながら神楽の内容は共通であったということになる。清沢神楽では、他の地区の神主を招いた時には出迎えに際し「入門のうたいかけ」、帰りには「出立のうた」があり、昭和時代までは、共に掛け歌と受け歌を歌いあったという。

入門のとき
　かけうた　　いりかどや京都柱をわがに（三度繰り返す）
　うけうた　　にしきをしきて御座やましますす（同）
出立のとき
　かけうた　　鶴亀のふみならしたる庭なれば　悪魔はようじ神ぞましまます

うけうた　えいさめく　えいさめく　こうかの子供がよりようて　俵つむとて
えいさめく

（『本川根町史　資料編』八〇四頁）

また神楽の演目の中には、他村から伝授されたと伝えるものも少なくない。たとえば、大井川上流の梅津神楽の場合、幣の舞から二六番の反閇までのうち、安倍流八王子の舞・鳳の舞・松竹梅・安倍流太刀の舞・三拍子の舞・オーリンメの六番は井川（安倍郡）から伝わったという。[16]梅津神楽を伝える梅地は古くは志太郡、昭和三十一年からは榛原郡に属したが、大井川上流の安倍郡井川村との交流が深かった。

このように駿河神楽の伝播普及にあたって神職の交流が果たした役割が大きかった。また二夜三日の大規模な神楽祭には他村からも奉納にやってきたことが、演目の交流や笛・太鼓の類似などにつながっていった。また湯立という特殊な祭儀を行うのは本来、法印山伏と呼ばれる宗教者であり、本川根町や静岡市井川では大無間山の頂にある三住《みすみ》池畔で修行した者でなければ湯立は行えなかったと伝えるが、こうした呪術的な演目も平地の神官が習得することで、村の神楽には不可欠なものになっていったのである。一方で、実際に神楽を演じる者は、所作のわずかな相違を強調することで自村の独自性を主張した。外来者には、笛や太鼓はどの神楽でも同じに聞こえるが「よその村の笛では舞えない」などと言う人が多い。太鼓の打ち方も粘り具合が違うという。わずかに音をずらすことで、村の独自性が主張できる。同じ神楽でも上演にあたっての小さな差異が伝承者の誇りとなった。

駿河神楽は、あえていえば、湯立の神事を核とし、神降ろしから神返しまでの一連の神事の中に攘災、招福、笑い（鈿女舞に絡む男どもや採物の男根、大助との問答など）の要素を貪欲に取り込んで成立し、演者の技量、観客の感嘆の声などに支えられて展開してきたものと言えるだろう。しかもたとえば、松竹梅の舞のことを別名「安倍の舞」と呼ぶように、他村で工夫された演目から気に入ったものを習得し、自村の上演内容を豊かにしていったのである。

三　駿府浅間神社神楽との関係

浅間神社と藁科の祢宜衆

武田氏の駿河国支配時代、江尻城主として駿府をも支配していた穴山梅雪が江尻の普請（湊周辺あるいは江尻城の工事か）を浅間神社神主に命じたことがあり、その負担を郷中の祢宜衆にさせてほしいという書状が「やくさ　藤左衛門」宛てに出された。祢宜衆に対する伝言であるから、当然ながら藤左衛門が彼らを統括する地位にあったことがわかる。さらに年欠だが、奈吾屋主水正から八草の新左衛門と藁科四郷祢宜中宛ての書状に、「浅間御遷宮御座候間、藁科四郷之祢宜衆不残可被参候、定日者重而可申遣候、此状郷次ニ先々へ届可被申候」と見える（「奈吾屋貞之廻状」『静岡県史料　第三輯』五三二頁）。この新左衛門は次に示す史料四の新左衛門のことだろう。年次がないため御遷宮の時期がわからないが、武田氏による再建か、家康による再建か、いずれにしろ浅間神社にとっては最大の盛事に際して藁科筋の祢宜たち全員の参加が求められたことがわかる。

藁科以外の神官たちの動向は不明だが、おそらく川筋ごとに（つまり近代の自治体の範囲）有力な神官が浅間神社の意向を受ける体制にあったと思われる。

駿河神楽の原型

ここに紹介する史料は静岡市杉尾在住の上仲新一郎氏のアルバムから大村和男氏が複写したもので、同市八草の高橋家に伝わった文書である。[17]現在は現物の所在が確認できないが、きわめて注目すべき内容である。

〈史料四〉

藁科於四ケ郷ノ内神楽役之作法
一　かいむかいの事
一　座なをり之事
一　神しやうけ之事
一　壱ノ鈴之事
一　御湯花之事
一　へんはいの事
右六ケ条頭料役、従前々新左衛門尉勤来候所為歴然、於向後不可相違
但へんはいの事者、其人依懇望赦之、可為相勤者也、仍如件
寛永拾弐年
亥霜月廿八日　新宮（印）
八草　八蔵殿

大意は、藁科一四ヶ郷で行われている神楽の作法には神迎え、座なおり、（神しやうけは意味不明）、座直り、

鈴の舞、湯花、へんばいがあり、この六つの作法は頭料（頭領）役として従前から新左衛門尉が勤めてきたことが明らかであり、これからも変更はない。ただし「へんばい」だけは、是非やりたいという人にはやらせてよい、ということであろう。

　文字の崩し方などやや問題があるが真正の文書として考察すれば、まず六つの演目は神社における湯立神楽の構成を示しており、実施にあたり新左衛門が指導してきたこと、最後の反閇は神官のうちで是非やりたいというものがあれば許可してよい、というのである。史料中の新左衛門は宛所の八蔵との関係は不明だが、八草在住の神官であろう。新宮とは駿府の浅間《あさま》神社の社家である。

　この文書の所蔵者と推定される八草の高橋家は『駿河志料』（巻之三十二の八草の項）に「刑部智者山権現祀官にて、村長を兼、世々此村に住し、暦応年間の古棟札を所蔵」する旧家である。同家所蔵の慶長六（一六〇一）年「浅原安近手形」（前出史料二）には、智者山別当である高橋氏が金山に搬入する兵糧などの監視役であったことが書かれている。高橋家は近隣から信仰を集めていた智者山権現の別当であり世俗的にも大きな権力を持っていたのである。昭和八年に社掌の高橋藤一郎が記して納めた智者山神社奉納の木札には、「寛永十二年、駿河国一円神職取締タリシ駿府浅間神社神主新宮高平ヨリ、高橋家ニ神楽式五ケ条ヲ許サレ、其五ケ条中ヘンバイノ弐口。此ノヘンバイハ猿田彦ノ面ヲ支要《ママ》セル行事ナリ。之ニ依テ宝物ノ面ノ支要ト同時ニ鳥兜一具ヲ賜ハレリ」という一節がある。[18] 史料後段には「ヘンバイノ行事アル［判読不能］社職ハ日限ヲ定メ」拝用することとする、という一文がある。高橋家が呪術的な反閇の面を貸し出していたことは周辺集落の神職に対して指導的立場にあったことを意味する。ここに出てくる寛永十二（一六三五）年の文書が史料四を指すとみて間違いあるまい。したがって、近世のごく初期の神楽に湯の花すなわち湯立の神事と反閇が含まれていたことになり、現行の駿河神楽の原型ではないかとも考えられる。そしてさらに重要なことは新宮（駿府浅間神社神官）がその執行を認めているという点である。神楽執行の許諾権が浅間神社の管理下にあったということになる。もう一点は、近世初頭においては、湯立・反閇が重視されており、演劇的要素を多く含む駿河神楽は成立していなかったということである。

浅間神社の湯立

この神楽執行許可証ともいうべき文書を発行した浅間神社には、現在では湯立や反閇を伴う神楽はないが、湯立そのものは行われていた。社家の一つである村岡大夫家の文書群に含まれる天文十八（一五四九）年八月の「駿府浅間社社役目録」に、流鏑馬の負担などに続いて年間の神事が記載された中に次の記述がある。

〈史料五〉

十二月初申　御目代にて御籠清仕候、掃部太夫御湯たて之役申付候、年中之御うらなひ申候

（『静岡県史　資料編7中世三』一九三三号）

おそらく年末にあたって厄を払い翌年の吉凶を占う神事として、村岡家の目代がお籠《こも》りをして身を浄めてから湯立をしたと思われる。これが芸能とは言えないが、駿河国の総社である浅間神社の湯立は駿河神楽成立の前提となったとみてよいのではないか。また浅間神社の本社である富士山本宮浅間大社でも、遷宮にあたっての儀式で湯立が行われたことを示す部分を天正六（一五七八）年十二月の「富士大宮浅間御遷宮入物引付覚」の中から、摘記してみる。

〈史料六〉

一　薪　　　　　　　　　是ハ御湯たて並四方かかりの時焼木也

一　御湯立かま　　三くち

（『静岡県史　資料編8中世四』一一七九号）

「四方かかり」とは湯立の釜の四方で焚く篝火のことで、湯立が夜間に行われたことを示す。さらに翌年の七月の武田家朱印状には「如旧規、御神楽之人数無闕如催之、神前祭祀可致勤仕」（『静岡県史　資料編8中世四』一二一〇号）という文言が見える。こちらは神楽とあるだけで湯立とは書かれていないが、駿府と大宮の二つの大社において、神事としての湯立ないし神楽が執行されていたことは明らかである。ちなみに浅間神社の文書には今川義元の印があり、富士浅間の方は武田勝頼の時代である。武田氏の支配下にあった甲斐国においては大社で神楽が執行されており、中でも富士吉田市の富士浅間神社では天正二十（一五九二）年に戦勝祈願の「御湯神楽」が奉納されたという。(19) 神奈川県鎌倉市には鎌倉神楽と総称（文化財指定名称）されるが、一般には湯花神楽といわれる湯立の神楽が一七社ほどで行われている。頼朝の鎌倉開府以来、鶴岡八幡宮の重要な祭儀には神楽が奏されたが湯花神楽が当初からあったのかは必ずしも明確ではない。現行の湯花神楽では湯立のあとで射祓（招き矢）、剣舞・毛止幾《もどき》が行われ、印を結ぶ所作が入る。(20)

少なくとも戦国期には駿河・甲斐では一宮クラスの大社で湯立を中心とする神楽が行われていたのであるから、地方の神官に神楽作法（史料四）を許可する権限があってもおかしくはない。文書の記述を信じるならば、江戸時代初期において、浅間神社の社家が藁科谷の最奥にある智者山の別当（八草在住）に対し、神楽の執行を許可するだけでなく、近辺の神社の神官（祢宜）に対する指導権を認めていたことになる。これは駿府浅間神社―流域の有力神官―村々の神官、といった階層序列ができ上がっていたことの反映でもある。だが、いくつかの疑問点も存在する。

第一点は、従来これに類する伝承も記録も報告されたことがなく、また組織の存在を裏付けるような別史料も発見されていないこと。

第二点は、『駿河志料』の著者である中村高平はこの新宮家の出であるが、著書においてこのことに一切触れていないこと。彼の藁科谷の記述に関しては、息子の現地調査と桑原藤泰（『駿河記』の筆者）の記録に基づき、今回再び古老を訪ねて確認したと書いている。つまり智者山の高橋家を訪れた可能性が高い。となれば、自らの先祖が発給した文書を見ていれば当然それに触れているはずであるのに、何の記述もしていない。つまり文書に正統性を認めていなかった可能性があるが、ここではこの文書が真正のものであるとして若干の仮説を述べてみたい。

駿河神楽の原型ともいうべき湯立神楽は中世末期には一の宮クラスの大社で行われていた普遍的内容の儀礼であり、周辺の有力な神社の神官に対しても執行が許されていた。ただし修験系の呪術性がはっきり見える反閇については、地域の修験者と村民の要望によって行ってもよいとされた。そもそも湯立には厄を払うという目的があり、その効果を一層高めるために反閇を希望する神官（修験ら）がいたからだろう。

史料四に見える藁科四ヶ郷というのは、郷が複数の集落を含むことから、八草や日向を含む旧大川村（近世の九ヶ村から成る）に属する村々のことであろう。智者山権現の神官が駿府浅間神社の権威を背景にこの地域の神社祭祀を統括していたことになる。権限の裏付けは先に見た金山向けの兵粮の管理という、金採掘に絡む智者山一帯の支配権と関係があった。ただし、疑問点を挙げておくと、七草祭という中世芸能を伝える日向には今川時代から続く内野家が神官を務めており（本著作集第一巻三六七頁）、八草の高橋家と内野家との関係について検討すべきであろうが遺憾ながら史料がない。

やがてこのような地方の大社（この場合は駿府浅間神社を含む惣社）を核とし周辺の神職を統括する枠組みが崩れ、それに代わって京都の吉田家が神職に受領名を与えるかたちで支配を強化していく。また法印・山伏に対する信仰が地元に根を下ろしていき、目に見えるかたちでの呪力発揮として湯立と反閇が位置付けられ、さらに花祭の影響を受けて神子式が行われるようになったと言えるのではないか。

厄祓いの神楽

駿府の浅間神社では、湯立を伴う神楽よりも巫女神楽に重点が置かれるようになる。本田安次によれば神楽は宮中にて古くから行われ、時には天皇自らも加わっていたとされる。それに対して宮廷で行われた各種の神楽にも含まれていた女性の舞が各地の神社で舞われるようなり「出雲にも伊勢にも、歌女、市女などがゐて、神歌をうたひ、巫女舞を舞った。その伝統が久しく今日に及び、諸国の大社には、この種の巫女舞が必ずのやうに行はれてゐる」[21]。駿府浅間神社の近世における祭事を見ると「巫女神楽」と「神楽」が奏上されている（『駿河志料』巻之四十）。その内訳は次のとおりだが、神社にとって重要な祭事には巫女神楽が奏されているようである。

巫女神楽　正月の五節供　三月会　四月未日申尅　同申日申尅

神楽　　毎月朔日（一日）

巫女神楽は現代では八乙女の舞ともいって、三島大社で近年復活されたものをはじめ、県内でもいくつかの神社の祭礼で奉納されている。駿府浅間神社の年中祭式を描いた詳細な絵図にも神輿に従う八人の巫女が描かれている。ただし、これに湯立が伴っていたかは不明である。つまり、駿河神楽とは明らかに内容が異なる神楽である。また月初に奏上される神楽の具体的内容は不明だが、駿府札ノ辻町の「諸書留控帳」文政十三（一八三〇）年九月に「浅間太神楽掛銭前所通り十月二日相集八百四十八文也」を扇子屋庄兵衛に渡し、かつ「惣社太太神楽料」として町内の家持一一人が金壱分を出している。そして十一月十三日には神楽を廻廊で拝見し赤飯割子弁当と御神酒を戴いている。[22] また幕末のコレラ流行に直面した浅間神社界隈の町内から神職の大井氏に対して厄祓いの神楽奏上の願いがしばしば出されている。[23] この時の神楽の内容は不明である。

近世の集落祭祀において湯立を中心とする旧来の神楽に対する浅間神社の影響力が失われ、村々で独自にそれを執行するとともに演芸要素を積極的に取り入れることで、駿河神楽が成立したとみられる。その発信源として、一つは智者山、もう一つは柿島の神官が大きな役割を果たしており、その伝播経路の違いが、八木洋行が指摘している舞筋の違いとなって残ったのではないだろうか。残る疑問は、駿河神楽がなぜ、三信遠地域の霜月神楽との類似点を多く持っているのか、である。これについては、湯立の作法を指導したと思われる山伏・修験者の活動を念頭に置かねばならないだろうが、当面は問題点を指摘するにとどまらざるを得ない。

写真４－11　厄祓いの祈祷をする法印
（静岡市井川）　1990.11

四　支配と生業を共通とする地域

茶生産の村々

同じ川筋の村々だけでなく流域を異にする諸村の間にもかなり親密な交流があった。それらは単に交通路で結ばれているだけではない。一つは近世において共通の支配下にあったという点である。駿河神楽を伝承する村々の多くは幕府の天領に属し、なにかにつけて情報の交換を行う立場にあった。具体的には天領の村々は駿府代官所の支配下にあり駿府に呼び出された時は駿府城下町の郷宿に宿泊する。たとえば駿府江川町の三階屋は安倍川筋の人びとの定宿になっていたが、文政から天保期の当主、仁右衛門（新庄道雄）は平田篤胤の愛弟子であり、『駿河国新風土記』を自ら編さんしている。このような場所で神楽に関する情報が行き交った可能性もあろう。

さらに重要な点は地域がほぼ同じような産業構造を持っていたことである。経済の柱となったのは近世に入ってから急速に栽培面積を増やしていった茶業である。茶は都市生活者の日常的な嗜好品となっており、大消費地である江戸を市場とする駿河・遠江の農民にとって大きな収入源となっていた。特に駿河の安倍茶・足久保茶は江戸の茶舗における銘柄品であった。生産された茶は駿府の茶問屋に集められ清水湊から江戸の茶問屋に送られる。ところが茶問屋にも十組問屋として新規に株仲間の結成を認められて以降、駿府や森町などの在地の茶商と結んだ江戸の問屋たちが独占的な立場を利用して法外な手数料を取るようになった。それを嫌って独自の販路を切り開こうとした在方の生産者兼商人（身元宜敷者《みもとよろしきもの》）たちは、問屋からさまざまな妨害工作を受け、都市の問屋が仕切る安値で茶を売らなければならなかった。

茶の流通自由化を目指す集団訴訟

茶生産地の村々は問屋の不正を告発するため、遠江・駿河の二国にまたがる一一三ヶ村が協力し江戸勘定奉行に訴え出た。これを年号から取って文政の茶一件という。結果的には十組問屋に属し幕府から特権を認められていた江戸の問屋そのものを被告にすることを避け、在地問屋の不正に焦点を当てる形を取ったが、結局は敗訴に終わった。その後、天保改革の株仲間解散そして再興という流れを受け、あらためて駿河地域の農村六十余が起こした同様な訴訟、すなわち嘉永の茶一件では勝訴した。表4－2は、この二つの訴訟に関わった村の名と神楽が伝承されている村とを対比させものである（藤枝の滝沢や蔵田が一件に加わっていなかったのは、他の村々が天領であったのに対し両村が田中藩領に属していたためで、生業の基盤は同じである）。もちろん茶生産と神楽とのつながりはないが、茶業という同じ生業基盤を有する村々が情報を交換しあっている姿が想像できよう。製茶技術に関わる新しい情報が時を措かずに村々に流れていったのと同じ時代であった。

まとめ

神楽伝承の契機

断片的ではあるが文書記録、伝承などの積み重ねと、実際に行われている神楽の内容に大差がないという点などから判断すると、現行の駿河神楽は近世中期以降に地域内の神官が中心となって導入され、各地に広まったものとみられる。神社祭祀に付随する湯立神楽にさまざまな演目が付与され、かつ厳格な作法による神秘性と娯楽性を高めて駿河神楽という様式ができ上がった。その基盤は修験的な呪法であるが、演じる村人にとっては祭りの興奮を楽しむ最大の機会になり、演じる者も見る者も楽しい「風流」が組み込まれた。この新しい工夫は村と村との交流を通じて流行し、村々に定着した。

もう一点は、神楽そのものに災害避け・疫病避けという意識が非常に強いことから、幕末から明治にかけての疫病対策として神楽が執行されたことも神楽の伝播に大いに関係したのではないだろうか。先に少し触れた駿府

表４－２　茶一件参加の村名と駿河神楽伝承地

村名	文	嘉	神	備考	村名	文	嘉	神	備考	村名	文	嘉	神	備考
安倍郡					奥仙俣	•	•			志太郡				
足久保	•	•			口坂本	•	•	•		鵜網	•			
油山	•	•			上田	•		•		伊久美	•			
松野	•	•			中野	•		•		身成	•			
津渡野	•	•			田代	•		•		笹間	•		•	
郷島	•	•			薬沢	•				笹間渡	•		•	
野田平	•	•			岩崎	•		•		地名	•			
俵沢	•	•			小河内	•		•		下泉	•			
俵峰	•	•			奥坂本	•	•			一丁河内	•			
油島	•	•			飯間	•	•			田野口	•			
中沢	•	•			新間	•	•			堀之内*	•		•	別名徳山
相淵	•	•			小瀬戸	•	•			青島	•			
横山	•	•			水見色	•	•	•	幕・旗相給	田代	•		•	
蔵野	•	•			奈良間	•	•	•		岸	•		•	
平野	•	•	•		富沢	•	•			上藤川*			•	坂京・平栗含
村岡	•			集落の実態無	昼居戸	•	•	•		桑之山	•			
中平	•	•	•		赤沢	•	•			梅地	•		•	田中藩領
渡	•	•	•		相又	•	•	•		瀬戸谷			•	田中藩領
有東木	•	•	•		黒俣	•	•	•	久能	滝沢			•	
梅ケ島	•	•	•	新田・戸持	寺島	•	•			榛原郡				
入嶋	•	•	•	湯之森	鍵穴	•	•			水川	•			
桂山	•	•			小嶋	•	•			藤川	•			
落合	•	•			杉尾	•	•	•	中塚・峰山含	崎平	•		•	
志太島	•				坂之上			•	旗本領	千頭	•		•	
寺尾	•	•			栃沢			•	大名旗本相給	奥泉	•			
内匠				旗本領	日向	•	•	•	(七草祭)	大間	•		•	
腰越	•	•			湯嶋	•	•			犬間			•	
横沢	•	•	•		諸子沢			•		家山	•			
大沢	•				藁山		•			抜里	•			
森越	•	•			八草	•	•	•	智者山	葛籠	•			
長熊	•	•	•		道光	•	•			久能脇	•			
池ヶ谷	•	•			崩野	•	•	•		上長尾	•			
柿島	•	•	•		楢尾	•	•	•		下長尾	•			
長妻田	•	•			大間	•	•	•						
油野	•	•			富厚里		•	•	旗本領					
口仙俣	•	•			大原		•	•	旗本領					

注：文→文政茶一件参加村名（「茶一件目安書」文政７年10月）『静岡市史』近世史料二（山田唯夫家文書）
　嘉→嘉永茶一件参加村名（「乍恐以書付奉願上候」嘉永５年11月）同・近世史料一（白鳥正次家文書）
　神→駿河神楽伝承地（『するが神楽報告書』）

文政の茶一件の参加村名は、安倍郡と志太郡はすべて、榛原郡は大井川筋で神楽伝承の可能性のある地区のみ掲げた。嘉永の茶一件は表記の史料に出てくる村落名をすべて掲げた。ただし、二件ともに訴訟の経過に従って参加した村に出入りがある。とくに旗本領の村の参加決定に時間がかかったらしい。煩雑さを避けるためにあえて表記史料のみから集計した。

また神楽の伝承地に関しては小字を単位としている場合もあるので、必ずしも地区数は正確とはいえない。

出典：『安倍・藁科の神楽』

浅間神社社家であった大井求馬の記録では、安政五（一八五八）年の八月六日、東海道筋におけるコレラの大流行を恐れた宮ヶ崎の惣長屋連中が安全の神楽奏上を願い出たので、翌日新宮神主に神楽を執行してくれるよう頼んだ、というような記事が見える。(24) この神楽は巫女による舞であろうが、神楽による攘災、厄祓いへの期待が農村部に神楽が普及していく一因となったであろう。駿河神楽に関してはそれを直接物語る資料はないが、御殿場市沼田に伝わる湯立獅子の事例が参考になる。

写真４－12　沼田の湯立獅子（御殿場市沼田）1978.4

箱根山系を取り巻くかたちで互いに接している相模・甲斐・駿河の国境地域に、獅子が湯立をするという他に例を見ない神楽が集中的に分布している。獅子舞の主役である獅子が幣束で湯をかき回し、厄を祓うという内容で、辻引本と称する教則本に従って厳格に実施される。この様式を案出したのはこの地域を行き来していた宮大工の萱沼儀兵衛という人物で、明和八（一七七一）年から御殿場・箱根地域に悪疫が流行したため、その退散を目的に獅子が湯立をする神楽を創始したと考えられる。(25) 獅子舞にはもともと攘災という効能があったから、湯の力で厄を祓うという湯立と一体化することでその効果はいっそう強化されたのである。

類似芸能との比較

駿河神楽の全体構想がいつ、どこの誰によって現行のような形に固められたのかは現時点では明らかでない。内容的には奥三河の御神楽

写真４－13　清沢神楽の侍の舞（静岡市清沢）2019.11

との関連があり、天蓋の設えも全国的に共通するし、神がかりの類例も多い。また長野県遠山谷の霜月神楽には非業の死を遂げた遠山氏の鎮魂を目的にしたとされる舞があるが、それが駿河神楽の演目の一つ、「侍の舞」に酷似しているという指摘もある。つまり駿河神楽には遠隔地の神事芸能に見られる重要な要素との共通点がいくつもあることから、駿河神楽の成立を追究するためには広域にわたる比較研究が欠かせない。

たとえば、山梨県富士吉田市の北口本宮富士浅間神社神楽講の場合、もともと巫女による湯立神楽があり、江戸時代中期に現行の太太神楽が伝わったという。周辺神社の神楽と比較した上での基本型は次のようである。[26]

①榊の舞、②幣の舞、③四方拝、④赤天狗、⑤宇受売、⑥天岩戸、⑦天照大神、⑧黒天狗、⑨翁舞、⑩片剣の舞、⑪両剣の舞、⑫弓の舞。

先に示した駿河神楽の構成とよく似ている。久保田裕道は広域にわたる交流の中に駿河神楽を位置付け、従来の「三信遠」という芸能文化圏に駿河を加えた「三信遠駿」ないし甲斐も加えての「三信遠駿甲」という圏域を想定した。[27] だがこの圏域内にあり、他の神楽との類似が多いとはいえ、駿河神楽は独自の構成のもとに組み立てられた神楽群である。芸態や信仰要素から見る相互比較に加えて、従来あまり関心を呼んでこなかった地方ごとの神官のネットワークの究明が駿河神楽研究にとって不可欠である。それは芸能史としてよりも社会史の主題としてより大きな意味を持っているが、当面は指摘するにとどめる。

なお、意外に見過ごされやすいのが、神楽に限らず民俗芸能を演じる人びとの「好きだ、面白い」という感情である。これはまさに本著作集第二巻で取り上げた風流《ふりゅう》の背景である。藤枝市滝沢の八坂神社に伝わる駿河神楽の始まりは戦後になってからのことらしい。それが明確でないのは、もともと神楽好きが五、六人集まって舞っていて、時には他村の祭りに招かれて舞いに行っていたのが定着したのではないかとされる[28]。民俗芸能の研究にあたっては、それを維持し内容を豊かにしてきた村人たちの素朴な感情をどのように汲み取り、言語化していくかという視点を欠かすこと

写真４－14　藤枝市滝沢八坂神社の神楽①　1983.10

写真４－15　藤枝市滝沢八坂神社の神楽②　1983.10

ができないだろう。

〈付記〉

本章は清沢神楽保存会・梅ヶ島新田神楽保存会・有東木神楽保存会・のら企画『安倍・藁科の神楽─清沢神楽・梅ヶ島新田神楽・有東木神楽調査報告書』（二〇〇四年三月）の「総説　第三章　駿河神楽の歴史的背景」を大きく改稿したものである。なお、本章で取り上げた神楽のうち清沢神楽・田代神楽・徳山神楽・高根白山神社古代神楽の映像記録が静岡県教育委員会によってそれぞれ制作されており、自治体のホームページで見ることができる。駿河神楽に関する最も基本的な文献は、上記の調査報告書に加え『するが神楽調査報告書』ふるさと文化再興事業「地域伝統文化伝承事業」駿河神楽連絡協議会（二〇〇三年三月）、『徳山神楽調査報告書』中川根町古典芸能保存会（二〇〇四年三月）の三冊が挙げられる。いずれも八木洋行氏が中心となってまとめたもので、写真・資料とも豊富であり駿河神楽研究にとって必須の文献になっている。

〈注〉

1　田中勝雄『静岡県芸能史』静岡県郷土芸能保存会、一九六一年
2　本田安次『神楽』木耳社、一九六六年、一〇六九頁
3　八木洋行「駿河神楽の呪術と演出」『静岡県史研究』第八号、一九九二年ほか
4　駿河海野会『海野のものがたり』一九九九年、一三一頁
5　静岡高等学校郷土研究部編『安倍川流域の民俗』一九八〇年、九一頁
6　駿河神楽連絡協議会『するが神楽調査報告書』二〇〇三年、四一頁以下
7　清沢神楽保存会等『安倍・藁科の神楽─清沢神楽・梅ヶ島新田神楽・有東木神楽調査報告書』二〇〇四年、二一一頁

8　（注6）二三三頁
9　（注7）八六頁
10　八木洋行「神楽」『犬間・梅地の民俗―昭和五十五年度長島ダム水没地域民俗文化財調査報告書』静岡県教育委員会他、一九八一年、二三〇頁
11　（注5）九二頁
12　（注3）に同じ
13　櫻井弘人「西浦田楽における数と五方の原理」『伊那民俗研究』第三一号、二〇二四年
14　『本川根町史　資料編』一九八〇年、七九三頁
15　（注3）に同じ
16　（注10）二二〇頁
17　中川根町古典芸能保存会『徳山神楽調査報告書』二〇〇四年、二一頁
18　宮本勉『史料編年井川村史　第一巻』名著出版、一九七八年、四九頁
19　久保田裕通『神楽の芸能民俗的研究』おうふう、一九九九年、二一八頁
20　神奈川県教育委員会『神奈川県の民俗芸能―神奈川県民俗芸能緊急調査報告書』二〇〇六年、九頁以下
21　（注2）三〇頁
22　「谷田庄兵衛家文書・文政七年諸書留控帳」『静岡市史　近世史料三』一九七六年、五五三頁
23　中村羊一郎「町方の民俗」『駿府の城下町』静岡新聞社、一九八三年、二五九～二六二頁
24　「大井家文書・安政五戊午年臨時要用留学記」『静岡市史　近世史料三』一九七六年、一九六頁
25　松田香代子「疫病退散の湯立獅子舞」『民俗学論叢』第38号、二〇二三年

26　富士吉田市歴史民俗博物館企画展図録『太太神楽と獅子神楽』二〇〇一年、二〇頁

27　（注19）二三〇頁

28　『藤枝市史　別編民俗』二〇〇二年、四八二頁

第五章　「駿府浅間御本地」をめぐって

一　駿府浅間神社の始まりを説く物語

写本の概要

静岡市北部、旧清沢村に属する峰山在住の旧家である北沢家に「駿府浅間御本地《ごほんじ》」と題する写本が伝存している。本地とは神仏のもともとの姿を指し、日本人にとっては外来の仏と、在来の神とを一体のものと考え、眼前に現れている姿は本来の仏ないし神の仮の姿すなわち垂迹《すいじゃく》であると説く、神仏習合思想の具体的な表れである。中でも身近で祀られているいる社寺はいかなる由来を持つものか、その成り立ちを説く寺社の縁起が数多く作られ普及していった。特に登場人物の悲劇性で人びとを惹き付けながら、わかりやすい口調で由来を解き明かした物語を総称して本地物という。「駿府浅間御本地」もまたその中の一冊で、当該写本は、墨付二五枚、同家に伝わった経緯は不明である。

静岡市民にとって最も親しみ深い神社である「浅間さん」に関して、このような縁起があることは、市民の間にほとんど知られていない。ちなみに浅間さんは、神部神社・大歳御祖神社・浅間神社（新宮）の総称であるが、この縁起はそのうちの浅間神社の祭神の由来を説いたものである。後述するように、この縁起には現在までに五種類の写本が知られており、この北沢家伝本は、第六番目の写本ということになる。都合六種の写本はそれぞれ内容に若干の異同があるが、最初にこの北沢家伝本（以下、北沢本と略称する）によって、縁起の粗筋を紹介しておこう。原文は章末に翻刻した。

昔、都に源蔵人という人がいた。ある時、下野国の五万長者のもとに素晴らしい姫がいるという話を聞いてまだ見ぬ姫に恋焦がれ、なんとか姫に会いたいものと神仏に祈願したところ、その甲斐あって下野・駿河両国の国主に任じられた。主天（途中から蔵人はこのように書かれている）はさっそく下野に赴任した。挨拶に出た長者に対し、蔵人は姫の許《もと》に行きたい旨を話したところ、長者は、まず家を整えてからとその場を辞し、主天を迎えるにふさわしい用意を進めた。御殿を整備し、主天を迎えるばかりになったので、母が姫を入浴させようとしたところ、体に懐妊の印が見えた。そこで長者は主天に会わせることを諦め、姫は変化《へんげ》の者に命を取られたので火葬にすると称し、コノシロという魚を焼いてその場をつくろった。そして、姫懐妊の相手であった判官に姫を付けて追放した。二人が武蔵野の川越に来たところで、姫が産気づき水を所望したので判官はひとりで水を探しに出掛けた。ところが、たまたま失意の主天が姫の所を通り掛かり、そこで姫は出産する。姫は、生まれたばかりのわが子に形見の鏡を添えてその場に置き、主天と共に去ってしまう。戻ってきた判官は、その子を育てながら旅を続けた。漂泊の途中、相模国足柄の四万長者のもとに逗留し、やがて娘は一三歳になった。そこで判官が長者に対し全国巡礼の旅に出たいと申し出たところ、娘も一緒に行くことを願ったので、二人で出発した。しかし東海道清見関まで来たところで、娘を手に入れ

写真５－１　富士山本宮浅間大社（富士宮市）2016.5

写真５－２　静岡浅間神社降祭（静岡市）2016.4

たいと思った邪見長者によって、判官は首を切られてしまう。しかし、その首が娘に形見の鏡の在り処を教え、それを持って逃げるように告げる。邪見長者のもとを脱した娘は、早朝に駿河国府中の下足洗にやってきた。そして、ちょうどそこに屋敷を構えていた主天が外を眺めていたところに行き合う。中に招じ入れられた娘は身の上を語り、母と涙の対面となる。主天は、亡き判官の菩提を弔うとともに、邪見長者を成敗する。手厚く弔われた判官は成仏し眷属の神々を統《す》べ、主天は惣社の神に、北の方（母）は浅間大菩薩に、姫は山宮に、四万長者は美保の五社大明神に、また下野の五万長者夫婦をはじめ乳母に至るまで裾野の神々になり、主天の家臣たちも神になった。

中世において、神仏の祀り始めを物語として説いて聞かせた、いわゆる本地物《ほんじもの》の一つであるが、同時に都から下野国へ、そして逆に下野国から武蔵野、東海道を経て駿河の下足洗に至る道行《みちゆき》の文学にもなっている。また物語のヤマ場ごとに何首かの和歌が挿入されており、語りの場における変化を与えている。

この写本の末尾にはこの物語を聴聞する者は二世安楽という御利益が書かれており、「御日待月待ニも先此本地を読ませて聴聞申すべし」とある。何人かが集まって、このような物語を互いに読み聞かせ合う会合があったことが推察される。このような本地物といわれる文学が、どのような機会に庶民に受け入れられていったのかがよくわかる。

諸本との比較

これまで知られていた写本は次のとおりである。

一　東大国文学研究室所蔵「源蔵人物語（仮題）」〔近世後期写本〕
　　『室町時代物語大成』第十三所収（一九八五年）

二　中川芳雄蔵「浅間記」〔明和四年以前写本〕
　　『静岡女子短期大学紀要』第九号所収（一九六二年）
三　同　「駿河浅間記」〔天保三年写本〕
　　『静岡女子短期大学紀要』第九号所収（一九六二年）
四　赤木文庫蔵「浅間御本地御由来記」〔安永二年写本〕
　　『室町時代物語大成』第八所収（一九八〇年）
五　松本隆信蔵「源蔵人物語」〔室町末から近世初期写本〕
　　『室町時代物語大成』第十三所収（一九八五年）

このうち一・四・五は、戦前に刊行された『室町時代物語集』第二にも収載されている。以後、一～五を次の略称で呼ぶこととする。

一〔東大本〕、二〔中川甲本〕、三〔中川乙本〕、四〔赤木文庫本〕、五〔松本本〕

章末に翻刻した「駿府浅間御本地」すなわち北沢本は、表紙に「文政三（一八二〇）年辰五月写之」とあることから、書写年代が明確であり、中川乙本の天保三（一八三二）年よりも一二年古い写本である。また裏表紙には「利倉屋」と記されている。中川乙本が書写されたいきさつに関しては、その末尾に次のような記載がある。

浅間記之義、私一度致拝見候処、難有御書ニ付、写置候得共、右本書も写本ニ而、文言之あやまり、文字之いつわり、見へ候得共、其悪字入様御覧被遊、私ニ御断有候ニ付、御断書仕候、誠ニ私義無筆無くわんニ候得共、あまり難有存候間、書写置申候、以上

東海之閑人
漁翁首尾書

天保三（一八三二）年壬辰四月

原　綿　店

これによれば、なんらかの機会にこの底本になった写本を見た「東海之閑人なる漁翁」が書写したことがわかる。なお、同書の内表紙には「下石弐丁目北側　十一屋恵十郎」とあり、十一屋恵十郎の上に「わたや」と貼紙がしてある。

この十一屋に関しては、慶応元年の幕府による第二次長州征伐に際して軍費上納を申し付けた際、駿府町奉行に提出された上納者名簿にその名が見える。すなわち「慶応二歳（一八六六）丙寅　御進発御用途金上納者名簿」[1]によると八三ヶ町から一万四〇〇両余が上納されたようだが、下石町弐丁目の一二名の中に「金壱両　十一屋惣十」の名が見える。この町の上納者の多くは塗師や屋根屋などの職人がほとんどだが、惣十は屋号のみで職業はわからない。天保三年から三〇年以上も経っているから惣十は恵十郎の息子である可能性が高い。「わたや」については、第六章で使用した呉服町一丁目の薬種問屋主人小西源兵衛の年代記[2]には正徳四（一七一四）年四月に妹の久米が「わたや」へ嫁入りしたとあり、享保三（一七一八）年二月に綿屋甚右衛門同道で神原（蒲原）へ買い物に行ったと見える。中川乙本の東海之閑人漁翁、原綿店の主人、北沢本の利倉屋という記載などと併せ考えれば、駿府の町人社会において、この縁起が回し読みされていたことが想像される。駿河における国学の隆盛はつとに知られるところで、裕福な商人たちの間で一種の文化サロンが構成されていたと考えられる。

平田篤胤の門弟として知られる新庄道雄は、駿府を代表する国学者の一人であるが、この縁起を見ていたことが、彼の著述である『駿河国新風土記』の中に表れている。同書の「有渡郡足洗」の項には、「五万長者」と題して次のように記されているのである。

世に伝ふる説教所のかたる浅間記といふものに足洗に五万長者といふものありしことをいふ、説教といふものは中古の作り物語なれども、拠り処はありて人の名などはいふものなるに、阿倍郡小瀬戸村養源寺本尊観音の縁起に「むかし此像は有度郡足洗村望月氏の田畝よりほり出せり云々、むかし足洗村に五万長者と云者あり、其娘、下野姫、先の夫三浦氏のために長者とゝもに金像六万九千世尊を鋳る云々、この像をほり出せし所里人伝へて五万長者の荘園なりと云へバ、そのむかし鋳たりし一ツならんと」みえたり、望月氏といふ百姓今もありて古き系図などもてるものなり、此五万長者といふものゝありしこと里人もいひ伝ふ

ここに出てくる阿倍（安倍）郡小瀬戸村養源寺は、曹洞宗徳願寺の末寺であるが、すでに廃寺となっている。所引の同寺縁起の内容は、下野姫・五万長者など内容は混乱しているが、明らかに浅間縁起を下敷きに作られており、なによりも、金像六万九千体を作ったという話は、浅間縁起に「六万九千三百四躰」の金仏を造立したという一節と符合している。つまり、浅間縁起が当時、ある程度の普及を見ていたことの例証ともなろう。

縁起の成立と諸本の系統

この物語の筋立てによく似た縁起が『神道集』（巻六之三十四　上野国児持山之事）に見られる。[3]すなわち、天武天皇の御世、伊勢国渡会郡から現人神が上野国群馬郡白井保に垂迹した。これが児持山大明神である。この国の阿野津保明は四方に四万の庫を持つ大富豪だが子がなく、伊勢大神宮に祈願したところ美しい姫君が誕生、

子持御前と名付けた。御前九歳のとき母が亡くなり、父保明は伊賀国鈴鹿郡の地頭加若大夫和利の娘を後妻にした。夫婦の間に姫が誕生し、御前が一六歳のとき後妻の弟和理二一歳と結婚した。夫婦が伊勢参宮したとき伊勢国司の在間中将基成が女房を見初めて横恋慕し、強引に御前をわが妻にしようとして阿野津一家を弾圧、そこで後妻はコノシロを茅萱の中に巻き込んで焼き火葬に見せかけ、御前は侍女と共に旅に出る。尾張国熱田に来た時、懐妊中の御前は姫を出産、苦難の末に下野に帰り家族と再会。のち関係者は各地の神となって祀られた。

子持神社は群馬県渋川市中郷に鎮座する古社で、木花開耶姫命を主神とし子授け・安産の神として広く信仰されている。

二つの縁起に共通するのは、東国の美女に貴族が懸想して求婚する。それを断るためにコノシロを焼いて死亡に見せかけ、美女は諸国を流浪するが、最後は家族と再会し、関係者はそれぞれ地域の神となって祀られたと説く。この中で、早くから研究者の関心を引いていたのは、本文中の「コノシロ」を焼いて、姫を火葬にしたことにしたという一節である。[4] 安永期（一七七〇年代）以降に駿府在番経験者によって書かれたと推定される『駿府風土記』（『静岡市史　近世史料四』所収）には、四月初申の昇祭には氏子等はコノシロの魚を禁じることとあり、『駿河国新風土記』の富士山の項では、山頂剣が峰の下方にコノシロがいるという鮗《このしろ》の池があり、故に富士浅間の氏子はコノシロを食わずとある。牧之原市菅ヶ谷の一幡神社の御榊神事では、本名《ほんみょう》と呼ばれる一年神主に当たった者は、その間決してコノシロを食してはいけないという禁忌を守っている。また愛知県東郷町祐福寺地区には浅間神社と富士講があり、氏子はコノシロを決して食べなかったという。[5]

コノシロは鰶とも書かれ、ごくありふれた沿岸魚で、関東でコハダ、関西でツナシと呼ばれるものと同じである。コノシロとは、「子の代」つまり子どもの代わりという風に解釈され、四国には幼児の死に際しては、この魚を添えて葬れば生まれ変わるとも伝える所があるという。また「上野国児持山之事」では死亡を偽装するために漁師に「人を焼くにおいに似たる魚やある」と尋ね、コノシロを教えられたとあり、浅間縁起との共通点が見られる。人間の死となんらかの関わりのある魚と考えられていたことは確かである。こうしたコノシロの信仰を一つの鍵として、有川美亀男は「上野国児持山之事」との比較を行い、「共に産育神の縁起として共通の基盤を有しながら、信仰的にも文芸的にもかなり異質の点がある」と述べ[6]、松本隆信は、この縁起の成立に関して、『神道集』系統の本地物作者と、この作者とは、宗教的に系統を異にしていたのではないかとし、前者は天台系、後者は真言系統の者ではなかったかと推測している[7]。

さて、現在知られる五本の内容については、松本隆信が前掲論文においてそれらの系統を考察し、図5－1のような系譜を示している。この論文中では、『室町時代物語大成』における松本本は「高野本」、赤本文庫本は「横山本」と呼ばれている。

章末に翻刻した北沢本は、基本的には中川本甲に類似しており、特に前半の部分にはほとんど異同が見られないほどである。しかし、後半の邪見長者のもとから脱出していくあたりからは、文章に若干の相違が見られ、筆写した者の手が入ったか、あるいはこうした本文とは異なる内容の別な一本が存在したことを窺わせる。しかし、基本的には中川本（甲・乙）と本書はきわめて近い系譜関係にあり、これらのもとになった一本が駿河における知識人の間にある程度普及したものであるとみて間違いない。

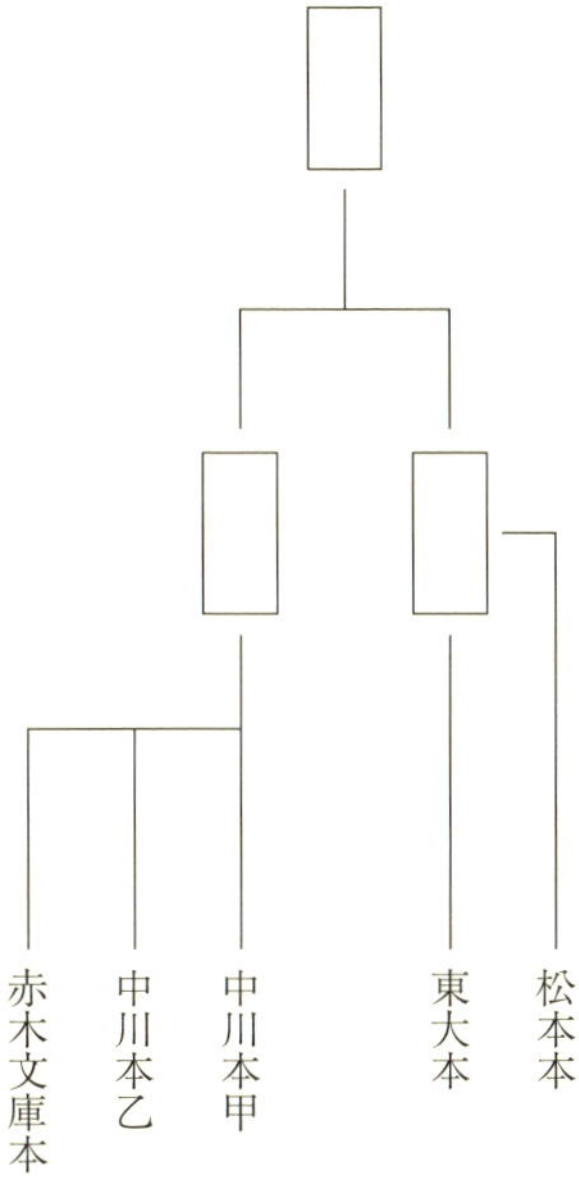

図５－１　諸本系統図
出典：松本隆信「中世における本地物の研究〔五〕」

二 「駿府浅間御本地」に見える地名説話

足洗の起源

駿河の物語という観点から本書の意義を考えてみると、本文に登場する地名の由来に関心が赴く。邪見長者のもとから逃げた姫が夜通し歩いて行き着いた所が、母の住む家の前であったというのだが、そこが下足洗という地名となっている。この間の描写を各写本によって確認しておきたい。

一 東大本

「おしへにまかせて、西えにげ給ふほとに、下あしあらいと、いふところにて、夜もほのほのと、明にけり、いそかせ給ふほとに、するかの国に着給ふ」

二 中川甲本

「西をさしてそいそかせ給ふ程なく、駿河の府中につき給ふか、下足洗いといふ所にて、はや夜もほのほのあけにけり、ここにて、御足をすゝき給ふゆへ、足洗と申也」

三 中川乙本

「夜はふかきおり成ば、鳥の立つへき時ならぬに、何国より共知す、からす鳥一羽来りて、姫君の先に立、則、此鳥の行にしたかひ、いそかせ給ふに、程なく駿河国今の下足洗と申所ニ而、彼鳥の形もきへ、夜はほのほのと明渡る。姫君、下足洗にて、則、御足をすゝかせ給ふ」

四　赤木文庫本
「いたわしや、姫君は、夜もほのほのと、明ぬれは、此辺にやかたあると、見給へは、折ふし玄官公の家は、門をおしひらき、出ける所へ、姫君ははしり込」
五　松本本
「をしへたまふにしたかひ、にしへむきて、にけ給ふほとに、あしあらいといふところへ、夜のほのほのと、あけかたにおはしましつき給ふほとに」
六　北沢本
「おしへにまかせて西をさしていそかせ給ふ、去程に駿河国府中下足洗ひといふ処にて、夜ハほのほのと明渡る折節」

東大本では足洗を過ぎてから駿河国に着いたという記述になっており、筆写した者には駿河の土地勘が全くなかったことがわかる（ただし筆写の過程で駿河国の次にあるべき「府」が脱落した可能性もある）。また、赤木文庫本には足洗という地名は登場しない。もっとも、赤木文庫本は、他の諸本と最も内容が異なっており、松本によれば、話の筋に合理化を図った点が認められるのであるが、他の諸本がいずれも、主天がなぜ駿河に屋敷を構えているかについての説明がないのに対して、唯一、下野の国主から駿河の国主になり、「駿河の国、横内と云所に目出度、くらしあるそかし」と、横内に住んでいることをあらかじめ説明している。その意味では、北沢本においても、下野と駿河と両国の国主となったことを冒頭に述べているので、若干の合理化が見られるとも言えよう。

いずれにしろ、足洗という地名について具体的に説明していることは、読者（あるいは聴聞者）が、その地名に親近感を持っている人びとであることを予想させ、本書が駿河府中において普及した背景の一つがここに見られると言ってよいだろう。

街道に沿って

ここで、主人公のたどる東海道の道筋について考えてみよう。邪見長者の門前に至るまでの道程はさておき、薩埵峠を過ぎて江尻宿から下足洗に至る道は、江戸時代の東海道ではない。現在、静岡市葵区の鷹匠町と清水区江尻を結ぶ北街道と呼ばれている道にあたるのだが、この道は、鎌倉時代には東海道としての役割を有していたのではなかったかと考えられている。正治二（一二〇〇）年一月、鎌倉を追われた梶原景時が駿河に至った時、地元の武士たちによって討たれた場所は狐ヶ崎といわれるが、現在の狐ヶ崎とはやや離れた清水区大内とされ、近くには古刹、大内山霊山寺がある。その南側は浅畑沼を水源とする巴川流域で湿地が多い。梶原景時を討った豪族は低地に浮かぶように形成されている微高地に館を構えていた。下足洗は、こうした低湿地を含むかなり広い地域を指したと考えられる。『駿河記』に次のような記述がある。

有渡郡下足洗

○浅間神社　在浅間原、村長後藤氏惣次郎氏神也

・古老伝云。上代木花開耶姫命沓谷にて御履をぬぎ給ひて、足洗の里にて御足を洗はせ給ふと云。故に村号に負ふとなむ。上昔は浅間の森大にして、八町四方の社地なりしと。按に此社地は小酒解社の遺跡なるべし。

ここでいうところの下足洗は、現在は、千代田と改称されており、浅間神社という呼称を持つ町内の氏神は存在しない。『安倍郡誌』によると、千代田村の氏神は「先宮神社」で祭神は「保食神」、相殿として「木花咲耶姫命・大山祇命・酒解神社など」を祀る。また由緒として「往古は足濯神社と称せしと云ふ、明治八年二月村社に列す」とある。しかし、現在の千代田の氏神は白髭神社であり、先宮神社は、横内・大田・巴・城東という四町の氏神とされている。一方、沓谷には二つの神社があり、一社は須賀神社（浅間神社を境内社とする）、一社は愛宕神社（祭神に木花開耶姫命を含む）である（『千代田誌』）。

写真５－３　先宮神社（静岡市横内町）2013.4

このうち、先宮神社については、『駿河志料』では横内町の記述の中に「先宮稲荷神社」の項を立て、社の鳥居は横内町にあり、除地は上足洗村に属すと記し、伝承ではこれが足洗神社であるとしている。要するに、往古、足洗という大きな村があり、この伝説の主人公たる姫はそこに浅間神社として祀られたのだが、足洗村が上下に分かれ、しかもそのうちの駿府の町に接するあたりが横内町として城下町に組み込まれることにより、事態が非常にわかりにくくなってしまったのである。これは、逆に見れば、物語における姫の両親が住んだとされる場所が、マチとムラの接点にあたっており、交易や治安維持などの役割を担う有力者の居住するにふさわしい場所であったということになろう。のちに慶安事件を起こした由井正雪の後援者とされる半左衛門という者はここの有力農民であったといわれている。この物語に登場する主天という長者が虚構される上で、彼らの祖先がなんらかの影を落としている可能性もある。

また浅間神社の有力社家で流鏑馬を担当する村岡大夫は今川氏の時代にこのあたりに所領を有していた。天文八（一五三九）年「足洗大明神之領　壱町参段」が今川義元と弟との間で天文五年に起こった花倉騒乱（丙申一乱）に際して「造営勧進物等紛失」したため年貢未納となっていたのを復旧させた。[8]同年には今川義元が村岡宮千代丸に対して浅間神社の神役を長沼・古庄などを含む地域に催促すべしという文書を発給している。これらは駿府浅間神社の神領が駿府と清水との中間にあたる地域にあったことを示しており、物語の主天が足洗の有力者として描かれる背景の一つになったのであろう。

足洗大明神は、現在は先宮神社と呼ばれるが、足濯《あしすぎ》神社とも呼ばれた。また酒解《さかとけ》神社、小酒解神社ともいう。三重県伊賀市にやはり木花咲夜比売命を主祭神とする酒解神社があり酒作りの神とされている。足濯は足洗と同義であるが、先宮と酒解には浅間神社の祭祀との関連があったのではないか。現在の先宮神社の本殿は浅間神社の旧建築を下げ渡されたものであることも両社のつながりを思わせる。足洗に広大な浅間神社領があったことを勘案すると、現在浅間神社の祭礼で一夜酒を供えていることが想起される。[9]一夜酒（いちやざけ、ひとよざけ）は文字どおり、一晩で作ってしまう酒のことで、わずかに発酵させただけなので甘酒のままである。これが富士登山道途中の小屋（室《むろ》）や山頂の石室で登山者に販売されており、富士山の名物となっている。その背景には、木花開耶姫が一夜で身籠ったという話があるのだが、そこから安産・子育ての信仰が生まれてくる。[10]木花咲耶姫を祀る静岡浅間神社の一夜酒は祭事に欠かせない重要な神饌である。現在、先宮神社にはその痕跡すらないが、酒解神社ともいわれたことと、他県の木花開（咲）耶姫を祭神とする神社の例を参照すれば、一夜酒作りの役割を担っていたのであろう。酒宮が酒作りを行わなくなってからは、社領の東端に位置したことから先宮になったと考えられる。

三　邪見長者と長者伝説

極悪人邪見長者

次に、本書に登場する唯一の悪人ともいうべき、ジャケン長者について考えてみたい。中川芳雄は、自ら所蔵する前記二本の翻刻にあたり、「さらにこの物語をよむ人は、物語中の人物とゆかりの土地から、次の様な連想をよびおこすかも知れない。源蔵人とか判官とかの名は、九郎判官源義経を、清水《きよみ》が関とか邪見長者とかは、誰しも梶原景時を想起しても不思議ではない」と述べている。そこで、各本においてこの邪見長者がどのように描かれているかを確認しておこう。

一　東大本
「清見がせきに、じゃけん長者といふ人あり」

二　中川甲本
「きよ見か関しやけん長者と申すもの、門につきたもふ」

三　中川乙本
「清見が関、邪見長者と申者の門外に着せ給ふに」

四　赤木文庫本
「清見か関に着き、日もくれになりしかは、宿からんとて、門も大きに、じゃけん長者か門に着、そも此長者、大悪ふとうの、ゐせ物にて、我におとらぬ悪とう共、四五人かゝへ、おし込みごうとう、明暮酒円に、身をゆたねけるゆへに、世の人、しやけん長者と申ける、されは長者、れいの悪とう召しよせ、酒ゑん中ばの所へ、太夫門をたゝき、宿かし給へと、申しける」

五　松本本

「きよみかせきといふ、ところのなにもつき給ひけり、こゝに、しやけんちやうしや、という人、この姫きみを見まいらせ、あまりに、うつくしさのあまりに、三日まてとゝめまいらせける」

六　北沢本

「程なく清見が関の邪見長者の門に着給ふ」

赤木文庫本においては、きわめて具体的に邪見長者の悪人ぶりを描いているが、他の本では、姫と長者の出会いをごく自然に描いている。ただし、「じゃけん」という呼称自体に、物語の今後における不幸な展開を予測させるようになっている。しかし、この邪見長者なる人物が、単純にその文字面が示すような悪人にふさわしい呼称であるとか、梶原景時に当てはめられるというのではなく、実は実在の長者を背景に創作された人名であることを次に述べてみよう。

清見の長者

現在の静岡市清水区興津清見寺町には、巨鼇山清見寺《こごうさんせいけんじ》がある。かつては東国の押さえともなった清見関《きよみがせき》が置かれた場所とされるが、現在の地形図を見てもわかるように、このあたりは山が海に迫っており、東海道線をはじめとする日本の大動脈が何本も通る交通の要衝であって、鎌倉幕府の御家人として知られる興津氏などが古くか

写真５－４　清見寺（静岡市興津清見寺町）東海道線が境内を横切って通る　2017.9

らその本拠地としていた所でもある。そして、その一族と推定される地元の有力者の中に、「清見の長者」なる人物の存在が知られる。結論から先に言えば、この「清見の長者」が邪見長者の名のもとになったと考えられる。清見関は、浄見関とも書かれることがあり、浄見を音読みすれば、ジャウケンとなる。これに邪険・慳貧といったイメージを重ね合わせたのが、「邪見長者」の本性であろう。

ただし、実在の清見長者には、決してこのようなイメージはない。むしろ、各地の長者伝説に見られるような、豪勢な話が伝えられている。

〔長者屋敷〕　字内屋敷と云

清見長者の宅跡なり、浄見と云、今は田となれり、濁沢村八幡社東にあり、西に天王八王子社、南に長者神、北に神明社あり、長者屋敷四方の鎮護なり、此長者何頃の人なりけん、時歴詳ならず、永禄年間まで子孫連綿せしが、武田家の為に滅亡せしと云、清見寺古券に本郷浄見長者、教叟和尚を帰依し、一寺を創建し浄見寺と号しける、梵鐘は正和三（一三一

けん

四）年の記あり、茂畑《もばた》観音は長が護身仏なりと云、金鼓に正安四年の記あり、其頃よりの、家系なりしにやありけん

　清見長者　謡曲、三井寺の文に、狂女千満清見長者の子などあるは、此長者が事なり、今に清見寺町に狂女屋敷、洞村に人買の槊にせしと云、鐘堂のあとなど、里人かたり伝ふ、彼謡曲の如き事を、古く談りつきしならん

〔米糠山〕長者屋敷にあり、円き丘なり

里人長者の米糠を捨しが山となりしと云、此丘は築きなせる物にて、想ふに上古別稲置など、やごとなき人の陵墓なるべし、志貴昌澄が説に、こぬか山はこぬみ山の謬なりと云

（『駿河志料』庵原郡横砂の項）

　長者が米を搗いたあとの米糠を捨てたのが積もり積もって山となったという伝説である。そして、清見長者の屋敷跡なる場所も伝承されており、実在の人物として地元で語り伝えられ、『駿河記』にも「浄見長者屋敷蹟水帳に字内屋敷と云、濁沢の西岨の畠地也」とあり、米糠山の伝説も紹介されている。『駿河記』はさらに続けて、「今川軍記」所収の話として大要次のような伝説を紹介している。

　時代は永禄年中、清見長者に二人の娘があり、姉を時雨といい、妹を安奈といった。由比の城主の三男作之進は今川氏真に仕えていたが、この姉を見初めて歌を贈り、なびくのを待った。ところが、同僚の小早川民部もこの時雨に恋をし、二人の恋争いとなった。結局、由比作之進が時雨の心を射とめたが、その後、武田・今川の合戦に際し、たまたま行き合った二人は喧嘩となり、民部は作之進に討たれ、その作之進も民部の友人に討ち取られるという悲劇になったという。

　この話から、永禄（一五五八～一五七〇）の頃まで清見長者なる在地の有力者が存在していたことがわかるが、

その後の動向は不明のままである。なお近代になって明治の元勲の一人井上馨が小糠山あたりに別荘を構え長者荘と命名している。その後、小糠山は削平され現在は井上馨侯記念庭園となり静岡市埋蔵文化財センターが設けられている。

縁起と文学に見える興津

この長者の存在を示す有力資料がある。それは近くの清水区茂畑《もばた》にある一渓寺に伝わる鰐口で、長者の寄進になるものといわれている。この鰐口の銘文は正安四（一三〇二）年のものであり、清見長者と明記されているわけではないが、古くから清見長者の寄進と伝えられているものである。参考までに銘文を示しておく。

奉施入巌松寺観音御宝前打響一日
正安二二年壬寅卯月十八日　大勧進僧行也

（『静岡県史　資料編5中世一』一五二八号）

なお一渓寺は、臨済寺末で『駿河志料』には、観音堂の「本尊は浄見長者護身仏なりと云」と記されている。同寺に伝わる縁起（「茂畑飯辻観音菩薩縁起」）は、後世の延宝五（一六七七）年のものを元治二（一八六五）年に書写したとされるが、それには、おおむね次のような話が記されている。

本尊の十一面観音像は当国領主浄（清）見長者家代々の守り本尊であったが、長者の家が滅亡した際にここに飛び移ってきた。そして長者の息子が観音を慕って移り住み、後に出家して「行也」といった。正安二（四）年銘の鰐口寄進者である。その後、延宝年間に観音像は火事に遭って焼け爛れたが、ある僧の夢に現れて再興してほしいと告げた。そこで都の仏師に頼んで作ったのがこの像である。

史料に挙げた銘文のある鰐口の寄進者が浄見長者の息子であるというのは、他に根拠となる資料がないので何とも言えないが、同年四月八日に日蓮宗の日興上人が「駿河国由比大五郎入道二男」に与えた本尊（曼荼羅）が伊豆市柳瀬の実成寺にある。(11) この由比大五郎は清見長者の係累であろうか。全体の脈絡はたどれないものの少なくとも伝承の上ではこの一渓寺観音像と浄見長者の家とが深い関わりを有していることになり、浄見長者がかなり長期にわたってこの地域に君臨していたであろうことを窺わせる。

なお先の『駿河志料』で触れていた謡曲「三井寺」は、我が子をさらわれた母が狂乱状態となって各地を尋ね回り、近江国の三井寺の鐘を撞かせてもらった時、僧に従っていた少年が、女の郷里が駿河国清見関であることを知り「われは駿河清見が関の者なりしが、人商人《ひとあきびと》の手に渡り、今この寺に有りながら、母上我を尋給ひて、かく様に狂出給うふとは、夢にもわれは知らぬなり(12)」と母子の再会を果たすという筋である。清見関は天下に知られた要衝であるとともに、『万葉集』に歌われる田子浦がその眼下に広がる景勝地でもある。峠の西側は鎌倉時代からの有力者、興津氏の本貫の地でもあった。

宿と長者

この縁起には、下野の五万長者、足柄の四万長者と、それぞれ巨富を積んだイメージを有する長者が登場する。このうち足柄の四万長者については次のような伝説がある。(13) 足柄山の中腹にあたる神奈川県南足柄市地蔵堂にある佐藤家（屋号中島）は「四万長者屋敷」といわれ、四万町歩の田畑を有した足柄兵太夫が住んだ所という。この兵太夫の娘八重桐が坂田蔵人に嫁して金時を生んだが、夫は乱行の末に死んでしまったと。

彼らは架空の人物であったかもしれないが、実際に東海道の宿においては、鎌倉時代以来、有力な長者が存在しており、たとえば、大仏殿焼討の罪を問われ鎌倉に護送された平重衡に尽くした千手の前は「手ごしの長者がむすめ」であった（『平家物語』巻第十「千手前」）。各宿の長者たちは、在地の有力者ではあるが、公的地位を確認されていたわけではないので、公文書などにもその存在が残りにくいのであろう。

ここで注目したいことは、姫と父の判官とが旅を続ける中で、長者の正体を知らないままその門前に立つことによって中に招じ入れられること、物語の中心にいる主天その人も、のちには足洗付近の有力者として早朝に門前の光景を眺めているのである。これは現実の宿の長者の姿そのものである。あたかも古代の天皇の国見のように、宿の長者がその一帯を自らの管理下に置いていることを表すとともに、こうした物語を語る漂泊者に宿を貸し、語り物を聞く機会を作っていたことを想像させる。主人公の旅は、その物語を語り聞かせる漂泊の芸人自身の旅のイメージでもあったのだろう。

〈付記〉

筆者は静岡県史編さん事業の過程で北沢家の御厚意によって同書の全文を翻刻し『静岡浅間神社界隈の民俗』（静岡県史民俗調査報告書第二十集）に若干の考察と共に掲載した。本章はその解説を改訂したものである。

〈注〉

1　『静岡市史　近代史料』一九六九年、一四九頁

2　「宝永年中ゟ年代記」（小西家旧蔵文書）『静岡市史　近世史料三』所収

3　近藤喜博編『神道集』角川書店、一九五九年、一九一頁

4　（注3）四三二頁

5　菊池邦彦「木花開耶姫と民家の間取り」『富士吉田市歴史民俗博物館研究紀要　第2集』二〇一九年
6　有川美亀男「浅間明神の縁起文学」『群馬大学紀要人文科学篇　第六巻』所収、一九五七年
7　松本隆信「中世における本地物の研究〔五〕」『斯道文庫論集』第十六集所収
8　『静岡県史　資料編7中世三』一五一五号（『駿河志料』から採録という）
9　川口円子「木之花開耶姫と一夜酒」『静岡浅間神社の稚児舞と廿日会祭』静岡新聞社、二〇一七年、七七頁
10　松田香代子「富士山の一夜酒」『静岡県民俗学会報』一九二号、二〇二四年九月
11　『静岡県史　資料編5中世二』一五二七号
12　『謡曲百番』新日本古典文学大系57、岩波書店、一九九八年、四八八頁
13　川口謙二「姥ケ石伝説が語る女人結界」『歴史読本』一九九二年五月号所収

〈史料翻刻〉

文政三年
駿府浅間御本地
辰五月　写之

浅間記

昔《むか》し花《はな》の都《みやこ》に源《みなもとの》兼蔵人《けんくらんと》殿《どの》と申人おわします、御年廿三歳《おんとしにぢうさんさい》ニならせたまひける、御姿人《すかたひと》に勝《すく》れ詩歌《しいか》くわんけんの道《みち》に長《ちやう》し情《なさけ》も人ニ勝れ、高き《たかき》も賤《いや》しきも恋《こひ》しとふ事限《かき》りなし、有《ある》御方聟《かたむこ》にこひしとふといへとも更《さら》に靡《なひき》なし、か丶りける所《ところ》に折節下野《おりふししもつけ》の国《くに》より御登《のぼり》り有《あり》ける人御物語《ものかた》り有《あり》けるハ、下野《しもつけ》の国《くに》にこそ五万長者《ごまんちうじや》と申人おわしますが、一人りの娘《むすめ》をもちたもふ、此姫君姿《このひめきみすかた》形人《ひと》ニすぐれ和歌《わか》のミちハ申に不及《およわす》、吹《ふく》かせに琵琶琴《びわこと》の音《ね》をあわせ、朝夕法華経《ちようせきほけきやう》を読誦《どくじゆ》したもふ、やさしき事ハ本朝《ほんちう》ニも又有べきとハ思わざるよし物語有《ものかたりあり》しかバ、主天聞《しゆてんきこ》こしめし見ぬ恋《こひ》にあこがれさせたまひ、余《あま》り思ひのせんかたなさに仏神《ふつじん》に祈誓《きせい》をかけさせ玉ひけるやうハ、仰《あおき》き願《ねがハ》くハ下野国五万長者《しもつけのくにごまんちようじや》ひとり姫《ひめ》を自《ミつか》らに御ひき逢《あわ》せたびたまえ、もしかのふましきものならハ命《いのち》を召《めさ》れ候へと、深《ふか》く祈誓をかけ玉ふ、誠《まこと》ニ仏神《ふつじん》も御納受《ごじゆのふ》（ママ）ましましけん、下野《しもつけ》の国駿河《くにするが》の国《くに》の国主《こくしゆ》を仰付られ、御《おん》名《な》を下野守《しもおさかミ》と申奉《もうしたてまつ》るなり、有《あり》かたき次第《しだい》也、蔵人殿《くらんとどの》仰《おふせ》けるる（ママ）ハ、願《ねか》ひなれハ下野《しもつけ》へくだらばやとのたまひて、都《ミやこ》ハまた夜《よ》をこめて出《いづ》る身の、いつしか君に逢坂《おふさか》のせきをハ何《なに》と志賀《しが》の浦波《うらなみ》も日《ひ》かすも立《たち》ぬれハ、我身《わかみ》の尾張《おわり》なごやらん爰《こゝ》ハ何処《いつこ》とたづぬれハ、三河《ミかわ》の国八橋《くにやつはし》の蜘手《くもで》にものを思ふとや、兼《かね》て聞《きゝ》しもこれならんと打詠《うちなが》め下《くだ》らせたまひけるほどに、都《みやこ》はいとゞ遠江《とお〱み》さよの中山打過《うちすき》て、すえは何所《いつこ》ぞ菊川《きくかわ》の里を通《とふ》れハ音《おと》に聞く駿河《するが》の国にそ着《つき》たもふ、雲《くも》の足柄夜《あしからよ》をこめて明《あけ》てぞミゆる箱根山《はこねさん》、相模《さがみ》の国を打過《うちすき》て遠《とふ》く成行武蔵野《なりゆくむさしの》や、くさ踏《ふみ》（ママ）わけて程《ほど》もなくはや下野着《しもふさつき》（ママ）たもふ、扨国《さてくに》の掟《おきて》も彼姫《かのひめ》ぎみをたづねんと御供《とも》の人々と御談合《ごだんかふ》有けれハ、餘《あま》りにあわたゞしう御座《さ》候ほどに先玉《まつたま》づさを遣《つかわ》され、其うへ御心ニ任《まか》せにもやと申上《あぐ》れハ、主天《しゆてん》実《げ》にもと思し召、都《みやこ》より

兼蔵人《けんくらんど》と言者《いふもの》の来り候とて言《いふ》ハなして

　聞《キヽ》そめしひとり心のかよふかな

　　人にハきかし美《ミ》をまいりつゝ

とかよふに遊《あそ》ハし遣《つかわ》しけれハ、長者《ちやふじや》はいけんし御返事《へんじ》ハ有《ある》とてやがて仕出《しゆつし》申されけり、主天《しゆてん》御らんじて世《よ》になつかしけ成御ふぜひニて仰《おふせ》けるやうハ、都《ミやこ》よりはる〳〵とこれ迠参ル事別《ことべつ》（ママ）の子細《しさい》候わつ、そなたに姫《ひめ》きみましますよし聞《きゝ》およひ、とひ申さん、其為《そのため》に来《きた》りて候なり、子細《しさい》あるま（き欠カ）しものならハ姫きみの渡《わた》り所《ところ》へ参《まい》り候わん、いかゞと有けれハ、長者承《うけ》（ママ）り身に餘《あま》りたるおふせニて御座候、乍去《さりながら》八月七日過て御入ましませ、故《ゆへ》いかにと申上るに、先国《まつくに》の御物定《おんものさた》め有べし、又御座所《こさしよ》をもこしらへ申べしと申されけれハ、主天《しゆてん》実《げ》に尤《もつとも》と思し召、其儀《そのぎ》なれハまつ〳〵御帰りましませと有しかハ、長者ハ我家へかへり女房に右のよしをかたらせ玉へハ、北の方ハ斜《なのめ》ならず思し召、姫きみに介錯《かひしやく》人を相添《あいそへ》、いよ〳〵いつきかしつきける、既に其日に近くなりしかハ、湯殿をたてゆをひかせ申さん迠、母うへ湯《ゆ》とのへ入らせたまひて、こなたへこなたへと有しかとも姫君御いでもなし、母うへ大きに怒《いか》りたまひて湯どのより上らせたまひ、姫きみにあふせけるハ、御身のためなれハ長者数のたからをつくし、番匠《ばんじやう》をすへ御座処をたて、垣《かき》に金華《きんくわ》かけ戸にハ水晶《すいしよふ》をつらね錦のしとねを敷、極楽浄土もかくやあらんとこしらへ、山海の珍物に国土の菓子を調へ、御座所を構へ、主天を申入へき迠、心を尽し申さるゝかひもなく、何とて湯との入たまわぬぞとて、かなたこなたと隠れさせたまへども、母うへ自ら姫君の手をとり、ゆどのへ入らせたまへども湯かたびらをもぬかせたまわず、はずかしげなるぶぜひニて片すみに打そばミておわします、母うえ仰あるよふハ、主天をおかたへ入申ものならハ逼逅《たまさか》に逢見ん事も候まじ、こなたへよらせたまひて湯おもよくひかせ給へ、物かたりをもしたまへとて御手を取り引よせ見たまへハ、例ならずおもやせ候額《ひたひ》のかみもそゝけ古しへの御姿ましまさず、母うえ不思儀《ふしぎ》に思し召、つく〳〵と御覧あれハ、胸打青ミ乳のくひくろ〳〵と見へさせ給ふ、只懐人《（ママ）》の御姿なりし、母うえ御覧じ、こわいかにぞと姫きみとハのたまわりて、急き湯とのよりあからせたまひて、長者に此よしを物語有けれハ、長者も母もあきれはて、泣より外の事そなし、暫らくありて長者仰けるやうハ、明後日ハかならす御いれ申べきと御約速《（ママ）》申せしなり、主天をいれ申ものならハいよ〳〵世も広く何かに付て達せづといふ事あるべからすと思ひしに、こわ夢かうつゝかいか成事そとて、泣より外の事ハなし、去なからかくてもいかゞ有へきなれハ、工《たくみ》いだせし事《こと》の候、只今主天へ参り申べきやうハ、今《こ》宵《よひ》変化《へんげ》のものに姫か命をとられ候ゆへ煙りと成候迚、高き所ニ千草三だん高さ一丈にわた《（ママ）》を積、このしろといふ魚をつみ火を付、姫をハ煙りとなり候と申べしとて、急き主天へ参り此よしかくと申上れハ、主天誠と思し召、聞もあへさせたまわず、夫ハまことか悲しやと深く歎かせたまへける、すこし御心を取直しのたまひけるやうハ、今迄ハ仏神ニ頼ミをかけ申せしも別の子細ニあらす、只彼姫ニ逢ふべしとのきせひなりしに、其かひもなく扨ハ空しく成給ふかとて打刈《（臥カ）》歎かせたまひける、長者ハ我家に帰り北の方にかくと語り、一首かくなん

　　鳥部野ゝ煙りともなれたのみつる
　　　我このしろにつなしやくらん

とかく詠したまひて、姫をハ何となすべし迚、長者夫婦思ひニしすむ斗り也、かくて主天ハ姫君の煙りを御覧じ

て今一度ほのをなりとも見参らせんと思し召、一首をそ遊ハしける

　　あのミゆる空の煙りと立つぬる
　　　なにをしるべに我はたつねん
　　あのミゆる谷峯ことにたづね逢
　　　あわすハ恋に身をや投なん
　　思ひきやきみをこいしの草枕
　　　むすばてつゐにわかるべしとハ

とかく詠《ゑい》じ又絹《またきぬ》ひきかつぎ臥給ふ、去程に長者夫婦心に思ひけるやうハ、かくばかり事ハ申候得とも、今の世の中と申ハ壁に耳いわのものいふ世のならい、いかて姫を其侭置へきぞとて、年月姫きみニ召遣ひし女房たちニ遣ひを立る、姫の方へハいか成者の通ひけるぞ、真直に申へし、少しも偽りものならハ恥を当へて考つ《（ママ）》してとふべし迚、日のうちに七度迄使立、されともとかふのたまわさりしが、女房の申されしは、御内の判官太夫とのよりほか余の人御見舞もなしと申けれハ、扨は疑ひ処なし、姫きみと判官殿を行方知らす追失わんとて、せんだんといふ馬におなしくせんだんの鞍を置、ひめ君の方へ遣わし、今日《こんにち》よりして親を持たと思ふなよ、子なりと我ま《（ママ）》し、此馬へ乗何方へ成共行べし、此国に有と聞ならハ命を取べしと怒りたもふ、母うえ独り姫の事なれハ御心のうちいか斗り、名残りおしく思し召けれ共、父のおふせ重けれハ教訓迄もなく、見も知らぬ里へ行ならハ形《かた》見《み》をも見よやとて八尺の掛け帯、五尺のかつら、唐の鏡、古金のはさみ、毛抜《けぬき》、かふかゐ、古金ほねにしろかね

(ほね)じの扇《あふぎ》、子金作りの十二の手箱、其外いろ〳〵の宝物とりそろへ送られけり、姫君此より御覧じて御悦ひハなくて、今迄ハさりとハ〳〵母うへを頼みニかけて思ひしに其かひもなく、形見をたまわる悲しさよと、こへもおしまず泣給ふ、女房たちも実にことわりや痛《いた》わしきよと、知るもしらぬも押《おし》なへて、皆々《みな〳〵》涙《なみだ》をなかしける、長者より仰ニハ、何速《なにとて》姫ハ遅きぞや、はや〳〵出て行たまへと、かさね〳〵の使立、姫きみハ此よし聞し召、此上は力《ちから》なし、今日《けふ》よりくわほふもつきはて親の勘当承《かんどふかふむ》りて何方へ行共命の有ならハまためぐりおふべしと、心の内に思し召、既に出《いで》んとし給ふか、扨いにしへ月見花見の遊《あそ》ひ事、かりそめの詣ふてニも輿屋車《こしやくるま》にこそ乗《のり》し身の、かく怖《おそ》ろしき馬にのり、いづくをたのみ行べしとて、りうていこがれ泣《なき》給ふ、母うえも長者をはしめ御前の女房たち、あやしの下部に至るまて、ミる〳〵涙をそなかしける、名残おしとも中か〳〵申はかりハなし、姫君餘りの思ひニや、いろ〳〵の形見もさし置て一首かくなん

今よりハ誰《たれ》かハ我《われ》を憐《あわれ》まん
は丶その森《もり》にはなハちり行《ゆく》

とかく詠して判官殿に馬の口を引せて行、わかれ給ふが猶も名残おしくや思しめし

おもひきやおなし浮世にありなから
かく立わかれ迷《まよ》ふべしとハ

とかく詠し給ふしか折節《おりふし》、庭の籬《まかき》ニいろ〳〵の花の咲ミたれしを御らんじて一しゆかくなん

いろ〳〵のはなハ盛りににほへとも

我いかなれハさきに散らん

とかく詠して馬にまかせて行程に、武蔵国川越といふ所ニつき給ふ、姫君《ひめきみ》おふせけるやうハ、れいならすと心の覚《おぼ》ゆるそや、こわいか成身とハなりなん浅《あさま》ましやと、おふせもあへす御産《ごさん》のひぼを解《とき》給ふ、姫きみおふせけるやうハ、いとゞ悲《あは》れに聞《きこ》へける、我父母《われちゝはゝ》の所ニてかよふの身とも成ならバ乳人《めのと》かゐしやくにんいくらも多く有へきに、掛ル野はらの住家もなき所ニて此有さまニなりはてゝ、虎狼野干《ころうやかん》のゑにもなりなん、浅増《あさまし》きよとてしばしきえいり泣給ふ、せめて口を洗《すゝ》ばやとのたまへハ、たゆふどの聞あへず水をたづねさせ給ふ、本より水なき武さし野にて、水をもとめ行かへり四日と申に漸くもとの所ニかへり給ふ、これハ扨置不思議《ふしぎ》成子細有、誠ニ仏神の御引合せにて有けん、彼主天都へ登り給《たま》ふが、武さし野を行んと宣ひて彼川ごへの原を御通り有に、いかにも眉《ミ》目形《めかたち》美敷女房の薄の中に只一人りおわします、主天御覧じておふせけるやうハ、我はる〳〵都より吾妻へ下る事、我ニ似合しきつまをたつねん心さしなりしそかし、幸ひの事なりとて我輿ニ打乗て駿河をさして登らせ給ふ、姫きみ其とき産給ふ、未た血にくるまる赤子の姫にたひしての給ふよふは、もし汝か父判官殿来りて汝をそだてんと思わゝ、末《すへ》の形身ともミよかしとて、唐鏡を半分に割てそのうらニ一首の哥を書つけ給ふ

たらちねの父とひとつにそなわりて
　たまの女にくらい増《まさ》れよ

と詠して姫をふくさなるものに包ミ、すゝきのうへに置給ひて登らせたもふなり、かくて判官殿ハ四日と申に水を持来り本の所を見給へハ、姫君ハましまさす、扨《さて》ハ虎狼野干《ころうやくわん》のゑにもならせ給ふか物受《ものうく》やと、心しつかにあ

たりを御覧すれハ、人の足跡多く有、さてハいか成人ニもぐそくせられてましますやと、猶も委敷見給へハ、薄《すゝき》のうえにふくさなるものに包み、かの姫をおしまどひ置たもう、又唐の鏡を二つに割て其うらニ一首の歌あり、扨ハこの姫をいかやうにもなしたらハ逢んとのおふせかやとて、いとゝ涙を流し姫きみを男の身としてふくさなから懐にいれ参られ、西をさしてそ急かせ給ふが、相模の国足柄と申所に四万長者と申人おわしますか、判官殿彼長者の門にたたすみ給ふ、長者此より見給ひて急き内ニいり、北の方に此よしかくと語らせ給へハ、北のかた斜《なゝめ》ならすに思し召、判官殿を請し申、長者宣《のたま》ひけるやうハ、我等ケ様ニ長者の名をハ得たれとも、過去《くわこ》の宿縁《しゆくゑん》つたなきにや子といふものを持ず、さやうに親もなき人ならハ我等夫婦ニたまはれじ、養ひ申度よしのたまへハ、判官殿聞し召、安き程の御事迚、姫きみを渡し給ふ、夫婦の者悦ひて御乳や乳母をあひそへて、いつきかしづきたまひける、月日に関る有きれハ、はや十三ニそ成給ふ、彼姫きみ便にやさしき事たとえていわんかたもなし、琶琴に至る迄並ひのふにそ聞へける、月日の立にしたかひて御姿の美しくいたわしや、判官殿姫君を御覧するに、いと昔かしのなつかしく御台所の御姿少しも忘《わす》るゝひまもなく、明くれ恋しく思し召、有とき太夫との長者夫婦に近つきて、今迄は姫を養育候により罷在候得とも、今ハはやひめも十三に成れハ世の中に思ひおく事もなし、いか成寺へも参り髪をそり、西国執（ママ）行に罷出、たつとひ所をも拝し親の菩提をもとわはやとおふせける、姫君ハ聞しめし、恨《うら》めしや父うえ、我等おハ打捨いづくへ行せ給ふぞや、判官殿におくれてハ一日片時も命なからへ有へからず、いか成渕瀬へも身を投、むなしく成けんと命もおしからじ、我をも連行給へと臥しつゝ、泣給ふハ、実にことわりとこそ聞へける、長者夫婦ハつく〴〵と見給ひて涙にむせびて宣ひけるハ、扨も痛《いた》わしのしだひかな、我ニ留め申とも判官殿の御跡ニて泣悲しみ給ふ其有さま、中かなか懶かるべし、此年月姫を月ニもなそらへ花ニもよそへて荒き風ニも当《あて》しとこそ養育《そだて》つれとも、判官殿ニハ参《まへ》る何方《いつかた》へ成とも御連行《つれゆき》候へと、道《みち》の程の用意迄ねんころに営て、判官殿は立にけり、長者夫婦餘りの名残《なごり》りおしさにや、一首《いつしゅ》をそきこへける

　　そたてつる我《われ》をハ思ひ捨《すて》るとも
　　　逢《あわ》ずハたつねかへり見たまへ

と詠したまへて、あまり名残惜く臥しづミなきたまふ、姫きみも御涙せきあへづ、母うえ様御形身唐の鏡を御らんじて一首かくなん

　　たらちねの父とひとつにそなわりて
　　　おきけん人のあとそこひしき

と詠し給ひ、鏡のそばに書付て急がせたまひけるほとに、駿河の国車帰しふじ川田子の浦、名所〳〵打なかめさせ給ひ、程なく清見が関の邪見長者の門に着給ふ、折節長者門外に立出て四方を詠め居りしか、姫きみ判官殿を見まいらせ、此かたへ入せ給へとて内に請じ、いろ〳〵にもてなし、姫君の美しくゆふニやさしきを見奉り、判官殿に姫きみをほしきよしいろ〳〵申けれとも、思ひもよらぬよしにて言きり給へハ、邪見長者はらをたち、判官殿をたばかりいだし御首をきりと（ママ）、有処にかくし置、さらぬていニていたりける、痛《いた》わしやひめきみハ、此よしゆめにも知らずおハしますが、ふしぎや何とやらんむねうちさわぎ、心ほそく覚へ候迚、かなたこなたとたつね給ふニ、有所に父うへの御首を切て置しにたつねあひ、これハ夢《ゆめ》か現《うつゝ》か情《なさけ》なの人のしわざや、父うへの

ふ行《ゆか》て叶わぬ道ならハ我をもつれ行たまへ、姫をハたれやの人に預けおき、かくハ成せ給ふぞ、しらぬ国をめくるにも父うへを頼みてこそ、今迄ハ命もながらへ、うらめしの世の中や情《なさけ》なの人の心やと、いきたる人に物をの給ふよふに父の御首にいだきづき、りう帝《てい》こかれ泣給ふ、ふしきや父の首宣ひけるやうハ、これ成ハ姫にてましますか、邪見の者の手に掛り此有さまを見せ申事のかなしさよ、ひめもこれにましまさハ終にハうきめに逢給ふべし、我死かひのひだりの脇に母の形身の鏡の有べし、これをとりて西をさして逊給へ、縦命はあらづとも彰《(ママ)》身に付添ひ守り申べしと言捨て

照《てり》ひかるたまの姿に有しかと
　あたのものゆへひとり臥かな

と詠し給ひてとく〳〵西をさして逊給ふが、姫君も取あへず

教せしけふハ行ともかへり見ん
　は丶のかたみを請てたのまん

と詠し、涙とともに父のおしへにまかせて西をさしていそかせ給ふ、去程に駿河国府中下足洗ひといふ処にて、夜ハほの〳〵と明渡る、折節主天ハ朝早天の事なるに、御手水も召らず門外ニ立出、四方を詠めおわしますか、姫きみは夜もすから露に打れ世に浅ましき成風情ニて通らせ給ふを御覧じて、急き内へいり北の方にケ様〳〵と語らせたまへば、北の方聞しめし夫めせとて下女をいだし、呼かへし給へける、姫君ハいか成る事ニ候とて急き内《うち》ニ入給ひ、いか成御用ニて自《みづ》からを召かへせらる丶やと仰あれハ、北《きた》の方《かた》聞し召、別《べつ》の子細ニてましまさづ、

御身《おんミ》ハいまた年もゆかで夜《よ》もすから何方《いつかた》より通《とふ》らせ給ふや、痛《いた》わしさよと、いか成人のゆかりなるそ、包《つゝ》まづ名のりたまへと仰出させ給ふニも、武蔵野にてうみ落せし姫が命も存《ながらへ》有《ある》ならハ、はや有程に成給んと、御涙に咽《むせ》はせたまひける、其時姫きみ宣ひけるハ、我母ハ下野の国五万長者と申人のひとり娘ニて候しが、いか成事かおハしけん、下野《しもつけ》の国出《くにをいで》、武さし野ニて我身を産、ふくさ成物ニ包、唐の鏡を二ツに割、裏に一首の哥を書つけ捨置給ふ、父の判官殿男の身として懐に入れ給ひ、相模国足柄の里四万の長者の門前ニ立せ給ふ折節、長者此有様を御覧して北の方にかくと語らせ給へハ、御台所斜めに思し召、父うへを呼入給ひ、長者夫婦宣ひける、我々ケ様ニ長じやの名をハ得たれとも、今にひとりも子を持《もた》ず、さよふニ親もなき人ならハ我々《われ〳〵》にたまわれかしと宣《のたま》ひハ、判官殿《はんくわんとの》安《やす》き事なりとて、自《ミづ》からを長者《ちうしや》へまいらせたる、長者夫婦《ふうふ》悦ひ給《た》ひ、御乳《おんちゝ》やめのとをあひ添て十三迄《まて》育て給ふ、誠《まこと》ニありかたき恩《おん》ならづや、夫《それ》につけても父《ちゝ》うへ、いつ迄こゝに有へきそ、姫《ひめ》ハ盛人《せいしん》するなり、今よりハ心にかゝる事もなし、貴《たつとき》き御寺《ミ》へ参り髪《かミ》をおろし出家《しゆけ》して西国《さいこく》の方へ行、たつとき所《ところ》おも拝ミ親の菩提おもともらいばやと宣《のたま》ひ、長者ニ暇《いとま》こひし給ふ、ミつから餘《あま》り名残《なごり》をおしミふししつミ嘆きかなしむを、長者夫婦かんじ給ひ、涙《なミた》を流しのたまひけるハ、姫《ひめを》を留置《とゝめおく》ものならハ中々嘆き悲しむ有《あり》さまを見《ミ》るももうかるへし、此うえハちからなし、姫をもつれて行給へと、道《ミち》の程の用意《よふい》迄年頃に営給へ候ほとに、父諸ともに打連れて清見《きよミ》か関の邪見《しやけん》の長じやと申ものゝ所に宿をかり候へハ、親子なからを三日迄留置《とめおき》、其うへ自《ミつ》からを所望《しよもう》のよし判官殿へ宣《のたま》へハ、中々叶《かの》ふましきよし言きり給へハ、長者立腹《ちよふじやりつふく》して父《ちゝ》うへの首《くひ》を切《きり》て隠《かく》し置《おき》しに尋《たづね》あひて、父の死骸《しがい》に抱《いたき》きつき歎《なげ》きけれハ、父《ちゝ》の御首《おんくひ》宣《のたま》ひけるハ、是《これ》成ハ姫成《ひめなり》りや、此有様《このありさま》を見する事《こと》の悲《かな》しさよ、姫《ひめ》もこれに有成ハかならすうき目に逢《あふ》べきなり、母《はゝ》の形身《かたみ》ひだりの脇《わき》に有《ある》、これをとりて西《にし》をさして迯《にけ》給へ、死したりともかけ身にそうて守らんとのたまひしにより、よもすから是迄参り候とて、唐《から》の鏡《かゝみ》を母うえの御目にかけ臥《ふし》しつミ泣《なき》給ふ、御前《おんまへ》なりし女房《によふほふ》たち主天《しゆてん》も涙《なみた》を流さるゝ、北の方ハ我子《わかこ》にうたかふ所《ところ》なし、痛《いたわ》しや判官《はんくわん》の最後《さいこ》にミづからをさこそ恋《こひ》しく思すらん、是ハ夢かうつゝかいか成むくひにてかくハ成果ぬらんと、姫きみニ抱つき給うてハこかれ泣給ふ、実にことわりとそ聞へける、主天御覧してよく〳〵歎きてかひあらん、有かたき判官殿の御心かな、これを吊らハさらんとて姫君ハやかて髪をおろし給ひ、北の方主天諸共に判官の御跡を吊らハんとて九十九躰の仏を作りたて、清見か関へ御こしあつて、判官殿の御骨をひろひ、六万九千三百四躰の金仏を造立、八万四千本のそとばを立給ふ、千僧万そふの御吊らひもあきたらずや思しけん、自から十二万部の法華経をあそハし、供養善根中々申ばかりなし、元より弥陁《ミだ》の御誓願《こせいくわん》法華経《ほけきよふ》のくりきゆへ、忽《たちまち》成仏《しやうぶつ》し給へとも、判官殿《はんくわんとの》心に思し召やうハ、我《われ》ひとり仏《ほとけ》に成らんよりハ神《かミ》をげんじて一類《いちるい》けんぞく神と拝《おが》ませんと思し召、末世のしゆじやう守らんもの御誓《ちかひ》にて毎年《まいねん》三月三日御祭り有、主天ハ惣社《そうしや》の守《かミ》とあらわれ給ふ、北の方ハ浅間大菩薩《せんけんたいぼさつ》と拝《おが》ませ給ふ、毎年《まいねん》四月初申に九月十五日十一月初申《はつさる》一年に三度ッゝの御祭《まつり》り有《ある》、去程《さるほど》に姫君《ひめきみ》ハ山宮《ミや》の神と顕れさせ給ふ、姫君《ひめきみ》を十三迄育《まてそだて》給ふ四万長者《しまんちよふしや》をハ三保《ミほ》に千本の松《まつ》を植《うへ》て五社大明神《こしやたいみやうじん》と成給ふ、程なく清見か関《せき》の邪見《しやけん》の長者《てふじや》を退治《たいじ》なされ、三保のまつの有らん限《かき》りハ彼屋敷《かのやしき》に人《ひと》を置《おく》まじとの御誓なり、去程に人ハ慈悲をすべき事なり、扨又下野国長者夫婦御こし給つて御乳《ち》や乳母《うば》ニいたる迄富士のすそのゝ宮と拝れさせ給ふ、扨又大菩薩の仰ニハ、我親の元を出し時せんだんといふあし毛《げ》の馬にせんだんの鞍《くら》を置乗程《おきのるほど》に末代も神馬ニハあし毛《げ》を引《ひく》へきなりとの御誓《ちかひ》なり、ケ様《かよふ》ニ神とならせ給ふことも判官太夫殿ゆへなり、主天姫君も若きときより仏神を敬《うやま》ひ心信深くし給ひしゆへ、母うえニもめぐりあひ神ニも成せ給ふなり、主天の召遣し八人の臣下八王子と成給ふ、十三人の女房達ハ十三の姫宮と成給ふ、思ひ〳〵ニ神と成らせたまひて我氏子〳〵を守らせ給わんとの御誓なり、駿河の国にあとをたれ、親孝行ニして夫婦思ひいれたらん輩ハ、一しを守らんとの御誓なり、去程に我を読まん人は一月ニ三度ッ、読べし、読ぬ人ハ人によませても月ニ一度ハ聴門《ちよふもん》すべし、一たび聴門《ちよふもん》のともからハ七度のせんせうにあたる也、これゆめ〳〵疑《うたかふ》べからす、もしすこしも疑ふものならハ今生《こん》ニ而ハ思ふ事違ひ叶ず、来世に至りてハならくの底《そこ》に落べし、御日待月待ニも先此本地を読せて聴聞申すべし、世の諷舞ハ是を聴聞申てのうへなり、此本地聴聞申、ふかく心信の輩をハ二世安楽ニ守らんと御誓なり、千早振神の御本地、如斯幸イ、写之謹

（裏表紙）
利倉屋

（北沢福雄家所蔵）

第六章　駿府城下町の暮らし

はじめに

武士と町人が混住する城下町

寛永元（一六二四）年、駿河・遠江両国五五万石を領し駿府城主となった徳川忠長は同八年に改易されて甲府に蟄居ののち上州高崎に移され同十年に同地で自刃した。忠長の改易以後、駿府城の維持・警備は江戸から派遣される城代の役となり、城郭内には定番、郭外には市中警備のため一加番（一加番のみ大名の役）と二加番が配され、のち三加番が追加された。殿様不在つまり「藩政が存在しない城下町」は駿府町奉行の管轄下に置かれ、周辺の天領支配には駿府代官が充てられた。赴任してくる城代、定番、加番、町奉行、代官らは一加番を除いていずれも旗本の役職で、任期は一年から数年である。要職にある武家は任期中のみ家臣と共に駿府に住んだが、任期終了とともに江戸に戻った。ただし町奉行は「妻子引越しの常役」といい、江戸には、たとえば長男を残し家族ぐるみで引っ越してきた。下級武士の屋敷地は駿府城を取り囲むように配置され、与力や同心は草深町、鷹匠町などに住宅があてがわれた。市政に直接関わる町奉行配下の与力（八人）と同心（六〇人）は世襲であり彼らも駿府に住んだ。九六ヶ町の一つ、屋形町には町奉行組与力の居宅があり、そのうち大森氏の宅地に数百年を経た銀杏の大樹があったので、銀杏小路とも呼ばれた。同心が一般町人と共に暮らしていた町は、駿府九六ヶ町のうちの三二ヶ町に及んだとされる。武家と町人が混住することになったきっかけは、慶安四（一六五一）年に起きた由井正雪の慶安事件で、三加番新設の契機にもなった。

城下町の行政は町奉行配下の与力のもとに、それぞれの役職に応じて数人の同心が担当した。たとえば、盗賊方四人、水道方二人[1]、牢屋方二人、宿場方四人などである。駿府城下町最大の祭礼である浅間神社廿日会祭に際

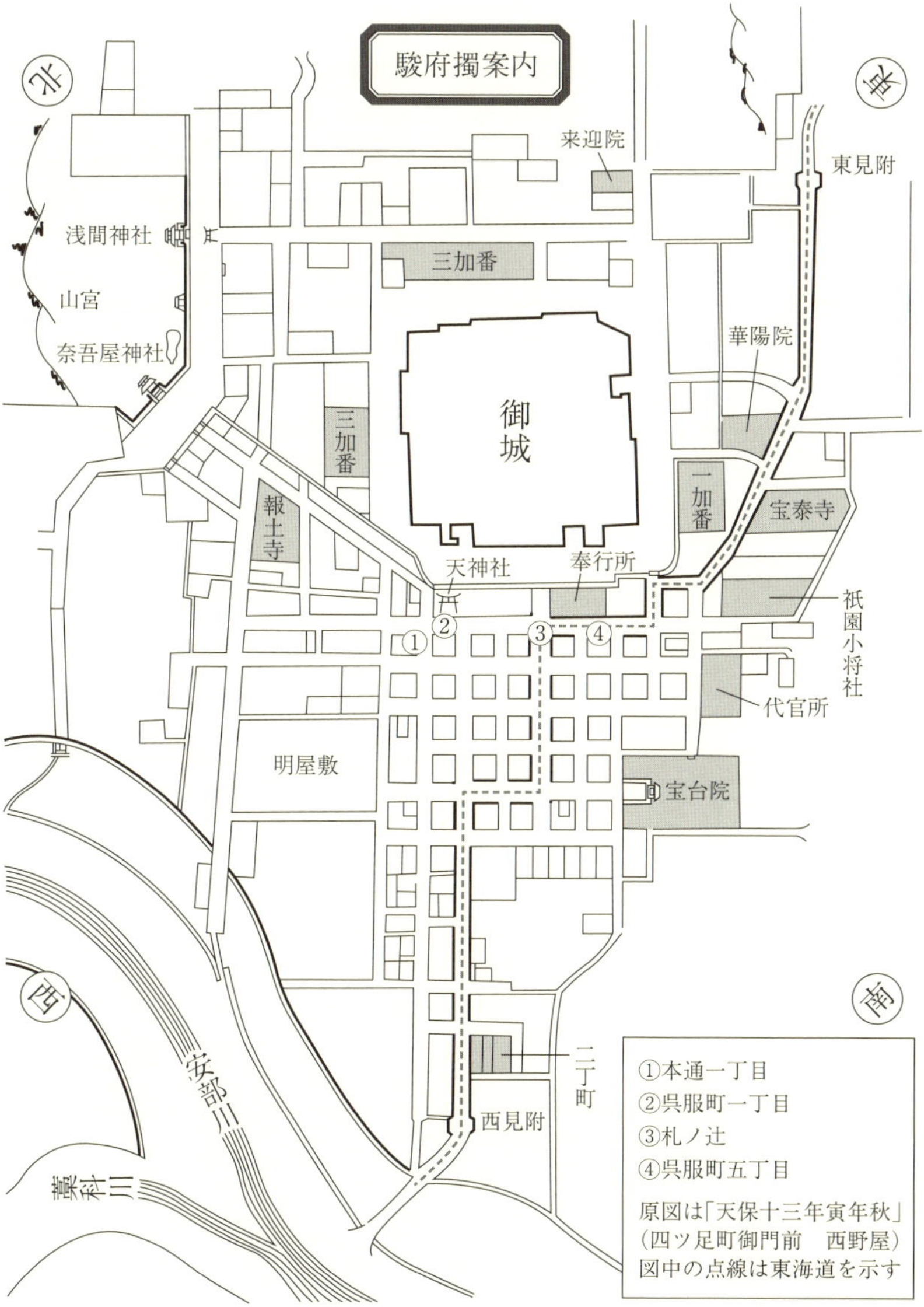

図６－１　天保期の駿府城下町
出典：天保十三年「駿府独案内」(旧版『静岡市史　第４巻』付図)

写真６－１　新庄道雄碑（静岡市紺屋町の小梳神社境内）
平田篤胤撰文　屋代弘賢書　2024.7

しては「踟《ねり》」の出し物や行列の経路などについて担当同心の指示を仰ぐ必要があった。これについては町方の記録である「万留帳」を分析した増田亜矢乃の労作がある。(2)

町人たちは奉行所の指示を仰ぎながら、交代で務める年行事を中心に自治的な町政を行った。年行事は、駿府九六ヶ町のうち伝統的に諸役を課せられたりしている町を除外した六二町が二～五の町内で一組となり、ほぼ六〇日ごとに交代で当たる役で、かつて有力者が担当した町年寄に代わるシステムである。その多岐にわたる職務内容については若尾俊平の詳細な分析がある。(3) 町人の集会は城下町の中心に位置する雷電寺で行われ、同寺には行政に関する記録類（万留帳）が大切に保管され近世の町人生活を知る上で重要な史料になっている。(4)

駿府城下町の経済と学問

大名がいない駿府城下町は経済面でも文化面でも上からの指導による活性化策は望めなかった。普通の大名領であれば、藩の財政難から厳しい支配を受ける可能性がある反面、逆に藩主導の殖産興業策が見られただろうし、藩主や上級家臣、大商人を中心とする贅沢な消費文化も育っただろうが、その可能性はなかった。学芸の分野でも、高度の教育を施し、独自の思想を醸成するような藩校がなかった。特殊な条件として久能山東照宮や浅間神社の修築のための職人が定住していて、木工や漆芸の技術は維持され、のちに幕末以降の静岡漆器や木工品の生産につながった。

しかしこれが武士の矜持と言うか、駿府に赴任してくる幕臣たちの中には学識に優れた人物が多く、職務上とはいえ巡村の記録を残し、自ら地誌を編んだり神官や文化人と交流したりした者もいる。たとえばタイ国で活躍した山田長政が浅間神社に奉納した軍船絵馬は、将軍吉宗の命で江戸まで運ばれて披露されたことがあり、その後、駿府勤番の榊原氏によって模写され、それが江戸で曲亭馬琴や谷文晁らも参加していた好事家の集まりである耽奇会《たんきかい》で披露されている。『耽奇漫録』(5)には「宝暦年間、余ノ父香山長俊駿府戍勤ノ時神主神宮兵部ナルモノニ請ヒテ全形ヲ模」したもので、その後浅間神社焼失の時に原本も焼失したので天明三（一七八三）年、駿府在勤の時に浅間神社の希望によりこれを貸し出して新たに額を作ったと、出品者が説明している。学者として知られた山梨稲川のもとには駿府に赴任した武士が訪れて交流を深めている。

経済面でも学術面でも突出した面がない、いわば平準化された町ではあったが、東海道が町の中央を通っていたため、日本の東西を行き交う人や情報には日常的に接していた。駿府の富裕な商人たちにとって、学者や絵師、俳諧師、心学指導者などとの交流機会は少なくなかったし、街道をゆく朝鮮通信使、オランダ商館のカピタン一行、そして大名行列やお茶壷道中など、知的好奇心を刺激される機会も多かった。江戸に出て学問や剣術を学ぶこともできたし、江戸の師と書簡を交換して最新の教えを受けることもできた。

駿府の町人たちは、いわば自主的に学びの場を設けていたのである。俳諧の連ができ、貸本屋もにぎわった。国学者平田篤胤に入門（生前および死後）した者も多く、『駿河国新風土記』を編んだ新庄道雄は篤胤の愛弟子だった。書籍の貸し借りなども盛んであったらしく、好学の町人たちの文化サロンのような関係も生まれ、周辺の同好の士との交際も盛んだった。たとえば、富士大宮（富士宮市）の角田桜岳（一八一五〜七三）がつけていた詳細な日記(6)には、天保十五（一八四四）年六月七日から二十三日まで駿府本通桑名屋清左衛門宅に宿泊し市内各所で多くの人に会ったことが記されている。たとえば花野井有年と朝顔（当時変化朝顔が大流行していた）について語り合い種子をもらっている。桜岳が江川町の三階屋仁右衛門（新庄道雄）宅を訪問した時には、ちょうど「するか志」を清書していた。これは『駿河国新風土記』のことで、道雄が死んで未完成だった富士郡などの記述を桜岳が補うことになる。桜岳駿府滞在の半月間だけでも、駿府交流サロンの様子が浮かび上がってくる。

本章ではこれまでの城下町研究の蓄積の上に立って、駿府町人たちの日々の営みを具体的に見ていくことにする。

一　天神社記念祭をめぐる人間関係

呉服町一丁目と天神社

静岡市の中心街の中で最も古い町の一つである呉服町は、今川時代には本町と呼ばれていた。駿府の代表的商人であった友野家は「今川家時代には商人頭と云ひ、武田家時代には友野宗善連雀役御代官とあり、国初の御時（家康時代）より明暦年間に至り、町年寄」で、「松木・大黒屋と共に三年寄にて、長崎に命じられし」（『駿河志料』）と伝えられる。白糸とは生糸のことで、ポルトガル船を通じて長崎に運ばれてくる生糸は高級織物に欠かせない貴重品で、輸入・販売の権利は莫大な利益を生んだ。まさに呉服町の町名にふさわしい町であった。松木は呉服町の隣、両替町に広大な屋敷を持ち、伝説的な当主新左衛門は、江戸の紀伊国屋文左衛門と並び称されたという。

江戸時代の呉服町は駿府城下町の筆頭に位置するともいうべき町で、一丁目から六丁目まであり、友野家は北端に当たる一丁目にあった。この呉服町一丁目に鎮座し、本通一丁目と共通の氏神が天神社である（現在の鎮座地は中町と改称されている）。古くは川中島神社と称し、安倍川の分流がここを流れていた頃、その川中に鎮座したものと伝わる（『静岡市史　第四巻』）。おそらく人の目につく岩が水流の傍らにあり、そこに神（天神）が降臨すると考えられたことによるのであろう。『静岡県伝説昔話集』[7]には、この石は天神さんの形をしており、残っているのは頭であるが、それでも二間（三・六メートル）四方はある。その胴は呉服町一丁目に広くかかり、そこを天神さんの地所と呼ぶ、という話が載せられている。別名を四足の天神さんというのは、駿府城四足門の近くにあったからで、四足門脇の道は馬場町、宮ヶ崎の通りで、駿府浅間神社の門前に通じる。天神社の鎮座地はその意味でも古くからの駿府城下町の中心的な位置を占めていたと言えるだろう。

写真６－２　かつての天神社は静岡天満宮と改称（静岡市呉服町）
2024.5

　これだけ古い由緒がありながら、天神社の氏子範囲は呉服町一丁目（呉一）、本通一丁目（本一）、四足町で、実質的には呉一と本一が中心となっている。専任の神官はおらず、祭礼には駿府城下町でも由緒ある少将井（現在の小梳神社）の神官が拝礼に来る。別当は修験の水晶寺多宝院である。呉服町一丁目は近世から現代まで三〇戸内外しかないが、崇敬者は城下町一円に及んだという。本節では天神社の九五〇年祭執行という大きな行事を通じて、江戸時代末期における町内運営の一端や、神仏混淆の信仰の実態を考えてみたい[8]。

天神社開扉の準備

江戸時代も終わりに近づいた嘉永五（一八五二）年、天満宮の開扉九五〇年祭が催されることになった。これは全国一斉と言えるほどに各地の天満宮で行われたもので、たとえば江戸でも、二月十五日から亀戸天神、同二十五日から麹町平川天神、閏二月二十五日から小石川牛天神、また五月朔日からは三河国矢作里鏡立山玄明寺が、江戸回向院で矢作天神の出開帳をしたという[9]。

菅原道真が、藤原時平との政争に敗れ九州大宰府で空しく死んだのは、延喜三（九〇三）年のことである。天満宮の祭神は、この天神さんこと菅原道真であり、その死後ちょうど九五〇年が嘉永五年ということになる。ただし、全国にある天満宮は現在一万三千社といわれているが[10]、古くからの天神社は、元来菅原道真とは直接の関係はなかったとされる。つまり天神とは、文字どおり「天に坐す神」であって、自然現象を神格化したものであり、たとえば雨をもたらす雷などは、その具体的現れとされた。道真が天神様と言われるようになったのは、彼が死んで間もなく京都の御所に落雷があり、これこそ怨みをのんで死んだ道真の御霊である、と解せられるようになったからだが、これが契機となって漠然と天神様と呼ばれていた神社が、道真をその祭神に結び付けていくようになった。

呉服町一丁目では嘉永五年の五〇年前に九〇〇年祭を執行したが、今回の九五〇年祭に際しては、鳥居を銅巻きの立派なものにするほか、社殿を装飾して多くの参拝者を集めようと企画し、二月二十一日に町内全員の了承を得た。同二十三日には新通四丁目にある多宝院水晶寺という寺に日行事（毎日交代で町頭を補佐）が羽織着用で出向き開帳の挨拶をした。多宝院は、もと遠州の豪族天野氏の末裔である弥勒院・多宝院という山伏の兄弟が建てたものであると伝えられる（『駿河記』）。神仏混淆のこの時代、多宝院は天神社の別当として祭礼を主導していた。神社に上がる「散物」つまり賽銭はすべて多宝院に寄付してきたが、寛政六（一七九四）年には神社と多宝院とで折半し神社は修覆料として町内で預かる旨、協定している（「寛政六年三月丁内ケ条書」『静岡市史近世史料三』所収）。

閏二月朔日、社前と自町内のほか市中一〇ヶ所（宮ヶ崎町深江屋横・下魚町・材木町角・江川町四ツ角・安西五丁目・八幡町入り口・新通川越町出口・下横田町角・梅屋町四ツ角・横内町角）に開扉告知の建札計一二枚を

表6－1　呉服町一丁目の最寄町内

番号	町名	丁頭
1	四ツ足町	甚右衛門
2	馬場町・車町	和蔵
3	上魚町南側	富八
4	同北	支配人甚右衛門
5	同北	同　　惣次郎
6	研屋町	善左衛門
7	本通二丁目	野呂伝左衛門
8	両替町一丁目	善左衛門
9	同二丁目	与八
10	呉服町二丁目	貞助
11	同	金兵衛
12	同三丁目	仁兵衛
13	本通一丁目	氏子　善左衛門
14	呉服町一丁目	氏子　七左衛門

出典：注8の「開扉前後日記諸事控」

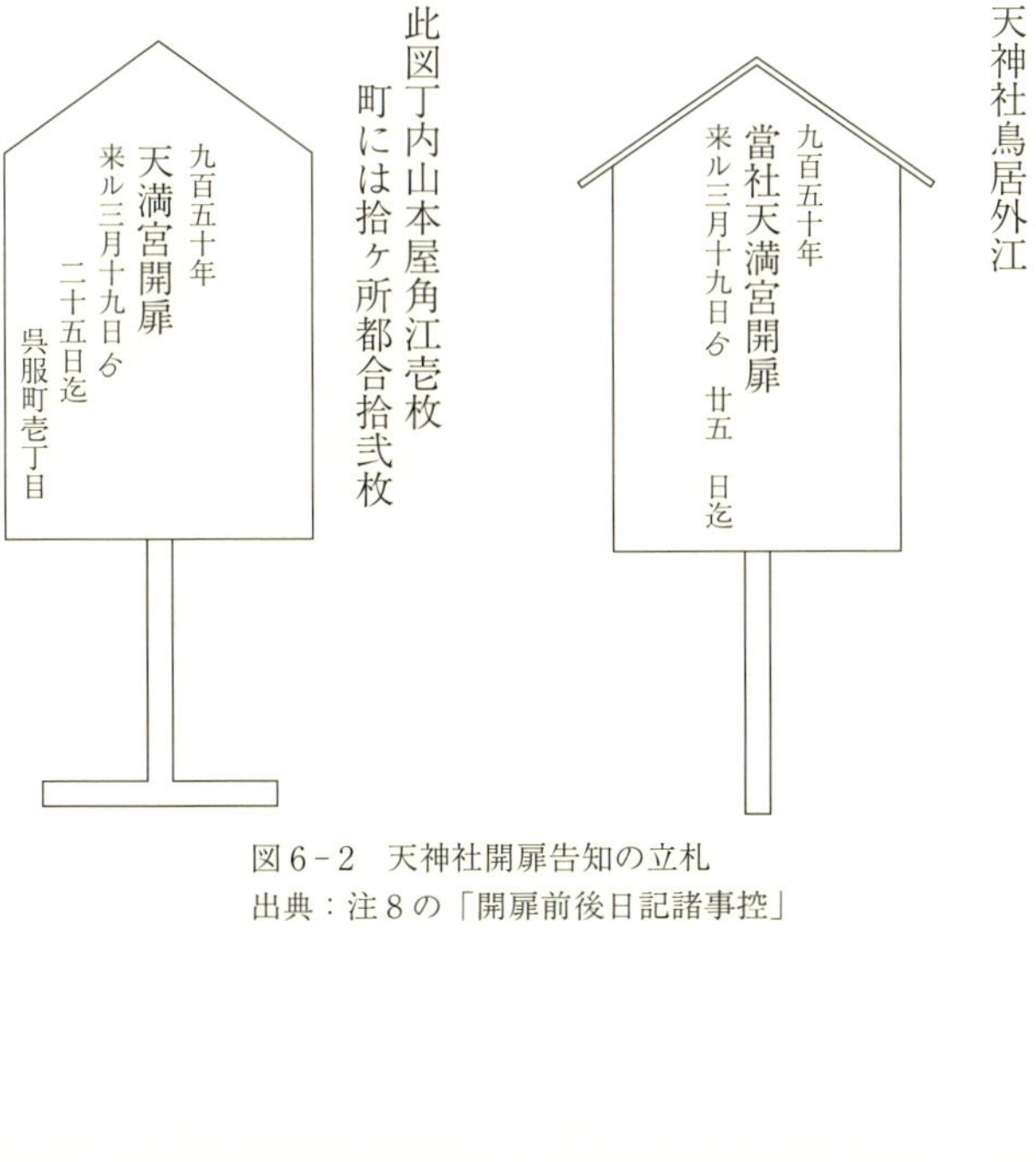
天神社鳥居外江
九百五十年
當社天満宮開扉
来ル三月十九日ゟ　廿五日迄
此図丁内山本屋角江壱枚
町には拾ヶ所都合拾弐枚
九百五十年
天満宮開扉
来ル三月十九日ゟ
二十五日迄
呉服町壱丁目

図6－2　天神社開扉告知の立札
出典：注8の「開扉前後日記諸事控」

立てた。文面は次のようである。

九百五十年　当社天満宮開扉　来ル三月十九日ゟ二十五日迄

こうした準備は、呉服町一丁目と本通一丁目の各丁（町）頭・組頭が寄り合って定め、連絡などは日行事が務める。今度の開帳の計画は、呉服町一丁目町内の初寄合で話が出され、二月二十一日に組頭全員が相談し、さらに平方家持たちも寄り合って決まったものである。本通一丁目の合意も取り、二十二日にあらためて町内の惣寄合を開いて確認した。二十六日からは町内の役員が羽織袴で市中を回り、勧化《かんげ》（寄付依頼）をしている。

鳥居建替の件は水道方役人（中上与八郎と中上権平）のもとに行き、役人が隣町の同意を確認してから許可が出た。さらに鳥居に巻く銅板の見積もりを江戸から取り寄せる、鳥居の下石を七間町三丁目の石屋雄吉に注文する（二つで五二匁五分）、立札を書いてもらった両替町三丁目の長嶋様に謝礼としてアコウ（魚）一本を届けるなど、役員方も大変である。たまたま駿府城の警備にあたる定番（山本小膳）の下屋敷が神社のすぐ隣にあるので、定紋付きの高張提灯を開扉中に借りたいと願い出たら一対を蝋燭料と共に奉納してくれた。

御正躰の観音像が戻る

こうして天神社開扉のムードが盛り上がっていく中で、耳よりな噂が伝わってきた。天神社の御正躰《みしょうたい》（本地仏）が市中の横内町来迎院にあるという。そこで本通一丁目の丁頭善左衛門と清左衛門ほか三名が来迎院に行って確認、翌日本通三丁目の甚助（藤波）が報土寺方丈と来迎院に行って天神社に戻してほしい旨を申し入れたが、証拠がなければ無理だと断られた。また茶町一丁目の伊豆屋彦次郎と福原屋久兵衛が来迎院と掛け合ったが、天神社の鍵を当寺へ渡してくれるなら、という返事だった。それは多宝院が別当だから無理と、あきらめかけていたところ、新通三丁目の賤機屋七郎右衛門が寛文元（一六六一）年に仏像を来迎院に預けたと書かれた書付が見つかったと知らせてくれた。書付の文面は次のとおり。文中の馬喰町は新通三、四丁目の別称である。

書付之事

一　金仏様一たい

此訳者通筋違橋御

天神様御身躰ニ而私方ニ預り御安置申上候処、余り不思義之事有之候而旦那寺ゆへ御預ケ奉申上候恐

而（ママ）如件

寛文元年二月　　　　馬喰町

賤機　七郎右衛門

（但シ無印也）

来迎院ニ而

単誉様

この像が賤機屋にあった理由は、天神社の別当が以前は新通四丁目の徳宝院という山伏で、仏像もそこにあったのが、徳宝院が断絶したため賤機屋が預かったのだということが後にわかるが、この時点では由来は不明のままである。伝馬町の本陣松崎屋が来迎院と懇意だというので、町内の上田屋から吉広屋を通じて松崎屋に仲介を依頼し、この書付の写しを渡した。ところが多宝院が、あの証拠の書付はもともと町奉行同心の田中金作から預かったものだと知らせてきた。江川町の借宅に住む田中を訪ねると、来迎院の先住と懇意であったので一〇年ほ

写真６－３　来迎院（静岡市横内町）2013.7

ど前に仏像を書付と共に譲り受けたものだという。

その後、田中が伊（井）川村海野家に行ったとき観音像も持参し、井川を立ち退くとき観音像のみ置いてきた。その後、ここ二、三年に来迎院住職が観音像を井川から戻したいと海野氏に申し出て、金三両を渡して来迎院に迎えたのだという。そこで、呉服町六丁目の藤枝屋久七・稲葉屋嘉吉にも来迎院に口利きを頼んだ。もと同心の田中は直接来迎院住職に掛け合い、金三両を立て替えて交渉をまとめてくれた。仏像はいったん多宝院にお迎えして御開帳をし、そこから行列を組んで天神社に納めることになった。閏二月二十四日、行列は八つ半頃に多宝院を出発し、関係者は羽織袴で従い、新通・梅屋町・上石町を通って天神社に到着した。しばらく開帳したので、四足町や近所の衆が参詣に来た。二〇〇年にわたり本社を離れていた観音様が戻り九五〇年祭に花を添えたのである。この仏像は武田信玄公が所持したものが当社に納まったなどの風聞も聞こえてきたという。

閏二月二十九日には、かねて町内の小西家を通じて西尾屋壮兵衛に揮毫を頼んでもらってあった一加番谷播磨守から鳥居額の文字ができたというので、車町金具屋茂平に渡してもらえるよう依頼した。谷播磨守、名は衛弼《もりのり》、丹波山家藩（京都府綾部市）一万石の藩主で一加番は嘉永四年仰付で一年間の任期中だった。小藩とはいえ大名である。駿府町人たちとも意外な付合いがあったのだ。

この頃、仏像が転々とした経緯が判明した。仏像はなぜ田中が入手する前に来迎院にあったのだろうか。それは、今の別当である多宝院の前任であった徳宝院という山伏が、たぶん別当ということで観音像を自宅に安置していたのだが、徳宝院の死後祀る者がなくなった。賤機屋の祖先がそれを預かったところ、なにかと不思議のことがあったため、旦那寺である来迎院に預けたというのである。それを記したのが、先の証拠となった寛文二（一六六二）年の書付であったというわけだ。

端正な顔立ちの像は、旧版の『静岡市史』によれば、観音ではなくて勢至菩薩である。像高九寸五分（三〇センチ弱）、世に善光寺如来夢相と称する型で、鎌倉時代の作であろうとされたが、近年の調査では、江戸時代初期のものではないかといわれている。

いよいよ開扉

三月九日、天神社の境内が手狭なので隣接の四足町岡田屋和助の土地を幅一間通りも買い取りたいということで、十一日に水道役の中上与八郎に届けた。十二日に江戸の和泉屋藤兵衛からかねて注文してあった社殿用の垂簾と金灯篭が奉納の手拭二〇筋と共に当所荷持之衆によって届けられた。この日、水道役中上から、「町堺之儀旁ニ付拙者役向ニ聞置候義ニハ参り不申」、とりあえず建屋を取り払い借地にしておいたらどうかと言われた。結局、金一〇両で借り受け建屋取壊しなど雑費二両を払うことになった。そして遷宮前日の十六日、氏子の呉服町一丁目・本通一丁目は御番所宛てに当二ヶ町および最寄町内（四足町・馬場町・車町・上魚町・研屋町・本通一丁目・両替町一～三丁目・呉服町二・三丁目）が「軒下に掛灯篭を差し出したい」と申し出て許可を得たので、その旨を水道役の中上与八郎（鋳物師町）・中上権平（人宿町）に届け出た。また定御廻り方の大塚三郎（安壱）・深津玄次郎（人三）・沖清之助（本三）・笹沼（名欠、下三）、臨時御廻方の立花新蔵（本五）・長嶋信助（清水尻）を訪れて報告した。十七日には鳥居上棟式、お供え餅（三重小餅）二五〇程作り氏子のほかに四足町三〇軒に五個ずつ配った。十八日には世話になった水道方二人にお礼として金二百疋ずつ持参した。少将社にも

表6-2　九百五十年祭開帳に関わった人びととその内容（名前が記載された者のみ）

住所	名前	役職・役割	備考
当事者			
呉服町一丁目	矢入屋七左衛門	丁頭	
本通一丁目	甚助	組頭	
本通一丁目	庄七	組頭	
新通四丁目	多宝院	別当	山伏
本通一丁目	善左衛門	丁頭	
本通一丁目	清左衛門	組頭	
本通一丁目	小西源兵衛	組頭	
祭祀関係者			
	最勝院	多宝院名代	山伏
	大蔵院	開扉飾付	山伏
	繁昌院	開扉飾付	山伏
	少将井社神主		
御正躰返却関係者			
横内町	来迎院	御正躰所蔵	
宮ケ崎町	報土寺	御正躰返却仲介	
茶町一丁目	伊豆屋彦次郎	御正躰返却仲介	
	福原屋久兵衛	御正躰返却仲介	
新通三丁目	賤機屋七郎右衛門	御正躰由来情報	
伝馬町本陣	松崎屋権左衛門	御正躰返却仲介	
江川町	田中金作	元・町奉行同心	
呉服町六丁目	藤枝屋久七	御正躰返却仲介	
呉服町六丁目	稲葉屋嘉吉	御正躰返却仲介	
	矢野屋治兵衛	御正躰返却仲介	
	吉広屋彦五郎	来迎院に掛合人	
調達・仲介・斡旋			
	上田屋	銅板注文	
	西尾屋壮兵衛	揮毫仲介	
車町	金具屋茂兵衛	鳥居額作成	
四足町	岡田屋和助	神社隣接地譲渡	
四足町	西尾儀兵衛	隣地取得仲介	
江戸	和泉屋藤兵衛	垂簾と金灯篭作成	
呉服町一丁目	天川屋熊三	元三大師依頼役	
	扇子屋庄兵衛	菓子舗	
	日野屋久右衛門	銅板仲介	
七間町三丁目	石屋雄吉	石屋	
上大工町	大工仙蔵	鳥居造作	
両替町三丁目	長嶋様	開扉の立札書き	
武家			
	山本小膳	駿府城定番	
	大森様	御番所	
鋳物師町	中上与八郎	水道方	
人宿町	中上権平	水道方	
安西一丁目	大塚三郎	定御廻方	
人宿町三丁目	深津玄次郎	定御廻方	
本通三丁目	沖清之助	定御廻方	
下石町三丁目	笹沼某	定御廻方	
本通五丁目	立花新(幸)蔵	臨時御廻方	
清水尻	沖清之助	臨時御廻方	
	岡藤五郎	御目付同心衆	
清水尻	長嶋信介(助)	御目付同心衆	
	町田様	御城番	二朱分重 肴
	平野様	御城番	酒一升
	中村様	御城番組与力	二朱分重 魚
	谷播磨守（一加番）	鳥居額揮毫	

出典：注8の「開扉前後日記諸事控」

表6－3　弘化五年の廿日会祭に関わった役人（個人蔵「踟物記録」より）

係名	人数	人名
御祭礼方（与力）	3人	大森雅之丞・大野牘郎・大谷木鉄三郎
御祭礼方（同心）	5人	服部宗六・重田理兵衛・大賀春太郎・山本勇之助
助け	2人	上木善次郎・小藤又之丞
御目付方	2人	服部嘉六・松山本次
水道方	2人	磯貝藤右衛門・宮崎所左衛門
定御廻り方	5人	大塚三郎・深津甚次・沖清之助・松井和平治・今井八左衛門
計	19人	

出典：『静岡浅間神社の稚児舞と廿日会祭』（増田亜矢乃作成）

明日御入来いただきたいと依頼。十八日「岡藤五郎様・長嶋信介（助）様御入来、両家御筆子中様も為惣代与六七人御出」になり、立派な御神酒徳利と御神酒料として金二〇〇疋を奉納してくれた。この岡藤五郎は後に立花幸蔵と共に「御目付同心衆」として出てくるので、同心の中に寺子屋の師匠をしていた者がおり、筆子（生徒）代表を引率して学問の神様参拝に来たのである。

その後、準備も進んで二十四日には扇子屋庄兵衛に菓子を注文した。同日、これまで数回来てもらっていた少将井の神主が神拝に来てくれた。二十五日は雨降りだったが最勝院他二名（おそらく多宝院・大蔵院の山伏）が九つ時に読経し、夕刻に少将井神主が拝礼に来て町頭清左衛門の家でご飯を供した。また夜に定廻り方の深津様・沖様が来たので酒飯を出して四つ時に閉扉した。翌日、御番所へ無事終了の届けを出し、十町丁頭たちが揃ったので茶菓子を差し上げ、祭りが終了したことを祝いあった。かくて九五〇年祭は無事終了したのである。

ここで本項の基礎史料とした「嘉永五年壬子二月吉日　天満宮九百五拾年開扉前後日記諸事控」に登場した人物（名の記載がある者）をすべて書き出し、その属性を分類したのが表6－2である。なお参考までに弘化五（一八四八）年の駿府浅間神社廿日会祭に関わった役人の名前を示しておく（表6－3）。呉服町一丁目と本通一丁目に住む直接の当事者以外に城下町のあちらこちらにどのような人脈があったのかが見えてくる。たまたま御正躰をめぐる問題が起きたことで、その返還交渉に関係した人も大勢登場する。さらに興味深いことは、城下に定住している水道方はじめとする武家との交際が具体的に見えることである。同心の住所がわかる例も多く、駿府城下町が武家と町人が混住している町であることをあらためて実感できる。おそらく彼らとは日常的な付合いもあったろうし、親戚関係も生まれていたに違いない。町なかに住む同心たちは、武士身分とはいえ、町人たちと喜怒哀楽を共有していたのであろう。

ちなみに、この天神社は現在静岡天満宮と改称し、ビルの谷間にあって受験生の合格祈願で賑わっている。

二　老舗のあるじ

老舗主人と江戸からの教養人

司馬江漢（一七四七〜一八一八）は江戸時代後期に活躍した洋風画家であり、蘭学者でもある。天明八（一七八八）年四月、彼は洋画研究のために江戸を発ち長崎に向かった。五月十一日、駿府に入り桔梗屋に投宿、翌日、一加番の太田原飛騨守の屋敷を訪れたのを手始めに、駿府市中や近在の名士を訪ねている。ちょうど梅雨の最中で、大雨が続き安倍川が渡れないこともあり、府中を発ったのは六月二十一日であったが、その間に観察した府中の印象を「男は江戸の物言《ものいい》に少しかはる。女子の言語は甚たかはりなり。女は必す色黒く野卑なり。たまたま色白く能き女は他国の産れなり。婦人老るまで後ロ帯にする」(11)と記している。

江漢が訪れた駿府の名士の中に、代々小西源左衛門もしくは源兵衛を名乗った薬種屋の隠居がいる。五月十五日には、御城坊主の長谷玄菴に連れられてその家に行き、初めて顔を合わせた。「茶人なり」というのが、江漢の受けた隠居の印象である。おそらくその時に絵を所望されたらしく、翌日、二、三枚の絵を持って再び小西家を訪れ、麦飯を馳走になっている。さらに二十二日にも再び玄菴と共に同家に行き、榧《かや》の油で揚げた茄子を食べ、隠居の若い頃の話を聞かされては大笑いをしたという。

小西源左衛門年代記

小西家は江戸時代の初めの慶長年間に伏見から駿府に移住し、のちに薬種改役を命じられている。代々の当主は学問・文芸に造詣が深く、駿府市中の文化人たちとの交流も密だった。住居は呉服町一丁目（先に見た天神社鎮座地）である。城下町の中心部であり明和二（一七六五）年の「呉服町壱丁目書上」では町内合わせて二三軒役ただし内二軒は町内扣で無役、この時点の丁頭は友野与左衛門である（『静岡市史　近世史料三』）。小西家三代目の源左衛門茂故は明和元（一七六四）年に八〇歳で亡くなったが、自分の一生の間に起きたさまざまな出来事や身辺の雑事を年代記に書き残している[12]。そのうちから、彼の一生の折り目に当たるような事項を取り上げ、駿府の一商人の生活の一端を窺ってみたい。司馬江漢が会ったのはこの源左衛門の孫に当たる人物かもしれない。

小西源左衛門が生まれたのは貞享二（一六八五）年二月六日、幼名を勘五郎といった。元禄二（一六八九）年、五歳の時に疱瘡にかかった。近代になっても、「ホウソウは器量さだめ、麻疹《はしか》は命さだめ」といわれ、誰もがくぐらなければならない関門であった。そして、少しでも軽く済ませたいとの一心から、屋内に疱瘡棚という特別の棚を設けて赤い幣束を立て、疱瘡神さんを祀ることが広く行われた。この年代記には記されていないが、勘五郎の親も似たような呪いをしたであろう。なおのちに彼の息子も六歳の時に疱瘡にかかっている。

七歳の時に手習い始めをした。いわゆる読み書きを正規に勉強し始めたということで、師匠は辻市郎兵衛という人だった。一二歳のとき薙髪剃髪するとあり一五歳で有髪となる。翌元禄九年一三歳で浅間さん廿日会祭の茶壺の練りに出る。この年は町中から一三台の舞台が出た。一五歳の年、母に連れられて身延に参詣した。当家は甲州とのつながりが深いようで、のちに万沢や南部との交渉があったことが出てくる。元禄十四（一七〇一）年、一七歳で元服、源左衛門を名乗る。そして同年の春、初めて伊勢に参拝した。その翌年、浅野家臣夜討（吉良邸討入）があった。なお父の茂春はこの年と翌年も江戸にいた。源左衛門はその後、何度も伊勢参宮をしているが、この年の伊勢参拝は一種の成人儀礼として大きな意味を持っていたと思われる。当家に一三歳の時に奉公に来た新六は、一八歳で本元服をしているが、やはりその前年に伊勢参りを行っている。伊勢に行って一人前、という習慣は、近年まで各地で広く見られた。元禄十六年の秋には初めて大坂に上っている。

町人の元服式

時代は少し下がるが、この呉服町一丁目の人びとが、町内の種々の付合いが華美に流れないようにと寛政六（一七九四）年に取り決めた町内申合せの中に次の条文がある。

一　丁内若イものと申す事、取極申間敷候事
　但し半元服・本元服祝儀之義ハ、その亭主之心次第可為事、右ケ条の通り娵取候節之振合も有之候へハ、猶以手軽ニ致し可申事

（『静岡市史　近世史料三』所収「寛政六歳町内申合」）

農・漁村における若者組は、たいてい一五歳から三〇歳もしくは結婚するまでの男子によって構成され、祭礼行事などにおいて大きな役割を果たしていた。また、これに加入することで一人前と見なされるものでもあった。したがって加入を認められる一五歳の正月に、ゲンブクと称して近隣を招き盛大な祝いをすることがあった。

こうした民俗例に照らして考えると、「丁内の若イものは何かと取り決めをしてはならない」ということで、呉服町一丁目においては若者組の結成を認めない、ということを意味したと考えられる。ただし元服・半元服は主人の心次第とあるのは、一人前になった披露はしてもよいということである。主として商家や職人たちによって構成されている市街地では、ある年齢に達すれば他店に奉公見習いに行かされたり、親の跡を継がねばならなかったりということがあり、また従事する仕事の内容もまちまちであったから、農村部のように若者が日常的に集団で行動する機会は、なかなか得られなかったに違いない。独自の規範を持ち、自律的に行動する若者集団は、駿府の町政運営そのものには必要とされていなかった。

ただし町を挙げての祭礼の場合は特別である。たとえば浅間さんのお踟《ねり》は、初め若い者のお遊びであったものを、豪商松木新左衛門が町内の半ば公的な行事に変えたという話が伝えられている（「松木新左衛門聞書覚」『静岡市史　近世史料三』所収）。元服という、個人にとって一人前と認められる資格が生ずる重大な折り目は、農村においては若者集団の一員としての試練のスタートであった。しかし都市においては、町内におけるその家の後継者としての披露といった点に重点が置かれていたと思われる。

宝永四（一七〇七）年、駿府大地震、引き続き富士山が噴火した。源左衛門が結婚したのは、正徳五（一七一五）年、三一歳の七月である。駿府の名家の一つとして、どれほどの盛儀が催されたかはわからないが、先に引いた寛政六年の町内申合せには、婚礼に関して次のような規定がある。

一、聟取娵《よめ》入祝義之節、家持たるへきものハ随分手軽に致し家守共ニ相招き申すべき事婚礼の祝宴は簡素にということであり、具体的に料理内容にまで言及している。すなわち、一汁三菜、酒の肴は「硯ふた鉢肴」、酒は三献までとある。「硯ふた」というのは、口取などを盛る器、もしくは口取そのものを指す言葉である。家が手狭な者は招待客の数を減らし、また長時間にわたらぬようにとの取決めもされている。

こうした取決めは、おそらく寛政改革の一環としての倹約令に沿ったものではあろうが、通常ならば夜を徹しての盛大な祝宴があったことを窺わせる。なお、この規定に続き、町内からは婚家に対し酒肴などを取り揃えて祝儀を出すべきところ、代わりに鳥目五〇疋（五〇〇文）を渡すこと、そのお返しは水代として鳥目一貫文（千文）を町内に差し出すことが定めてある。「水代」とは、かつて婚礼の際やその翌年の正月に、新郎の友人や親戚が新郎に水を浴びせて祝うという「水浴びせ」という儀礼があったことにちなむ言葉である。現在でも、熱海市下多賀や沼津市江ノ浦で正月二日に行われている。ただし、駿府で水浴びせが行われていたかは不明である。

町人の楽しみ

源左衛門が二六歳を過ぎた頃から年代記に駿府における祭礼や興行、御開帳などの記事が増えてくるのは、このようなことに関心が引かれ始めたのであろう。源左衛門が三四歳になった享保三（一七一八）年七月、源太郎が生まれた。当家四代目になるべきこの赤ん坊は、四歳までは惣七と呼ばれている。享保五年に源左衛門は山本屋権兵衛・鯛屋権左衛門・同市右衛門と共に初めて江戸に下った。成長しつつある長男源太郎もまた、父と同様に水痘にかかったり、手習いに通ったりしている。享保十四（一七二九）年三月、源左衛門は深江六兵衛・多々良兵《（ママ）》衛・矢入兵太郎と共に信濃に行った。おそらく善光寺参りであろう。一家で湯治に行くこともあった。昔から有名な湯治場であるが、たとえば享保十六（一七三一）年、源左衛門四七歳の年、二月十二日から四月四日まで一六人が打ち揃って熱海に出かけた。

源太郎は享保十七年十一月十五日に一五歳で半元服、同十九年二月四日に一七歳で本元服を行う。その直前、名を源兵衛と改めており、一八歳の正月から「おろし帳を寄せる」、すなわち店の基本的な帳簿を任され、いよいよ後継者としての本格的な勉強が始まった。父親である源左衛門五一歳である。この頃、源兵衛には縁談が持ち上がっていた。相手は今泉村（現・富士市）の「らく」という。元文二（一七三七）年の十一月初めに話がまとまると、その年の十二月二日には早くもこの娘は当家に引き移っている。いわゆる足入れである。

元文四（一七三九）年は、当家にとって大切な年である。この年から年始の礼を源兵衛一人で務めることになったこと（今までは父子二名で回っていた）、そして六月に源左衛門が名を又玄《ゆうげん》と改めたことである。つまり隠居して跡を源兵衛に譲ったということになる。父五五歳、子は二二歳であった。そして当主源兵衛は翌年九月十四日、すでに同居していた「らく」と正式の婚礼を行い、その次の年には夫婦揃って里帰り、さらには深江屋幸蔵の媒酌人を務めたりしている。二人が同居して四年目、初めての子が生まれたが、この女の子は死産であった。七日後にらくは名を「おしな」と改めた。二人の間に跡継ぎの源之助が生まれたのは、さらに二年たってからである。

このように後継者も無事に育ってきて、源兵衛改め又玄は、隠居生活を十分に楽しむようになった。かねて伊勢・秋葉などへの参詣をはじめ、近在の諸社寺の縁日にはよく出かけていた又玄であるが、六〇歳の還暦を迎えた年、笈《おい》を作り、六一歳の四月二十四日、法雨や了泉という仲間と共に一国順礼に出発した。駿河一国内の観音霊場三十三ヶ所をめぐる旅である。翌年は法雨と「西の方を巡礼」し、信仰と娯楽を兼ねた旅を楽しんでいる。又玄は六三歳の四月に剃髪した。

ここに掲げた二つの表から駿府町人のハレの日の内容がわかる。まず表6－4を見てみよう。興行の会場となったのは、最も身近な少将社（小梳神社）で角力（相撲）や歌舞伎が多く、芝居の会場としては「前々初芝居

表6－4　駿府市中および周辺における興行と開帳など

和暦	西暦	興業			開帳など		備考
		月・日	内容	会場	月・日	内容	
元禄 14	1701		歌舞伎＊	少将社			＊相模尾利右衛門座
宝永　7	1710	8. —	歌舞伎	少将社	3. —	建穂寺開帳	
			歌舞伎＊	八幡村	8. —	籠ノ鼻の長栄寺観音開帳	＊桐大蔵
		9. 12	相　撲	弘領寺			
8	1711		初芝居	馬　渕			
		2. 5～	歌舞伎	少将社			
		3.	芝　居＊	八幡村			＊桐大蔵
正徳　2	1712				10. —	宇津谷開帳	
3	1713	2. 11	能	雷神社	3. —	安西天王開帳	
					5. —	清水寺開帳	
4	1714		初芝居	馬　渕	10. 2～	明泉寺論語講釈	
享保　1	1716	8. —	踊　り	町中流行	9. —	感応寺千部	
2	1717				9. 18	伝馬町新光明寺にて秋葉御泊開帳	
3	1718				2. 15～	明泉寺孟子講釈	
					3. —	羽鳥村にて開帳	
						沼上村開帳	
					6. —	清水寺地蔵開帳	
4	1719				7. —	車町守源寺開帳＊	＊この年 11.2　守源寺焼亡
					9. —	感応寺千部	
5	1720				2.	吉津開帳	
					6. 11	少林寺三躰詩講	
					10. —	宇津谷地蔵開帳	
9	1724	4. —	歌舞伎	少将社	3. —	清水寺・平沢寺・大内＊開帳	＊大内の霊山寺､3寺とも観音霊場
		9. 3	相　撲	丸　山			
10	1725	4. —	芝　居＊		6. —	有東村にて開帳	＊桐大蔵
					7. —	国分寺開帳＊	＊正徳 2 に焼失している
					8. —	妙見開帳	
11	1726	3. 4～	能	通　町	2. —	足洗村不動開帳	
		10. —	囃　子	善念寺	7. —	川辺虚空蔵開帳	
					10. —	花沢法華寺開帳	
						浄光院四万日回向	
12	1727	4. 12	囃　子	浄光院			
		5. —	芝　居	丸　山			
		10. 11	能	浄源寺			
13	1728	5. —	歌舞伎	少将社	2. —	猿江村開帳	
					10. —	宇津谷地蔵開帳	

出典：小西家旧蔵「寛永年中ゟ年代記」（前半部分）から作成

ハささら村ニ有之候処、是ゟ統て寺町ニ芝居有」（寛保元年四月）とあり、城下町はずれの鄙村が芸能の拠点であったのが、寺町に移動させられたとみられる。また開帳では近隣の有名な寺の本尊が多いが、いわゆる出開帳として「善然寺ニてぶんぶん茶釜開帳」（宝暦二年十月）、「柴泉岳寺什物浅野家臣諸事之武具新光明寺ニて開帳」（宝暦六年閏十一月七日ゟ）などが興味深い。興行の場として神社、寺院が使われており、それが数日以上に及ぶ場合は「晴天十日」などと書いた幟が立てられ市民を呼び寄せていたであろう。

次に表6－5は、『駿国雑志』に載せられた年間祭礼暦ともいうべきもので、これに家々で行われている年中行事を加えれば、駿府城下町の住民の暮らしのリズムを感じ取ることができるだろう。ここで一つだけ三月のひな祭りの賑わいぶりを駿府の医者花野井有年の眼を通して紹介しておこう（『辛丑雑記』やよひの上巻[13]）。

三月朔日　〇初めてめの子もたる家にては、此三日は初のせくとて、今日より雛を飾り、白酒かみし、もちひなど搗きてさゞめきあひける、さなきも家毎にてもちひは搗きける
〇呉服町の辺りに雛市あり、種々《くさぐさ》の雛道具なども売る也、己れ童なりける頃は、後ろに花負へる雛の、いと小さく麁末なるものゝみなりしが、今はかうやうのものはいずくにても見当らずなむ、今のは大いにして其粧ひも美しく、萬の調度もいとめでたく、めかゞやくばかりになむ、其価もたうとくなむ、
二日　けふは親しきどちは、もち、ひな、さけ、蛤など何くれとなく物語りかはし、ほぎあひける、童《わらは》などは雛見になどものして、いと賑ひける、白酒売り、雛菓子売りなど絶へず呼びそゞめきあるくもいとかしまし、

呉服町に雛市がたって種々の雛道具を売っていた。美しく着飾った雛人形が並び調度類も立派になったと書いている。のち雛具が静岡特産となっていくが、すでにその萌芽が見られると言えようか。

表6－5　駿府城下および周辺の祭礼

月	日	祭礼
1	7	有度郡草薙村草薙社・同八幡村八幡宮（奉射あり）
	8	安倍郡滝ヶ谷山玉蔵院の薬師（毎月12日も。5・9月参詣多し）
	10	府中本通り極楽寺境内の金比羅社初縁日
	14	浅間神社大的ならびに八乙女神楽
	15	三保神社筒粥の神事、また近郷の農民が馬を引いて参詣
	16	有度郡丸子村の小野寺薬師堂縁日
	17	久能山御宮、諸人登拝を許され、初穂と称し白米を社頭や階下に蒔いて献ずる。
		南安東村音羽山観音縁日（5・9月同じ）
	24	有度郡沓谷村愛宕山福寿院愛宕社初縁日
	25	初天神（四足町天満宮・浅間社小杉氏屋敷内天満宮など各所にて）
	28	有度郡足洗村大高山明王寺不動
2	初午	一～三加番稲荷社
	初申	浅間社祭礼
	17	賤機山惣持院境内東照宮
	18	建穂村建穂寺の児舞稽古
	19	浅間社廿日会夜宮、今朝巳の剋より踟はじめ
	20	廿日会祭
	25	有度郡丸子村赤目か谷起木天満宮
3	3	浅間社祭り
	17	竜爪権現祭礼（鉄砲祭）
4	初申	浅間社の上（のぼり）祭
	二酉	下石町雷電寺の雷社祭り。この日、別当葵草を諸人に授ける。雷除けという。
	中申	有度郡安居村安居社の祭り、浅間社の奉幣使奉幣
	17	久能山、諸人参詣を許す
5	5	浅間社、大田植の神事・流鏑馬
		宮内天神祭り
6	14	有度郡曲金村軍神坊祭り（花火祭り）
	15	少将井社祭り、踟が出る
		有度郡草薙村草薙社祭り
	20	浅間社大田植（卯の剋より神子ども門前にて行う）その後、流鏑馬
	24	沓谷村愛宕社祭り
	30	少将井社の夏祓いを安倍川原にて行う（かがり祭り）
7	7	浅間・惣社の両社、神宝を虫干。諸人参集
	9	音羽山清水寺観音、四万六千日法会
	16	有度郡八幡村八幡社祭り、法楽角力
	24	各寺院で地蔵施餓鬼
8	13	八幡村八幡宮祭り（ぼた餅と甘酒を強い合ったという）
9	9	伝馬町宝泰寺境内天王社祭り
	18	下魚町宝台院鎮守白髭祭り
		南安東村熊野神社祭り、蛇餅・虫除札あり
		手越村高林寺御霊社祭り
	20	草薙村草薙社祭り、沓形の餅を製して神供とす
	21	下石町雷社祭り、この日必ず雨降るという
	27	弥勒正念寺水神祭り
10	20	久能山下にて太神楽あり
11	16	新通4丁目秋葉山水晶寺の秋葉社祭り
12	30	沓谷村長源院鎮守万福明神祭り

出典：『駿国雑志』巻之十五上より作成

新たな商売開始か

源兵衛夫婦の間に寛保三（一七四三）年に生まれた源之助も次第に成長し、宝暦七（一七五七）年に一五歳で半元服、一六歳で元服して源左衛門と改名、翌年はやはり父子で伊勢参宮をなし、その年の暮から「懸帳之代盛割付手伝」をするようになった。宝暦六年には源之助が謡の稽古を始め、翌年正月に半元服という具合に祖父、父がたどったのと同じ道を歩んでいく。小西家の商売の内容はこの記録にほとんど出てこないが、宝暦九（一七五九）年に興味深い記述がある。

壱番船平次郎清水ニ而瀬取船誤て一艘に持つ濡らし　四月
春二番船今月五日遠江沖ニ而風ニあひ鳥羽へ乗入今日清水へ着
船は無事　閏七月朔日着

瀬取船とは大型船から荷物を移して岸に運ぶ小型船のことで、荷物受渡し中に誤って水に濡らしてしまったとある。同年に二艘の船を仕立てて鳥羽湊から清水に運び込んだというのだから、かなり大きな商売をしていたと思われる。他に関連する記事がないため何を商っていたかはまったく不明だが、この年源兵衛は七五歳、すでに隠居の身であるから、息子が商売を広げていたのかもしれない。

小西家においては一七歳頃の本元服を契機に店の主としての自覚を持たされ、二〇歳ごろには一家の代表としての資格を名実ともに持つようになる。それは同時に、その父にとっては隠居の契機であった。隠居後は老舗の暖簾を守る重責から解放され、日ごろ嗜んでいた趣味や信仰の世界に没頭できるようになる。江戸時代における駿府の町人文化の一端は、このような人びとによって担われていたとも言えよう。その背景には、元服―改名―家業引継ぎ、というパターンが、それぞれの家でスムーズに展開されていく必要があったのである。

現在、中小企業経営者の間で「事業承継」が大きな問題になっている。しかし、江戸時代の小西家ではそれが円滑に行われていたことになる。

三　長屋の住人

出入りの激しい都市の住人

現代のアパート居住者や、商店街の店名の変わりようを挙げるまでもなく、江戸時代の都市の住民の出入りにも激しいものがあった。

駿府の繁華街の一部を成していた呉服町五丁目（図6―1参照）の町政を記録した「御書上留帳（小山守一家文書）」（『静岡市史　近世史料二』所収）を見ると、天保七（一八三六）年より同十二年に至る町内の家や人の動きが手に取るようにわかる。町内五人組の出入りに際しての請文がきちんと残されているからである。天保八年四月の人別改によると男六五五人、女七〇人の計一三五人、家数は三七戸、うち家持が二四、借家が一二の小さい町であったが、家屋敷の譲渡や借家人の出入りの頻繁さには驚くものがある。

一例として、呉服町五丁目の町頭であった深江屋太右衛門所有の長屋の住民の動きを追ってみよう。天保七（一八三六）年三月十六日、新たに五人がこの長屋の住人となった。引越し前に住んでいた町の丁頭から「御高札之写幷手形之趣為読聞《よみきかせ》借家組合江入置申候」という、いわば身元保証書が提出されている。五人分が同じ日付であることは、この長屋が新築か、改装されるかして新たな住民を迎え入れることになったためであろう。新来の五人の身元などを見ていこう。まず町内の自家を売却した八百屋次右衛門（彼の旧居には人宿町より浜川屋与八が入居している）、人宿町の善右衛門のせがれ万兵衛、七間町より川口屋佐助、江尻町より岡部屋丹十、浜敷地村（市街地の南にある農村）百姓金左衛門の弟豊吉の五名である。次右衛門と豊吉を除くほかの三名の旧住居も長屋であった。

身元保証と同時に「借家五人組手形」も提出された。その文言は「呉服町五丁目深江屋太右衛門扣之店江町内ニ罷在候八百屋次右衛門与申者、引越申候其節吟味仕、慥成者ニ付、店貸置申候」とあり、「借家五人組　組頭又助　定蔵」の次に、先の五人のうち、この文書の該当者である八百屋次右衛門以外の四人の名が記載されている。そして他の四名についても全く同じ書式で、該当する本人以外の連名の文書が提出された。つまり五人の入居者は相互に保証人となっている。ここに入居者五人と組頭又助と定蔵のもとに長屋五人組が編成されたことになる。

このわずか五ヶ月後、理由は不明だがこの深江屋の長屋は別の家屋敷とともに町内の宇兵衛に売却された。番所宛の訴状（内容は届け）には次のように見える。

一　表間口四間　　　　　　　　　角屋敷壱ケ所
　　裏行町並
　　　　　　　　但家守弐長屋五軒付軒
一　表間口二間　　　　　　　　　家屋敷一ケ所
　　裏行町並
呉服町五丁目におゐて深江屋太右衛門扣店ニ御座候所、町内江買取申候、仍之売主買主判形仕乍恐申上候以上
　申（天保七年）八月朔日　　　　　　呉服町五丁目

売主　太右衛門
平惣代
家買主　宇兵衛
（以下平惣代二名、組頭四名略）
（『静岡市史　近世史料三』七一三頁）

文中の「町内江買取」とは、買主が町内の者であるという意味である。これにより深江屋扣《ひかえ》（所有）の店《たな》（長屋）は、店子《たなご》を含めてそっくり同じ町内の宇兵衛に譲られたのである。家守弐というのは先の「借家五人組」の組頭で又助と定蔵のことである。長屋を管理するのが家守（差配人）、土地建物の所有者が大家である。

では、同時期に入居した五家族のその後を見ていこう。早くも天保九年三月に川口屋佐助とその妻さとがここを所払い（追放）になり、北安東村の親類である文吉方に移った。ちなみに文吉とは安東の文吉《ぶんき》といわれた近辺に名高い侠客であったから、この夫婦が所払いになった理由もなんとなく察しがつこう。あとにはすぐ呉服町四丁目より信州屋半助が入った。ついで同十年には岡部屋丹十が両替町に移り、あとには呉服町四丁目より竹田屋藤蔵が入った。天保十一年には八百屋次右衛門が町内伏見屋持ちの店にいた吉田屋清次郎を養子とし、七兵衛と名乗らせて住居を交換した。しかし、半年後に七兵衛は義父のもとに同居した。空いた家には呉服町四丁目より肴屋米吉が入った。わずか四年ほどの間にこれだけの異動があった。

一方、転々としても不思議ではない借家の住人に対して、自家を所有する家持と呼ばれた人びとはどうであったろう。先に町内の宇兵衛に長屋を売った深江屋は、それから間もない天保七年十一月に六間間口の自宅の半分を、そこに居住する伊勢屋定蔵に売った。これは家持が一人増えたことにもなる。深江屋は間口六間の大店であったのが、理由は不明ながら間口三間となり、さらには所有していた長屋も売却しているから、天保飢饉の不況の中で商売上の行詰りがあったのかもしれない。天保八年には三村屋平八が上横田町の油屋直右衛門に屋敷を売り、直右衛門が新たに町内に住むことになった。

同十年には釜屋弥吉が五間間口の半分を同居人の太田屋に売り、太田屋も家持になった。さらに四ヶ月後、釜屋は残っていた半分も町内の伏見屋に売って、自らは翌年遠州金谷宿在（現・島田市金谷町）に引き移ってしまった。実は家を売る前の年、釜屋の息子が勘当されていたのである。その記録には「倅喜次郎当戊廿一歳ニ罷成り候ところ、平日身持ち宜しからず大酒仕り夜遊等いたし家業不精」とあり、五人組仲間に迷惑をかけられないという父親の涙ながらの決断だったかもしれないが、釜屋の没落はこの不出来な息子と関係があったのではあるまいか。また天保十一年には青島屋弥七が三間半の家屋敷を売り、有渡郡八幡村（現・静岡市）の百姓屋へ引っ越している。

このような権利譲渡の記録は天保七年だけでも七件ある。その年の家持はわずか二〇軒しかなかったうちでのことである。さらに長屋の出入りも含めた住居変更の記録は、天保七年より十二年までの六年間で、延べ六五件に上っているのである。これらの多くは町内、もしくは同じ駿府城下での移動だが、中には農村から入ってきた者、出て行った者もあり、江戸（大工）や東海道吉原宿に移った者も各一人いた。都市の住人の身軽さがよくわかる。こうした人間関係、あるいは隣家との関係は都市の暮らしを考える上で、見過ごすことのできない大切な要素となっている。

忠僕と侠客

先に引用してきた呉服町五丁目の小西家の年代記の宝暦六（一七五六）年正月に「伝馬町甚兵衛家頼八助忠心

者ニ付従　公儀為　御褒美青銅　緡《ぜにさし》　五十貫目拝領」という記載がある。八助は藁科川上流の道光《どうこう》の出身で、一一歳で駿府伝馬町の石垣甚兵衛家に奉公し、主人が零落したのちも一身を犠牲にして尽くした。その行状が町奉行の知るところとなり、表彰されたのである。山縣大弐の兄で国学者の野沢昌樹は八助の行状を称える「旌義碑」を建てた。山村から城下町に出て町人の暮らしを支えた少年の一生は、都市生活の基礎の部分を垣間見せてくれる。

先に出ていた侠客安東文吉の名が意外なところに見える。井川の郷士、海野家の当主信茂の日記の弘化三（一八四六）年八月二十五日条に、諏訪神社に安東文吉ほか一人が手拭一筋を手土産に来たとあり、嘉永五（一八五二）年七月二十六日には「安東文吉子分之吉鉄と中者高山茂左衛門一同来、各手拭土産」と出てくる。[14]七月二十八日は田代の氏神である諏訪神社の祭日である（現在は八月二十八日、ヤマメ祭で知られる）。そこで賭場が開かれたのであろう。井川の殿様として井川郷七ヶ村を束ねる名家の当主信茂は知合いを誘ってはしばしば博打をしていた。信茂は文吉の子分たちと村の喜平次宅で「安東会」を開いた。子分たちが二十九日に帰る際、「文吉代多喜」に金一両を渡して勘定を済ませた。文吉には女の子分もいた。その後、信茂は思いがけないことで、文吉の世話になった。

安政六（一八五九）年十月十九日、柿島村からの連絡で、府中奥州屋[15]の遊女、小紫が昨年来井川の竜泉院の方丈と馴染みになり、井川に行きたいと一人で長熊まで来てしまった。近くの長妻田《ながつまた》の曹源寺の住職が井川に行って竜泉院に知らせたので困惑した方丈が信茂に相談をかけた。小紫はぜひとも井川に行きたいと言い張ったが、二十二日に追手が二人やってきて女を連れ帰った。信茂は駿府に滞在していて、この一件については安東文吉に任せることとなったが、文吉は「紺屋町御陣屋（代官所）御用向き」で江戸に行ってしまった。女の件は、知り合いの養女にして決着させることになったようだが、その後のいきさつは不明である。安東文吉は清水次郎長と同時代の博徒で、その縄張りは三島から大井川に及んでいたという。自ら喧嘩の先頭に立つよりも仲介役として名を響かせたといわれる侠客である。(16)

この挿話は駿府の庶民生活の一コマに過ぎないが、さまざまな史料を読み合わせていくことで駿府町人の生活実態を明らかにすることができる。

四　左官職と消防組織

職人町の形成

城下町に残る町名には職業を冠したものが多い。領主が同職を集住させたためである。現在の静岡市の街並みは家康の時代に町割が成され、それをほぼ踏襲しているため、江戸時代以来の町名がそのまま残っている町が多い。車町もその一つで、家康が城下町を整備するにあたり京の鳥羽から四人、伏見から三人の牛飼を呼び寄せたことに始まるという。駿府は外港がないため城下で必要な物資は江尻湊に陸揚げし、そこから小舟に積み替えて巴川を遡行し上土《あげつち》から牛車に積んで市中に運び込んだ。貞享三（一六八六）年には家数が本家三四軒半、借家が二〇（「府内時之金鋳直申ニ付入用集銭帳」）だった。牛飼たちはのちに安西五丁目に移ったが、車町には駿府城補修などの目的から左官職など建築関係者が多く住むようになった。図6-3は、明治二十年頃の車町の絵図（「静岡市町内絵図」静岡県立中央図書館蔵）であるが、建築関係者が多く住んでいることが見て取れる。

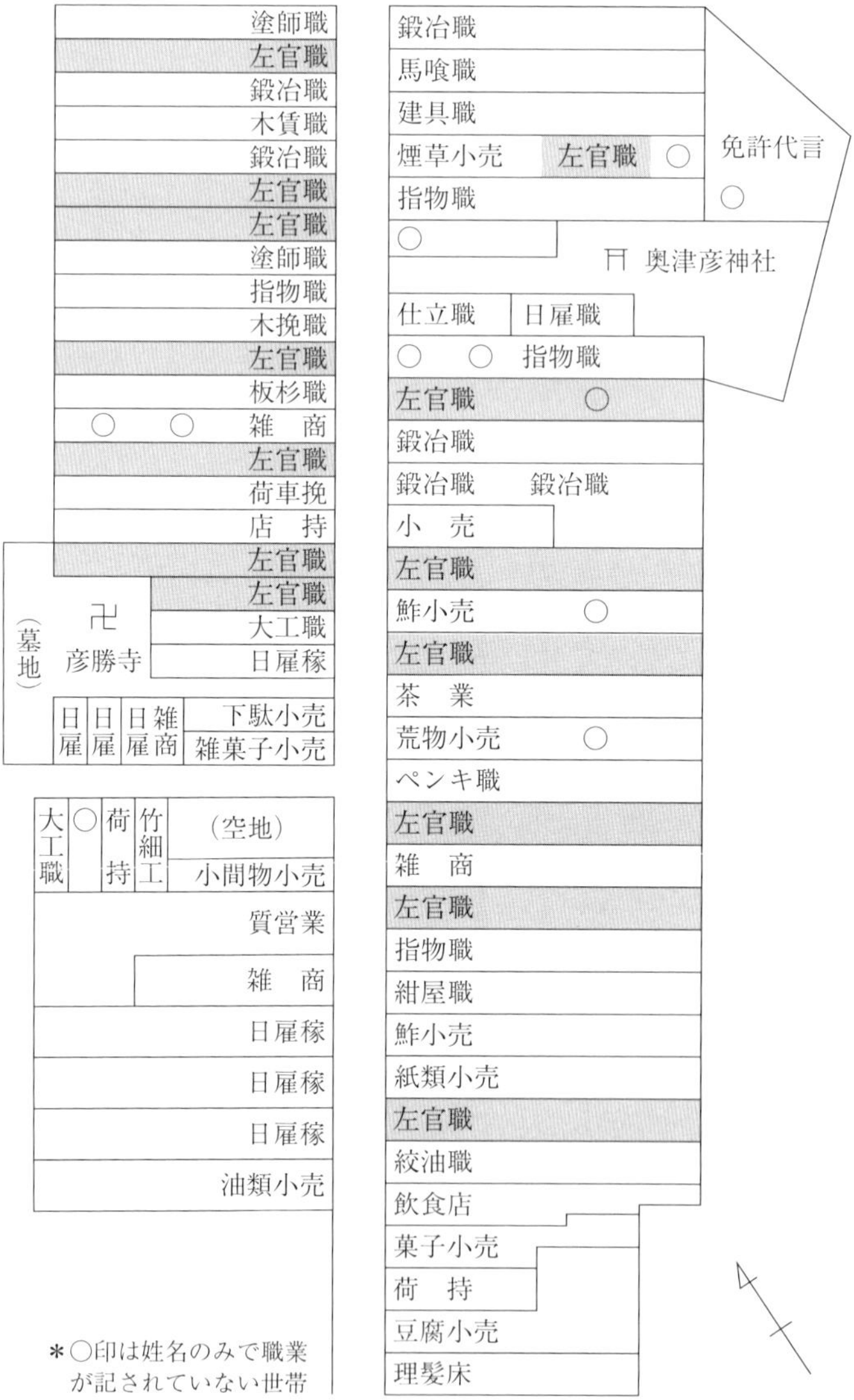

図6－3　明治20年頃の車町の住人
出典：静岡市町内絵図（静岡県立中央図書館蔵）

安鶴と真九郎狐

この図の中に一四軒を数える左官職について具体的に見ていこう。左官は屋根や壁の保全などの職人仕事をこなすだけでなく、都市の消防という重要な役目を担った。静岡でシャカンと呼ばれる彼らの仕事としてまず思い浮かぶのは壁塗りであるが、実際には屋根瓦を漆喰で固定する仕事の方がはるかに多く、年間仕事量の八割を占めていた。近世において左宮瓦職と一括されていたのもそうした事情による。左官はそれぞれ「出入り」と称して市街地の老舗《しにせ》と深い関わりを持っていた。本業は左官だが諸芸にたけ、自ら多くの逸話を残して駿府の名物男と呼ばれた男がいる。

安西鶴蔵、通称安鶴は文化八（一八一一）年生まれ、安西五丁目に住み一名鶴吉、あるいは鶴蔵といった。八人芸などで人気があり、駿府の名物男といわれた安鶴の活躍を描いたのが『安鶴在世記』で、著者名を栄寿軒安鶴とし自ら執筆した自伝の体裁を取っている。ただし執筆者が本人であったかは疑わしく、作中にも登場する花野井有年ではないかともいわれている。有年は和漢のみならず西洋医学に通じており、独自の医学論を持つだけでなく『辛丑雑記』なる随筆で知られる。同書には駿府近郊での狐つきの話なども冷静な筆で書かれており、彼を在世記の筆者に擬す見解も全く否定することはできない。しかし、ここでは一人の左官が物語の主人公として読者を得ていたという事実が重要である。なお侠客安東文吉が山梨（袋井）の巳之助と出入りがあった際、駿府で集められた大勢の子分の中に「安西の安鶴」という名が見えることは、安鶴の実像の一端を窺わせる。安鶴は明治五（一八七二）年に六二歳で死去、墓は大安寺（安西四丁目）にあり「鶴翁栄寿上座」と刻まれている。

本業が左官の安鶴が狐と争い、狐に詫び証文を書かせたという『安鶴在世記』の発端は、安鶴出入りの呉服町の老舗、唐木屋での仕事中、昼寝をしていた狐を見つけ、商売道具の鏝《こて》を投げつけたことにある。狐はその恨みを晴らそうと、安鶴の友人の女房に取り憑いて女房に安鶴との仲を疑わせるような行動を取った。安鶴が女房、実は狐と交渉した結果、今後は狐をいじめない、狐は人間に悪さをしないという証文を取り交わすことになり、安鶴は狐に署名を求めた。狐が姿を消したあとで証文を見たら真九郎とあったという筋である。

この狐の証文が今も残っているという。作家の石川淳は『諸国畸人伝』[17]に「駿府の安鶴　附あんばい松」として安鶴を取り上げた。取材のため静岡で飯塚伝太郎、白鳥金次郎など高名な郷土史研究者に会って情報を得ている。狐の証文について石川は「わたしがその証文の実物を拝観しないですんだのは僥倖であった」と皮肉っぽく書いている。

駿府は城下町とはいえ、野生動物が城下町に出現することがしばしばあった。「小西家年代記」には、熊が市中に出て城内に入ったのを鉄砲で撃ちとめた（享保十六年十月十八日）、まみ（ニホンアナグマ）を呉服町三丁目の布屋で打ち殺した（元文二年八月十六日）、川辺村に狼（延享四年五月某日）、さらに市中にも狼が出て両替町にて打ちとどめた（宝暦四年閏二月六日夜）などの記録が見える。狐は珍しくもなく、駿府近在には伝説の主人公として名前を持った狐があちこちにいた。

左官の仕事

ここで安鶴の本職であった左官について見ていこう。明治初期、静岡では土蔵の建築に際して白や黒の磨き壁が流行した。それに従事する左官は裸で刺青をひけらかして仕事をし、素肌の者は白瓜と言われて馬鹿にされた。白鳥金次郎によると左官森田鶴堂は十代の頃、近いうちに土蔵を建てるから心掛けておくよう出入り先の旦那から一月分以上の日当にあたる金をもらい、二年がかりで大蛇丸の絵を彫ったという[18]。出入りの家の手間仕事を専門にやらせてもらう代わりに、嫁入りとか葬式の手伝いにも出るという個人的関係が強かったので、出入りのつながりは仲間内で非常に大切にされていた。天保三（一八三二）年の左官職規定に、次のような条項がある[19]。

出入場みだりにせり合い申すまじく候事。若し亦、せり合い候者これ有るに於ては、道具仲間内に止置き、左官職相留め申し候事

長年続いてきた出入りの関係が侵害されたということで左宮職全体の大問題になったのは大正十四（一九二五）年である。静岡市内のある旧家に先代より出入りしていた左官が突然差し止められ、別人が新たに指名された。当人の訴えを取り上げた組合は、仲間の規約上からもこれを認めるわけにはいかないとし、新たに出入りを許された者もその権利を返上したが、雇い主は従来の左官が老齢であるのを理由にあくまでも譲らなかった。そこで組合は、その家の仕事には一切従事しない旨の誓約書を左官職全員に提出させ、工事をまったく停止してしまった。その後、市会議員が斡旋に乗り出し、昭和三年に市内の浅間神社において手打式が行われ、旧来の左官の復職が認められて落着した。

左官の修業

天保三年の規定（静岡市左官組合文書）の中には、親方と弟子との関係を定めたものもある。

一、弟子遣ひ候ハハ拾ケ年と相定、且亦中年ゟ親方之機嫌損シ、暇捨られ候者同職之内、遣ひ間敷候事
一、弟子遣ひ候共、弐人之外置くべからず候事
一、片入弟子六ケ年に相定遣ふべく候事
一、弟子共年季明ケ仲間入之義ハ、祝儀として金百疋月番江差出し申すべき事

写真６－４　左官の服装（大高栄一氏所蔵）

これによれば、左官の修業は親方のもとで一〇年勤めて年季明けとなるが、その途中で追い出されると同職の間ではもう使ってもらえなかった。しかし親方に途中で死なれたりした場合は、片入弟子としてほかの親方にさらに六ヶ年勤めることになっていた。そして年季が明けると仲間入りをしてようやく一人前となるのである。これらは江戸時代の規定であるが、実質的には近年まで変わっていない。明治三十五（一九〇二）年生まれの左官大高栄一さんは次のように回想している。

私は静岡郊外の用宗の農家に二男として生まれた。兄が家をとることになってから高等小学校を一年でやめて、舟川さんという左官の親方の弟子に入った。その時、家の近くの人が「お世話人」となって話を通してくれた。当時は八年から一〇年勤め「年《ねん》明け」といって一人前の給料がもらえるようになるまでは無給で、休日は正月の三が日と三月のお節供の二日間、それに盆の三日間だけで、その時にわずかな小遣いをもらうだけだった。新弟子は、まず親方の家の家事を手伝い、土ねり、漆喰ねりを一、二年やってようやくコテを持つことが許された。そして年明けには再びお世話人に来てもらい、その立会いのもとで親方から左官の象徴でもあるコテや玄能をもらった。年明け後一年間は「お礼奉公」といって、親方のために無給で働いた。私はしばらく仲間を離れて横浜で働き、二三歳で静岡に帰り、一人前の親方の一人として組合に入った。その頃は三五〇人ほどの組合員がいたと思う。

写真６－５　太子講の掛軸
（静岡市左官組合蔵）
1980.8

写真６－６　聖徳太子立像
厨子背面に「昭和二年の組合役員十名が寄贈」と書かれている
（静岡市左官組合蔵）　1980.8

職人仲間と太子講

静岡市の左宮組合は、江戸時代には一番組から五番組の五組によって構成されていた。この組合の結成時期ははっきりしない。駿府九六ヶ町には大工町・桶屋町・大鋸町など同職集住を思わせる町名があるが、左官を冠した町はなかった。しかし静岡市左官組合に伝わる文書を見ると、左官仲間の規定としては天保三年のものが最も古いが、「太子講聚銭預帳」と題した冊子が文政六（一八二三）年より書き始められていることから考えて、遅くとも文政六年には仲間が結成されていたとみることができる。

太子講とは、主として建築関係の諸職の人びとが守護神としての聖徳太子をあがめる信仰組織であり、太子が中国より建築技術者を招いたという伝承と、太子自身が多くの寺院を建立したということに由来している。そしてこの講を利用して賃金の協定をはじめ、種々の取決めがなされた。左官組合は実質的にはこの太子講の仲間と完全に一致しており、五つの組が交代で年番を務め、正月と七月には太子講を主催してきた。

組合事務所には、年番の継送りで大切に守られてきた古文書と共に、太子像を描いた掛軸や立派な厨子に入った太子像が保管されている。正月と七月の各十五日には、料亭などに各番組の代表者を集めての太子講が行われている。床の間には太子像の軸が掛けられ、その前に香盆や神酒を供え、参会者が順次香を焚き拝礼する行事である。これとは別に、正月はじめには番組ごとの太子講も行われている。

このような太子講は、大工仲間でも盛んであって、延享四（一七四七）年には講が結成されているという（『静岡市産業百年物語』）。また左官、大工などに限らず、ほかの多くの職種にわたってもそれぞれ作られていたのである。

太子講の集まり

聖徳太子の尊号を山号とする浄土宗極楽寺は、駿府の本通七丁目にあった。そして、この寺の本堂（太子堂）で各職の太子講が行われてきたのである。檀家のほとんどなかったこの寺の経済は、各職の太子講と境内にある金比羅さんに参詣する人びとの浄財によって支えられていた。極楽寺は太子堂と呼ばれたが、本尊として祀られている太子像は聖徳太子八歳の時の自作とされ、文政三（一八二〇）年の極楽寺印行の「聖徳太子御幼像縁起」には大略次のような創建の由来が語られている。

駿府宝台院の第十五世俊応上人は、もと江戸深川霊岸寺の住職であった。元禄三（一六九〇）年駿府に赴くように命じられ増上寺に逗留中、一人の発心者が訪れて帛紗の包みから木像を取り出し「この太子の御幼像は亡父より譲り受けたもので日ごろ信仰してきましたが、このごろしきりに夢に出られ、我を俊応に譲れとのお告げをなさるのでお持ちしました」と言う。像を譲られた俊応が駿府に来てみると、今度は俊応の夢に像が出てきて、極楽寺へ移してほしい、というお告げがあった。そこでいろいろ調べたが極楽寺なる寺はどこにもなかった。しかし、たまたま八〇歳を越したと思われる老翁から、古、駿河の西にそういう寺があったが、兵乱で滅びたとの話を聞き、あらためて日記を見たところ、天正十（一五八二）年に伊豆の通誉法弘の開山になる寺があったことがわかった。その旧地は宝台院の持地であったので再建を呼びかけたところ、府中の大工や諸職人がかねてより太子堂の建立を望んでいたので、たちまちにして再建することができた。これが今の太子堂である。

この極楽寺は昭和二十年六月の空襲により全焼したため古記録は残っていない。しかし左官組合に伝わる明治二十一年に太子堂の修繕をした時の帳面には、大工職からの三七円余をはじめ、木挽職中・桶職中・指物職中・左官職中・屋根職中・畳職中より合計八九円四六銭の金が集まったことが記されている。また明治二十四年四月七日より十三日にかけて太子堂祭典が催され、右の各職に加えて漆箸職中・箪笥職中・髪結職中より寄付があった。さらに昭和十五年修繕の際に寄付の割当てを受けたのは、大工職七五〇人、指物職五〇〇人、左官職三〇〇人、石工職八〇人、畳職一〇〇人、建具職一〇〇人、ブリキ職一〇〇人、そのほか一〇〇人であった。

空襲を受けた時、本尊の太子像だけは焼失を免れたので、昭和二十六年に再建の議が起こった。この時も大工職・左官職・指物職（鏡台部・姫鏡台部・針箱部）・畳職・石工職・建具職の各組合より発起人が出されている。その後木工業界の再編によって組合の名称に変化はあったが、極楽寺を拠点とする太子講は健在であった。しかし昭和五十一年、区画整理によって極楽寺は現在の静岡市建穂に移転し、市街地から離れてしまった。これ以後諸職の人びとによる組織的な参拝は絶えたという。

組合保管の太子の画像は二本ある。一本は木版刷りで高輪太子堂が板行したもので、その裏書は次のとおり。

写真6-7　極楽寺修繕に参加した左官職（大高栄一氏所蔵）

明治十九年七月十五日　静岡七間町弐丁目
山田幾蔵殿ヨリ受納　四番組

もう一本は彩色画で裏書に極楽寺からいただいたとある。

明治参拾七年拾弐月　本通七丁目極楽寺より肖像下付
参拾八年壱月経師成功ス
静岡左官職組合一同蔵　弐番組年番代

さらに厨子に入った立像があり、厨子の裏側には次のように書かれている。

為贈　左官組合役員十年以上勤続者記念　昭和二年七月十五日
壱番組　松下忠蔵　仝小川勇吉　弐番組長谷川太平　東三番組　鷲巣丑蔵　四番組長谷川徳太郎　仝山内伊之助　五番組　秋山安蔵

駿府城下町の火事

駿府に限らず人家密集した城下町では火事が頻発した。『静岡市史　近世』には、弘治三（一五五七）年の今川義元時代に瞬く間に百余軒が焼失したという記録に始まり駿府城天守の焼失、天和三（一六八三）年二月に二九町にわたり六三七軒焼失、安永二（一七七三）年の浅間神社焼失など、度重なる火災が列挙されている。近世を通じて駿府城下町の家数はおおよそ二五〇〇軒、人口は一万五〇〇〇ほどを維持していたと考えられる。その中で五百軒超えの火災、しかも密集地での火災は大きな打撃であった。

幕末の慶応二（一八六六）年三月十日の火災については事後処置に関する詳細な記録[20]があるので紹介しておこう。十日亥上刻（午後九時過ぎ）呉服町二丁目から出火、一八ヶ町を焼き十一日卯下刻（午前六時過ぎ）に鎮火した。類焼した一八ヶ町の惣竈数が六九四、そのうち難渋者五〇九軒、惣人数は三二〇八人、うち難渋者が二二六〇人に上った。そこで奉行所では「御救非常手当囲米」のうちから白米に搗き上げた四〇石を家々に配給しただけでなく、「無難町々、身元宜敷者《みもとよろしきもの》」が申し合わせ出金をした。

金五〇両を出したのは、北村彦次郎・野崎延太郎・野呂整太郎、三〇両出金は伊豆屋伝八・遠州屋清左衛門で、いずれも城下町の富商である。以下、二〇両から五両まで出金者がおり、合計で五六〇両に及び、米と共に次のように配分された。

焼失　呉服町弐丁目始拾八ケ町
　惣竈数　六百九拾四軒　内竈数五百九軒　難渋之者
　惣人数　三千弐百八人　内人数弐千弐百六十人　同上

一　白米　四十石　是は難渋人数割合壱人ニ付米壱升七合七勺宛
一　金　五百九両　是は難渋人竈数ニ割合壱軒ニ付金壱両つ、

被災者に対して富裕者からの見舞金および奉行所からの米は、一三名の非常救方世話取扱人のもとに配分された。日ごろの自治機能はこのような非常時に発揮されたのである。

都市を守る消防組

独立した消防組織は都市の顔とも言える。広範囲に人家が密集し、住民の職種もまちまちの都市においては、個々人による火の用心とともに専門的に組織された消防体制がどうしても必要であった。

駿府以外の町の消防の例を見てみよう。沼津では、天保十三（一八四二）年の大火以来、藩主水野出羽守が家中の武士たちに火防用の団扇を用いて火を防がせようとした。慶応元（一八六五）年の火事にも出動したが、明治維新に際して解散している。ついで明治初年、数百人よりなる町設消防一番組が設置された。また、これとは別に明治五年、市街地に三枚橋組・上上組・加組等の消防組が作られた。このうち加組は河岸の魚商で作られ、問屋衆は加組の組員以外とは取引しなかったという。その代わり、消防費は全部問屋が負担し、裏は消防、表は魚屋という衣服を特別に作って組に与えた。当時加組の組員であった古老の話によると、加組は家の壊し方がうまかったため町民の受けもいちばんよかったという[21]。これは水産業界全体で維持された消防組であった。

三島では、幕末に青物会合という青物商と鳶職の合同した組が消防に従事し、そのうちの有力者が頭取となった。裸体消防と称したこともあったという。しかし組員への手当がないため三嶋大社の四月と十一月の大祭に際し、境内の露店より店代を徴収したり、年一回町内を回って梯子乗りを見せて祝儀を得たりしていた。のち警察の指揮下に入った時には「み組青物火消」と称され、明治十六（一八八三）年に「み組町火消」と改められた。同二十二年よりは火消し五〇名に町費から手当が出され、三十六年より公設消防に切り替えられた（『田方郡誌』）。

浜松では元来二、三組の消防組があったとされるが、明治七年の大火のあと中心街に一四組の消防組が作られた。さらに十五年には二一組に増えて、町ごとに四〇〜一〇〇人により構成された浜松連合消防組同盟が成立した。その頃の習慣として、火災に出動した各消防組は消し口に消札を貼った。これはのちに焼家より礼品を添えて消防組に返す習いだったので、各組は消札を貼る係を決めて先を争った。これがしばしば喧嘩のもとになったので同盟の規約ができたのである。それによれば二一ヶ町が三ヶ町ずつ年番を担当し、毎年一月五日に連合消防組整列式を実施した。また、右の消札に関しては「鎮火ニ至リ其功ヲ表スル為メニ消口ニ掲クル消火標ノ掲ケ場所ヲ争ヒ紛紜《ふんうん》ヲ起スルトモ年番ハ勉メテ静穏適当ノ和解ヲ為スベシ」とあり「他組ノ消口ニ自組ノ消火標ヲ掲表スル者」は臨時会で審断すると決めてあった（『浜松市史』）。

この消火標つまり消札については藤枝町の私設消防時代、手とびを腰に消札を火事場に立てる競争があって、一番札が五円、二番札が三円、三番札に一円という礼金がかかっていたので、しばしば小競合いになったという（『写真集・藤枝』）。静岡でも明治中頃の町設消防各組の間に消札を立てる場所をめぐって争いがあった（『静岡物語』）。

明治中頃までの県下各都市における消防活動は、特定の職業団体に請け負わせたり、あるいは、個々に消防にふさわしいような人に依頼したりして編成した例が多かったと考えられる。

駿府の火消しと左官職

駿府では駿府城およびその城下町の重要性から、早くより消防組織が整えられていた。『静岡市史』などによると、元禄年間（一六八八〜一七〇四）駿府定火消が編成され、城下九六町のうち七五町より計七六二人の人足が出され、町奉行指揮下に六組に分かれて火災に備えた。中でも六組の一つである斧組に編入された区域は大工町・大鋸町など大工・木挽などが比較的多く住んだ所で、当時一般的だった破壊消防に重要な役割が期待されていた。一方、文政四（一八二一）年にこれとは別に消火体制を強化する目的で、町人たちの合意により百人組合火消が設置された。九六町のうち九〇町より各一人、不足一〇人は大きな町より補って一〇〇人の人足を町内ごと原則一人ずつとどめ置いて火事に備えた。

この百人組合火消に、先に見た駿府の左官組合が大きく関わってくる。おそらく各町内で雇い上げた火消人足に左官職が頼まれることが多かったからであろう。中心街の札の辻町では文政十三（一八三〇）年十一月八日、来年まで一年間の百人組合火消人足を下石町三丁目升屋三次に頼み「足留として銀三朱」を渡した。翌年も同条件で同人に依頼した。町内全戸から五〇文ずつ集金して銀三朱にまとめたのである。[22]升屋三次が何者なのかは書かれていないが、他町内からこの役にふさわしい人物を雇っていたことがわかる。

ここで注目されるのは、百人火消の年番に当たるのは駿府の自治的運営に関わっている丁頭層であったが、その下に置かれた鳶や左官など都市下層民の意向が火消年番を通じて駿府の町政に反映されるようになったことである。これについて小沢誠一が駿府町会所に保管されてきた「万留帳」を分析して、百人組合火消が一つの組織としての力を持つようになったと指摘している。[23]具体的には天保期前後から町方の経済生活に関わる米穀・米価問題・諸商人の独占経営志向（問屋・仲買制要望）等々について、町奉行への訴願に際し丁頭惣代・年行事（町方の代表者）に一枚加わって、火消年番が町方与論の担い手となっており、一種の圧力団体となったものかと言うのである。青木祐一はやはり「万留帳」から多くの実例を挙げ、「火消年番は小前層、都市下層民の意見を代表する存在としても機能していた」と述べている。[24]これらの指摘は、茶業界の問屋流通独占に反対し駿府の経済

写真６－８　静岡市消防団正月恒例出初式のはしご乗り　2014.1

界を揺るがした文政茶一件などにも通じる点があり、幕末に向かって駿府城下町の経済構造や町人たちの意識が多様化していることを物語っている。

　慶応二（一八六六）年、左官職の申請により、百人組合火消が左官職に任されることになった。同年十一月付の「百人火消左官一同江為相勤候ニ付右規定書」（静岡市左官組合文書）によれば、百人組合火消の組織は従来どおり市中を東西南北の四組に分けて交代で年番を務めるわけだが、この人足がすべて左官職によって独占されることになり、全体に対し手当金二五両が町方より毎年支払われる約束になった。

　しかし左官職による独占は長くは続かなかった。明治元（一八六八）年、下桶屋町の火事に際し、たまたま徳川家について静岡に来ていた江戸火消の新門辰五郎らが活躍したことを契機に、火消しの再編が計画された。そして辰五郎の配下と左官職有志とで江戸風の消防組を組織して静岡町火消と称し、従来並存していた定火消もこれに合併した。

ところが、明治三年末の大火を機に、翌年伝馬町に居住していた「鳶職作事人足と相唱仲間五拾人惣代」の藤吉、兼吉両名から火消しを請け負わせてほしいとの願いが町年寄に出された。これを知った左官組合は、藤吉らは他国者の集まりであり、日常よからぬ噂もあるから自分たちに任せてほしいと申請し競願となった。結局、両者を合わせて市中六組に分け、再編成が行われた。その時の消防規則には誰にでも読めるようにカナが振られており、左官職にとって必須の心得であったことが窺える。

この頃の左官組合は、明治五年に大相撲を興行して一五〇両以上の利益を挙げ、梯子乗りなどで市民を喜ばせたりしている。同八年の出初め式の記録では、元旦より四日分の花代が一四四両一分と記されている。さらに同十六年の記録によると、出火の際はいつでも出動できるようにと、半年につき一人に七銭五厘を支給していた（『静岡市左官組合史』）。しかし明治十七（一八八四）年、公立の消防組ができるとともに左官職の請負も終わりを迎えたのである。

なお、浅間神社の廿日会祭には江戸時代から種々の練り物が出て、静岡ではそれを踟《ねり》と表記し山車を曳く時には「木やり」を歌う。しかし木やりは記録を見る限り近世の廿日会祭には出ていない。徳川慶喜と共に明治初年に駿府に来た江戸火消の新門辰五郎がこれを伝えたといわれている。

〈付記〉

本章は、創土社『新静岡風土記』（一九八一年刊行）掲載の「都市のくらし」、静岡新聞社『駿府の城下町』（一九八三年刊行）掲載の「町方の民俗」を合わせて大幅に改稿した。

〈注〉

1　住民の暮らしに密着した水道方の具体的業務については、柴雅房『静岡水物語』静岡新聞社、二〇二〇年
2　増田亜矢乃「廿日会祭と駿府の支配組織」『国指定記録選択無形民俗文化財調査報告書　静岡浅間神社廿日会祭の稚児舞』静岡市教育委員会、二〇一七年、一〇六～一三二頁
3　若尾俊平『江戸時代の駿府新考』静岡谷島屋、一九八三年、二〇二頁。若尾は新版の『静岡市史』をはじめ駿府城下町の実証的研究に大きな足跡を残した。なお『駿国雑志』、『静岡市史編纂資料』（第三巻）にも基礎的な記述がある。
4　静岡県立中央図書館に原本が収納されており、複写版を同館内の歴史文化情報センターで閲覧できる。
5　『日本随筆大成十二回』吉川弘文館、一九二八年、三五四頁
6　富士宮市教育委員会『駿州富士郡大宮町　角田桜岳日記』一、二〇〇四年
7　静岡県立女子師範学校内郷土史研究会編『静岡県伝説昔話集』一九三四年、六九頁
8　本項は『静岡市史　近世史料三』所収の矢入千鶴子家文書「嘉永五年壬子二月吉日　天満宮九百五拾年開扉前後日記諸事控」を中心に組み立てる。同書収載の「寛政六年三月丁内ヶ条書」も参照した。矢入家は駿府の豪商松木新左衛門の孫を初代とし代々呉服町一丁目に住んだ。
9　比留間尚『江戸の開帳』吉川弘文館、一九八〇年
10　遠藤泰助『中部・近畿地方における天神信仰』一九八二年
11　『江漢西遊日記』日本庶民生活史料第二巻所収、一九六九年
12　「宝永年中ゟ年代記」（小西家旧蔵文書）『静岡市史　近世史料三』所収、一九七六年
13　花野井有年『辛丑雑記　第二』東海文庫（14）、静岡郷土研究会、一九二九年
14　宮本勉編著『海野信茂日記』井川村史刊行会、一九七八年

15 『駿国雑志』（巻六）に「阿倍川遊女町図」を見ると、いわゆる二丁町の大門をくぐったいちばん奥に奥州屋がある。

16 相川春吉『安東文吉基本史料Ⅰ』葵草書第十七編として一九五八年謄写印刷。本名は西谷文吉、文化五年～明治八年。これをもとに法月山雨（吐月楼）『次郎長巷談』、下澤寛『駿河遊侠伝』などの小説にも登場する。

17 石川淳『諸国畸人伝』筑摩叢書58、一九六六年

18 白鳥金次郎『森田鶴堂翁伝』私家版、一九五五年

19 静岡商工会議所『静岡市産業百年物語』一九六八年、四二三頁

20 「慶応二寅三月十日　呉服町弐丁目始拾八ケ町　類焼町々家数人数難渋人取調帳　世話方」『静岡市史　近世史料三』三〇六頁

21 静岡県消防組合聯合会『静岡県消防沿革史』一九二九年

22 札ノ辻町谷田庄兵衛家文書「諸事書留控帳」『静岡市史　近世史料三』一九七六年

23 『静岡市史　近世』小沢誠一執筆箇所、一九七九年、九一六頁

24 青木祐一「駿府における『百人組合火消』の機能―近世都市における火消の一側面について―」千葉大学社会文化科学研究科研究プロジェクト報告書第97集、二〇〇四年

第七章　弾除け・徴兵逃れとしての竜爪信仰

はじめに

竜爪山は静岡平野北部に屹立する標高約千メートルの双耳峰で、山容そのものがすでに崇拝の対象であったことは想像に難くない。山頂からは東方に富士山、眼下に駿河湾が望め、安倍川に沿って北に延びる尾根筋ははるか南アルプスの高峰に連なる。双耳峰の一方を薬師岳、他方を文殊岳と称し、頂上にはそれぞれの石仏が祀られている。竜爪という山名は雲に隠れた山頂の木に竜の爪があったことによると伝わるが、雲がかかると雨が降ることから時雨峰と呼ばれ、この音読み「じうそう」が転訛したとも言うが、いずれも憶測の域を出ない。また山頂に二度雪が積もれば春が来るとも言われていることは農業神として尊崇されていたことを示しており、これらの伝承が雨乞習俗にもつながっている（次章で詳述）。

写真7－1　静岡市の北郊にそびえる竜爪山　1996.1

竜爪山東腹の段をなしたところに穂積神社（祭神：大己貴命・少彦名命）が鎮座する。この社名は明治三（一八七〇）年に改称したもので同八年に郷社となった（『静岡市神社名鑑』）。近世には広く「龍爪権現」と呼ばれ、五穀豊穣・諸難除け・鉄砲安全の神として周辺の人びとからあつい信仰を寄せられていた。

本書では多様な内容を持つ竜爪信仰を、近代の弾除け・徴兵逃れに関することと、牛と雨乞に関することとの二つの章に分けて記述する。この章では江戸時代から盛んであった鉄砲（炮）安全と諸厄・諸難除けの信仰に端を発し、近代になってからは周辺のみならず全国からも祈祷の依頼を受けることになった弾除け・徴兵逃れの信仰に重点をおき、穂積神社の神官であった滝家の文書と地域の伝承をもとにその実態について考察した。当社は穂積神社と改称されてからも「竜爪さん」と呼び習わされているので、特に聞取り調査の報告などにおいては、この呼称を用いることにする。なお史料の原文引用以外は龍を竜と表記する。

竜爪山の信仰に関しては近世の地誌や郷土研究誌に多くの記述が見られるが、総括的な研究では大村和男、(1)松田香代子(2)らの研究が挙げられる。また竜爪山麓平山の三枝庵住職、奥田賢山による資料集および論考がある。(3)

一　竜爪信仰の起源とその展開

竜爪権現の縁起

竜爪権現としての祭祀は近世初頭に始まったとされる。庵原郡樽（現・静岡市清水区）に住んだ武田氏の旧臣望月権兵衛が山中で白鹿を撃ち、その祟りで発狂したが、やがて神がかりして竜爪権現を祀り諸願成就を祈るようになった。従来、山中の亀の段というところに柴の折枝で宮形を作り祀っていた神に対しあらためて祠を作り、権兵衛も山中に居を構えて本格的に祀ることにしたという。竜爪権現の縁起は本章末に翻刻を掲載した。また『駿国雑志』（巻之廿四上怪異）など近世の地誌にも概要が載せられている。

この伝承にもあるように、山中において亀石すなわち神石＝磐座《いわくら》を前に祭祀を行っていたことがわかるし、そもそもこの山は降雨と豊穣をもたらす神として、権兵衛以前から信仰を寄せられていた。それが多様な霊験をもたらす竜爪権現として形を整えていったのは、権兵衛およびその子孫の積極的な布教活動によるものである。

山中に住んだ権兵衛は正保元（一六四四）年に死去し地主権現として祀られた。権兵衛の跡は分家した四人の男子が継承した。半之丞は吉原村（滝姓）、勘之丞は平山村（滝姓）、半兵衛は樽村（望月姓）、六平（権之丞）は清地《きよじ》村（望月姓）に住み、のちに樽村の神官家から布沢村に別家（望月姓）を出し、別に布沢でもう一軒別家（滝姓）が出て、それぞれ吉田家から受領名を受けて神官を務めた（平山は静岡市葵区、他は清水区、近世にはすべて小島《おじま》藩領）。六軒のうち三家は望月姓、三家は滝姓である。各家では独自に竜爪権現を祀り地域の祈祷依頼に応えるだけでなく、伊豆や駿東方面まで護符を配り歩いた。たとえば樽の望月家は富士川方面へ、布沢の望月家は伊豆七島まで行ったと伝えている。六家は当番制で山上の祠の鍵取を務め、協力し合って竜爪さんを祀り、例祭日（正・三・九月の各十七日）や必要な時には山上に滞在した。明治期になってから平山の滝家以外は神官をやめている。

竜爪山中に参拝施設が造られ、どのように利用されたかについては、安永三（一七七四）年に六人の神官連名で小島藩の御林改の役人に提出した口上（下書）[4]があるので概要を示す。社地は炭焼村（稜線の反対側）境と平山村、長尾村、北沼上村三ヶ村持山の境界線上に当たり、慶長十七（一六一二）年頃に樽上《たるかみ》村の権兵衛が小宮を設けた所である。そこに権兵衛一家が住んだが、社地は地元村々の共同利用地に含まれていたため、二七ヶ村が関わる山論に巻き込まれていくが、その際に作成された元禄二（一六八九）年の文書に[5]「竜爪権現の宮弐拾ケ年已然より建て置き、杉桧の林仕立て、社人等居住せしむる由」という文言が見える。文書中の二〇年前は一六七〇年頃にあたる。参拝者増加に伴って宿泊施設が建てられていく様子が窺えよう。

権兵衛の後継者たちは追々下山して里方五ヶ村に住み自宅に竜爪権現を祀って竜爪祢宜と呼ばれたが、山上の社殿の修理などは自分たちで行い、鳥居修復などについては近郷村々から費用や人足の提供を受けてきた。建物は普段は施錠してあるが、祭日の正・三・九月の各十七日には「近郷幷びに駿府町辺よりも参詣これあり、尤も前々より守札を引き旦家（檀家）同然の儀につき、知る人多く御座候処、深山の儀故食物等にも難儀仕り候間、祭礼の節は前日より私共人足召し連れ罷り越し、茶など煎り置き給を為し、又は遠方より罷り越しの者共、中（昼）飯など相願い候えば、焚（炊）き出し等の世話も仕来り申し候。将又諸願にて通夜仕り候者もこれ有り、在所身元等よく存ずる者相頼み候えば、詰小屋に差し置き賄等致しやり候えば、参詣の者茶代木銭等差し置き申し候」と述べており、希望者は諸小屋つまり境内に神官たちが建てた施設に宿泊できたらしい。「龍爪社御本社造営之覚帳」（注3所収）によると、望月日向（受領名）の小屋が宝永元（一七〇四）年、滝周防の小屋は享保九（一七二四）年、平山の滝家では延宝七（一六七九）年に建て、天明三（一七八三）年と安政五（一八五八）年に建て替えた。その大きさは間口四間半、奥行三間（一三畳半）だった。

写真７－２　神官宅で祀る竜爪権現像
像容には秋葉信仰の影響が見られる（静岡市布沢）　1981.8

竜爪権現の御札

平山の滝家に木版刷りで竜爪権現の姿を描いた神札と宝珠の下に「龍爪山権現守護所」と記した札がまとまって残されており、それぞれの札に小さく発札元と思われる神官名が書かれている。そのうち神像の一枚に「嘉永四年亥三月当村小左衛門此御すがた火防共判形拵御札認メ御本社ニ而売申候」とあり、火防札の一枚にも「嘉永四亥年三月当村名主小左衛門火防と御す

写真7－3　平山滝家文書中の竜爪山守札　1981.4
左から望月越中正、嘉永以下別置、平瀧の書込みがある

かた之判形拵御札認メ売申候」と書き込みがある。これには次のような背景があった。

　御札は祭礼に登山してきた参拝者に村役人が販売し、御札料は神官と村役人とで折半する慣例だった。ところが平山村名主小左衛門は嘉永四年、社中に無断で版木を起こし御姿と火伏の札を無断で販売して売り上げも独占してしまった。社人たちが抗議して翌年春に小左衛門を納得させて旧に復したことがあった（奥田賢山編「古今万記録」）。

　御札類の実物をまとめた包紙（滝家蔵）には次の上書きがある。

龍爪穂積権現
　御神影
　御火防
明暦二年丙申之再刻／正徳元年辛酉卯
之再刻／宝暦元辛未再刻／文化六年未
年再刻／嘉永五子年再刻

（／は改行を示す）

竜爪穂積権現とあることから権現社が穂積神社に改称されたのち、県社への昇格を求める動きがあった時に竜爪を名乗る五社が発行していたお札類をまとめたものと推定される。需要に応じて版木が何度も再刻されたようだが、江戸時代を通じてほぼ同じ内容であったろう。神像の外観は火炎を背負った不動明王をもとにして、高い鼻と羽を加えた烏天狗の姿であり、そのイメージは遠州秋葉三尺坊の神札と火防札にも通じている。竜爪信仰拡大に際し、全国に知られた秋葉三尺坊の影響があったことが推測できる。またこの図像から岩田重則は矢玉除けの神威は天狗信仰（烏天狗）と結び付いているとし、修験者の姿と呪力を原型とする天狗は、戦時下に事実上の流行神となり、近代戦争における弾除けの崇拝対象となったと指摘している[6]。

駿府城下町への布教活動

六家のうち平山の滝家は駿府城下町において積極的な布教活動をしていた。『駿国雑志』（巻之三十一下）「竜爪神像」の項には「火災及疱瘡の守と号し、板行の像を出せり。毎家門戸に張て珍重す」とある。さらに『駿国雑志』（巻之四十五上）には駿府の中心地に鎮座する小梳《おぐし》神社の祢宜はもと稲葉甚左衛門（詳細不明）だったが、現在は「竜爪山神主瀧大和と云もの」が兼帯しているという記述がある。竜爪権現と小梳神社の神官兼帯のことは他の史料には見えないが、小梳神社は駿府城下町のうち中心街全体の氏神であるから滝家が市中全戸に御札を配ることができた背景になっていたと考えられる。

滝家に残る近世の「龍爪山引札」と題する冊子によると、駿府市中の町家に対して丁（町）頭を通して三千余枚の引札を配布していたこと、奉行所や代官所にも札を贈っていたことが判明する。表紙に続いて次の頁がある。

（中表紙）　宝暦四亥年十一月五日　初テ町配札
　享和二歳帳改
　　町々巡行覚帳
　戌　正月吉日写之　　　　瀧大和

（以下にその記載内容を例示する）

一　呉服町六丁目　大札五枚　小札二十八枚　御町頭　太兵衛様
一　呉服町五丁目　大札六枚　小札二十六枚　深江屋太右衛門様
　　　　　　　　　　　　　　　　　御町頭　~~太右衛門様~~
　　　　　　　　　　　　　　　　　　　　油屋四兵□様
一　町御奉行様エ入　御配筒御札ヲ以テ上ル　但シ　御門番江モ　御上包札壱本納

（各町内へは町頭に大札数枚とおそらく住民の数だけ小札を配っていたと思われるが、武家には特別に上包をかけたり筒に納めて渡したようである）

一　御与力組　上包配筒八本　大谷木仙右衛門様江上ル

（大谷木の屋敷は本通二丁目と三丁目の間で、幕末には下級武士の住居があった）

一　伝馬町　御会所　大札五枚　小札九十枚　火消付
一　外ニ　上本陳（陣）様江　配筒札壱本納メ
一　紺屋町御代官様江入　御配筒ヲ以テ　上ル但シ御門番江　上包札壱本納メ

（このように記載してきて最終的には次のような枚数を配ったと書かれている）

　右町々札認（カ）メ凡札数

一　大札合　四百二十枚　　与頭札
一　小札合　弐千七百五拾枚　小前札
一　三元札合　三枚程
一　御破□札合　八枚程
一　朱印引札合　拾弐枚
一　朱印引札合　九十五枚　丁頭札
　　大札都合五百枚ト三拾枚程

この記載によって、竜爪権現の御札には、大札・小札があり、丁（町）頭クラスには大札、小前（一般町人）には小札が分けられ、武家に対しては特別に上包をかけたり筒に入れて届けたりしたことが判明する。これらの代価については記録がないが、竜爪の神主にとっては大きな収入になっていたであろう。なお江戸時代の駿府城下町の戸数は、おおよそ二五〇〇軒ほどと推定されている[7]。御札の合計数字が家持・家守という、いわゆる町人クラスだけなのか、下層民まで含んだものなのかは明らかではないが、竜爪権現の御札は市中ほとんどの家に配布されていたと考えられる。

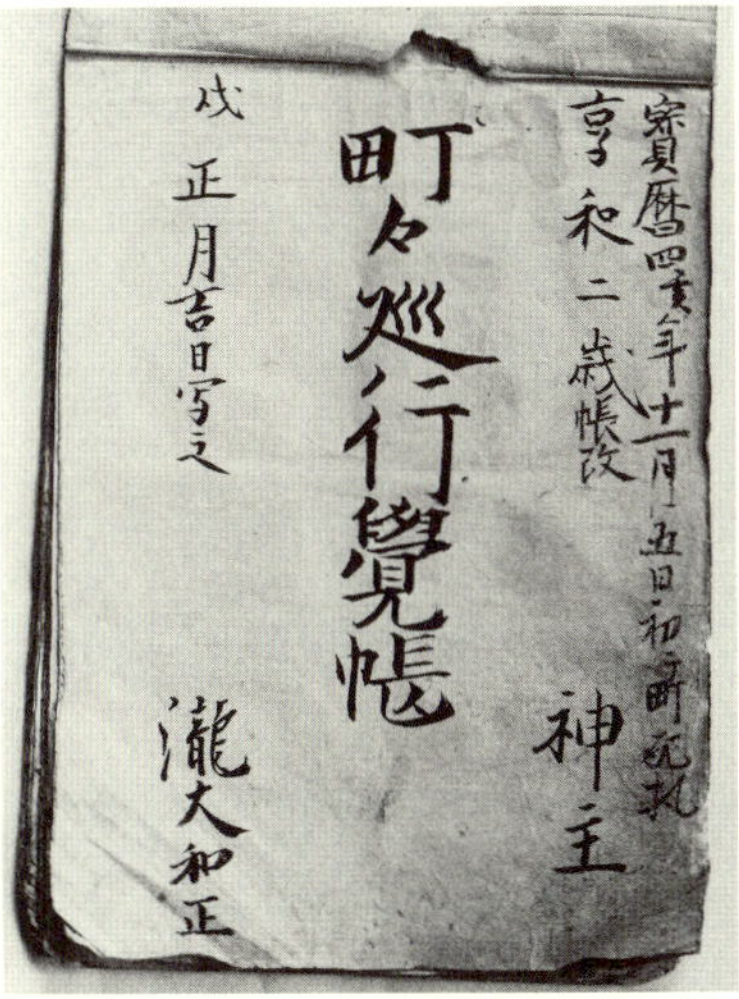

写真７－４　町々巡行覚帳の中表紙　1981.4

駿府の武家の祈願

奥田賢山が紹介する竜爪山に対する「崇敬史料[8]」に駿府城城代関係者や勤番の武家、それに市中居住の同心の祈願が列挙されている。

○代々御武運長久御無事安全毎月祈祷　町奉行

金　百疋納

○金五十疋　駿府城代坪内伊豆守内　大竹鉒次郎

○金一両二分　駿府城内勤番組頭　小栗小膳

「府中御城内御勤番組之　小栗小膳様

安政三丙辰五月廿四日より廿六日迄登山ニ而御祈願右三日三夜五百度の祈祷」

○金六百疋　駿府城内勤番　布施権十妹

○金五十疋　府中草深町　興津半兵衛

○青銅弐十疋　府中屋形町与力大谷木仙右衛門外八名

○南鐐一片　町奉行　石野八太夫内

この中には、すでに第五章の天神社開扉一件に登場した武家の名が見える。小栗小膳は天神社開扉に際して町内の要請によって定紋付きの高張提灯を貸与している。三日間も山中にとどまっていたということは、よほど深刻な問題があったとみえる。竜爪権現の御利益の一つに精神を病む者の平癒がある。これは祀り始めた樽村の権兵衛が精神に異常をきたしたのを父親が必死に祈って快癒したということから、竜爪さんの御利益として広く知られていた。近代になっても家族が病人を山上に運び上げて祈祷していた例がある。小栗の家族にこれに該当する者がいて祈祷を依頼した可能性がある。竜爪さんに対する信仰は武家も町人も関係なく幅広い支持を得ていたのである。

永代祈祷帳が語ること

滝家文書には「永代祈祷帳」という冊子もある。これには文政期から明治初期に至る祈祷依頼者と目的が記されており、武家については「御武運長久」、町人には「開運長久・盗賊除け・火難除け」、漁業者には「毎月海漁満足」などが見られる。また個人の祈願の他に「嶋田在野田村波田　講中」のように、講を結成して竜爪さんに代参をたてた村があったことも窺える。いくつか具体例を挙げてみよう。まず、帳面の最初の頁には領主の名が見える（以下、仮に番号を付すが、帳面全体の通し番号ではない）。

①
御武運長久御無事安全
松平丹後守様　源信友　亥御年
毎月御祈祷　永代

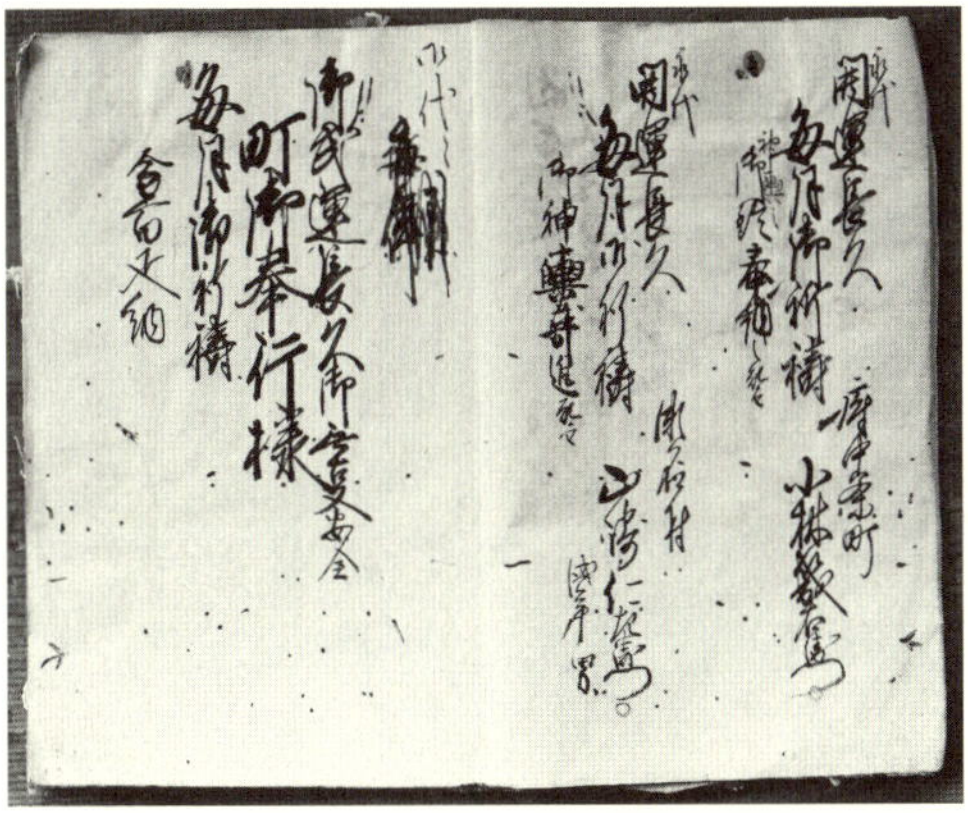

写真７－５　竜爪山権現御幣束毎月御祈祷帳
町奉行の依頼も見える　1981.4

（松平信友は平山を領下におく小島藩滝脇松平の第十四代で一八一五年から三六年までの藩主）

②　永代開運長久　毎月御祈祷　瀬名村　願主中川東大夫　家内安全
　金百疋奉納　御幟委弐本奉納

（中川家は地元の有力農民）

③　永代開運長久　毎月御祈祷　川合村　願主　久左衛門　酉年男
　盗賊除ケ　鳥目三百六拾銅　奉納

（川合村は長尾川下流部の水田地帯で、盗賊除けというのは自宅への侵入犯か収穫後の稲盗か）

④　永代開運長久　毎月御祈祷　府中屋形町　御与力　大谷木仙右衛門様初
　外御八人様方

（駿府城下町の奉行所あるいは代官所勤務の地元在住の与力たちか。その他、武家町人のほか、駿府以外からも多くの祈願が寄せられている）

⑤　毎月猪鹿除ケ御祈祷　嶋田在野田村ノ内波田　講中　青銅三拾疋奉納

⑥　毎月　海漁満足御祈祷　興津宿　願主　太郎右衛門船　金三百疋奉納

（島田の場合は害獣除け、興津の船主は大漁祈願）

⑦　開運長久之ため　毎月祭日　御神燈　青銅五拾疋　是ハ祭日御神燈
　江戸日本橋通弐丁目　諸国茶問屋　山本喜兵衛

（山本屋は現在の山本山で日本橋に店舗を持つ茶問屋だが、当主は代々嘉兵衛を名乗っている。喜兵衛は主人ではなく化政期から天保期にかけて活躍した手代・番頭である。(9) 駿府茶商との取引関係から主家の代理として祈願をかけたのであろう）

⑧　永代御無事安全之ため　毎月祭日　御神燈　金百疋奉納
　駿府三加番様御屋敷内　酉年男
⑨　金五拾疋奉納　永代開運御祈祷但シ毎月
　江戸西丸下タ　本庄安芸守様御家中　願主亥年男
⑩　永代毎月　開運長久　御祈祷　金百疋奉納
　御定番組　松井勝弥　子年男
（⑧は三加番に勤務中の赴任者か地付の武家か、⑨は江戸屋敷の所在地を示すか、⑩は駿府定番配下の与力か）

この帳面は祈祷を受け付けた順に書き足されたもので年代は不明であるが、冒頭の①小島藩主の在任中（文化文政頃）から明治初年までの祈願者が見える。後述するが、福岡在の武士たちについては奉納した時の包み紙が残っており、それと対照させることで時代を確定できる。本帳により竜爪山に対する信仰の多様性と信仰圏の広さが読み取れる。帳面には出てこないが、富士川町（現・富士宮市）には「ありがたや　黍稷《きしょく》を守る龍爪さまお山のけしき見ゆるサド神」という御詠歌を伝える観音堂があるという（『富士川町史　追補』）。竜爪さんは駿東郡から伊豆各地にかけて村落単位で勧請されており詳細は後述する。

農漁村の祈祷依頼

これとは別に、表紙欠のため年次不明だが明治期に祈祷依頼に来た人の目的がわかる帳面があり、虫封じ、せんき封じ、病気祈祷、眼病、除け古墓地、鳥類祟り除、徴兵逃れなど多様な内容が書かれている。

また昭和十四年に県社への社格昇格を申請した願書（奥田『竜爪山関係史料集成』所収）に含まれる「竜爪山穂積神社御崇敬調」には明治二（一八六九）年から大正末年までの御札配布先と枚数が記録されている。この調書を含む史料集の編者である奥田賢山は明治十八年から大正末年までの配布枚数を表にしているが、それ以前の明治十七年までは史料本文をそのまま翻刻しているので「永代祈祷帳」には出てこなかった明治前半期の祈祷依頼の具体的内容が見える。そこから農漁村からの祈祷依頼の初出例のみ抜粋してみると、弾除けだけでなく、生活全般にわたる庶民の祈願内容、特に地域の産物なども読み取れる。

・明治二年　紙漉安全（庵原郡平山村）、開運大漁満足（益津郡城腰）、五穀昆虫除（城東郡高橋村）、田作安全猪除（島田在野田村）
・明治三年　村役人対小前の地論差縺れで小前一統開運長久諸災除く病安全―五日五夜御祈祷（榛原郡下吉田村）
・明治五年　五穀成就毒荏三椏安全祈願（庵原郡北沼上村）
・明治七年　毒荏木尺取虫除（庵原郡梅ケ谷村）
・明治十年　当年壱束ニ付壱本之魚初尾奉納可申積立願（榛原郡白羽村船中）
・明治十三年　旱魃ニ付作物安全祈願並祈雨信心（城東郡玉匂村・坂里村・成行村・国安村）
・明治十五年　流行病（虎列剌）付門内安全祈願湯立祈願（庵原郡長尾村など五ヶ村）

このように、庶民は日常のあらゆる悩みや苦しみの解消を願って竜爪権現に祈祷を依頼した。その意味では身近な寺院や神社への祈祷依頼や願掛けとの違いはない。しかし、鉄砲安全、弾除け、さらに徴兵逃れの御利益が広く喧伝されることで、地方の一霊山は時代の要求に対応する大きな役割を担うことになったのである。

二　鉄砲祭と各地への勧請

鉄砲祭

豊猟・害獣除け・鉄砲事故除けにつながる鉄砲祭は竜爪さんの代名詞にもなっていた。文化五（一八〇八）年三月十七日に登山した池田安平という武士（駿府一加番の河内狭山藩主北条相模守の家臣）が祭りの賑わいを次のように書いている(10)。

此日の祭礼は如何成故にや、鉄砲祭りとて大筒小筒玉薬を持登りて処定めじ打出す、目当の角を建置たる所もあり。斯恐敷高山に此日は婦人迄も登山す、夥敷人なれば径狭くして行違ふ時避《よく》る地なし、側は千尋の谷なれば歩をはこぶも危くて梢に抱《すが》り岩根に取付て行違ふ。雨は次第に降きほひ疲労も増ぬれど休《いこ》ふべき方もなく立やすらひては攀登る、漸く神楽堂に至りて見れば笛太鼓打鳴し居たり、側に板屋の庵あり。茲にて各々行厨《かれゐ》を食ぬ、登山の輩我も我もと彼の庵に休らふなれば押合ひ込合て椀《かなまり》も下に置所なし（中略）しきみの枝を手折りて家土産《いえづと》にする人あまたあり。病難を避る祈祷の為也と聞く。

写真７－６　静岡市赤沢山之神社の鉄砲祭　1980.1

祭礼日の混みようがよくわかるだけでなく、シキミの枝を持ち帰る習慣が江戸時代にも見られたことが注目される。静岡市清水区由比町桜野でも祭日には竜爪山中からシキミの葉を持ち帰り各戸に配ったと伝え、竜爪山以外でも藤枝市の高根山で登山者が虫よけあるいは祈雨のためにシキミの葉を採ってくるという伝承がある。竜爪さんの農業神的要素が窺える。

鉄砲祭の起源は明らかではないが、先の権兵衛が銃猟をしていたことと、祭日が十七日であり、山の神の祭りでは本来は弓矢を用いての的射の儀礼があったから、弓矢が鉄砲に代わったと思われる。山の神信仰との習合は伊豆において顕著に表れている。また発射時の轟音が災厄を祓うという信仰とも関係あろう。祭礼において神輿の出発に合わせて鉄砲を放つ例も多い。

昭和期の鉄砲祭の様子を簡単に記すと、拝殿と本殿の中間に設けられた射場に銃架を組み、三〇メートルほど離れた一二の的を撃つもので、命中者はその的を持ち帰ることができた。竜爪さんは鉄砲の音が好きだといわれていて、山麓一帯の村々でも空砲を撃ち鳴らしたと伝える。明治中期の新聞にも「竜爪山穂積神社の祭典は昨九日が当日にて全日より引続き明十一日まで三日間例年の通りポンポン鉄砲を打ち鳴らし祝意を表する趣」という記事が見える。(11)

こうした鉄砲の的撃ち神事は、他にも旧安倍郡清沢村赤沢（現・静岡市葵区清沢）の山之神社例祭において現在でも行われており、同郡梅ヶ島村新田（現・静岡市葵区梅ヶ島）においても近年まで行われていた。鉄砲祭は竜爪さんだけのものではなかったが、広範な信仰圏を持つこともあって近在に広く知られた。そして、この鉄砲に関わる信仰が近代の竜爪信仰の中心になっていくのである。

鉄砲打ちの竜爪講

静岡県内には竜爪さんを勧請している所が多数ある。志太郡大津村（現・島田市）の場合「昔狩猟に熱心な人が静岡在の竜爪山から分神を奉じて祀った」（平尾良平編『大津村誌』）といい、弾丸除けの神として日露戦争から太平洋戦争に至るまで参拝者引きも切らずというありさまで、在郷軍人会が境内に射的場を作り会員に射的の指導をした。先に引いた滝家の「永代祈祷帳」に島田在野田村「講中」の名があったが、ここには竜爪さんを勧請したとの記録はない。竜爪社の勧請は当面、竜爪山がある庵原郡よりも西ではこの一例しか確認できないが、静岡県の東部には筆者が直接調査できたものだけでも、駿東郡長泉町元長窪・三島市伊豆佐野・同市元山中・同市小沢《こざわ》・田方郡函南町桑原・賀茂郡松崎町小杉原と六ヶ所あり、さらに文献などにより伊東市や田方郡下に数ヶ所が指摘できる。また静岡県裾野市から御殿場市にかけても竜爪講が九例ある。[12]報告者の松田香代子によれば、裾野市今里の竜爪講は猟期中の毎月十五日に「龍爪大権現」（大正九年）と書いた掛軸をかけ、ウサギ鍋などを食すという。当地の竜爪講は猟友会員が猟の安全と豊猟を祈願する会であり、後述する弾除け信仰は聞かれない。

御殿場市印野地区は、富士山南麓に広大な入会地を有しており現在は自衛隊の東富士演習場として一般の立入りは禁止されているが、印野小木原の上道山神社には、竜爪大権現を勧請しており通称を竜爪神という。九枚の棟札のうち八枚が竜爪権現を示すもので、古い順に挙げると、寛政九（一七九七）年、享和三（一八〇三）、文化七（一八一〇）年、天保二（一八三一）年、明治二十六（一八九三）年、明治三十一（一八九八）年、明治三十四（一九〇一）年新築、明治三十七（一九〇四）年である。[13]印野への竜爪神勧請は年代が確定できるものでは最も古く、明らかに山の神に対する鉄砲安全の信仰である。しかし、明治中期になると伊豆各所と同様に軍事との関係が明確となっている。中でも注目されるのは明治三十七年の棟札の次の文言である。

竜爪山穂積神社分霊

御皇軍海陸全勝矢先安全御祈祷神璽
村内軍人健全

一方で伊豆佐野・小杉原では鉄砲による的撃ちが行われており、元長窪と桑原以外では弾丸除け信仰も盛んであった。「鉄砲の神さんだ」という表現と丘陵上に祠があるという立地条件はすべてに共通する。

次に勧請の由来や動機を見ると、三島郷土資料館学芸員であった杉村斉氏の御教示により調査することができた三島市小沢の場合が最も明確で「嘉永弐年酉ノ三月十七日小沢元山中両字ニテ駿州江尻在龍爪山穂積大神ノ本社ニ分霊ヲ請ヒ奉安置」と、明治三十七年作成の「社殿再建由来書」にある。初め二つの字が共同で勧請し元山中に社殿を造ったが焼失し、のち二つに分けてそれぞれで再建したと伝える。ただ誰が何の目的で勧請したのかは明らかでない。松崎町小杉原の伝承では、猪狩をやっている仲間で竜爪さんの御神体を請けに行ったといい、社前に明治二年銘の水鉢があること、仲間の一人は弘化二（一八四五）年生まれとのことだから、勧請時期は明治元年前後ということになろう。

さらに具体的な事例を紹介する。伊豆半島西岸の西伊豆町一色の遠峯山は薪炭材採取の雑木林だが、屋号大下という山本多次右衛門が屋敷神をこの山に遷したと伝える。やがて明治二十七年に日清戦争が勃発するや出征兵士の武運長久と狩猟者の守護のために駿河国から竜爪権現を勧請し、九六名の寄進により社殿を建立した。同三十年に奉納された幟には「龍爪神社」と書かれている。同三十六年には猟師仲間で龍爪講を組織、三十七年に日露戦争が始まると弾除け祈願の参詣者が増えたので翌年に社殿を改築、穂積神社とした。参詣者には木版刷りの「遠峯山穂積大神守護」というお札を配布した。同三十八年には竜爪講社員三六名が神社脇に射撃場を造成し、旧暦二月・九月の各十七日の例祭日には射撃を行うようになった。参加者は周辺の大沢里《おおそうり》、一色、中、野畑などに及んだが、昭和三十七年をもって射撃は中止になった。(14)

農兵の編成と竜爪さん

　次に弾除けおよび徴兵逃れにつながっていく竜爪信仰を具体的に見ていこう。函南町桑原には注目すべき伝承がある。当地では竜爪さんの石祠の背後に戦死した村人の墓地が造成されているが、その用地を提供した一九名の氏名を刻んだ記念碑の裏面に「表記ノ所有者先祖ハ特ニ鉄砲ヲ持チ當ニ野獣鳥ヲ狩猟シ農作物ヲ保護シタル功ニ依リ元韮山藩ヨリ米六俵ヲ賜リ之ヲ以テ毎年二月二十八日當竜爪神社ノ祭祀ヲ挙行シ今日ニ及ブ　山崎安正」とある。これが完成したのは昭和二十九年のことで、起草者も故人となっているので本文がいかなる史料に拠ったのかは不明だが、小田原藩から扶持をもらっていたという伝承は今も聞かれる。当村は、大久保加賀守（小田原藩主）一四六石、松平鉚之助一四七石余の相給の村であった（『旧高旧領取調帳』）。

　この事例に見える勧請時期は幕末、主体は鉄砲を扱う人びとである。では、なぜこの時期に、わざわざ竜爪さんを勧請しなければならなかったのだろうか。いわゆる山の神はどこにもあり、猟に関する無事故祈願であるならば、それで十分のは

写真７－７　武運長久を竜爪さんに祈る（三島市小沢）1981.3

写真７－８　竜爪社に奉納された鉛玉と原料（西伊豆町一色）1994.11

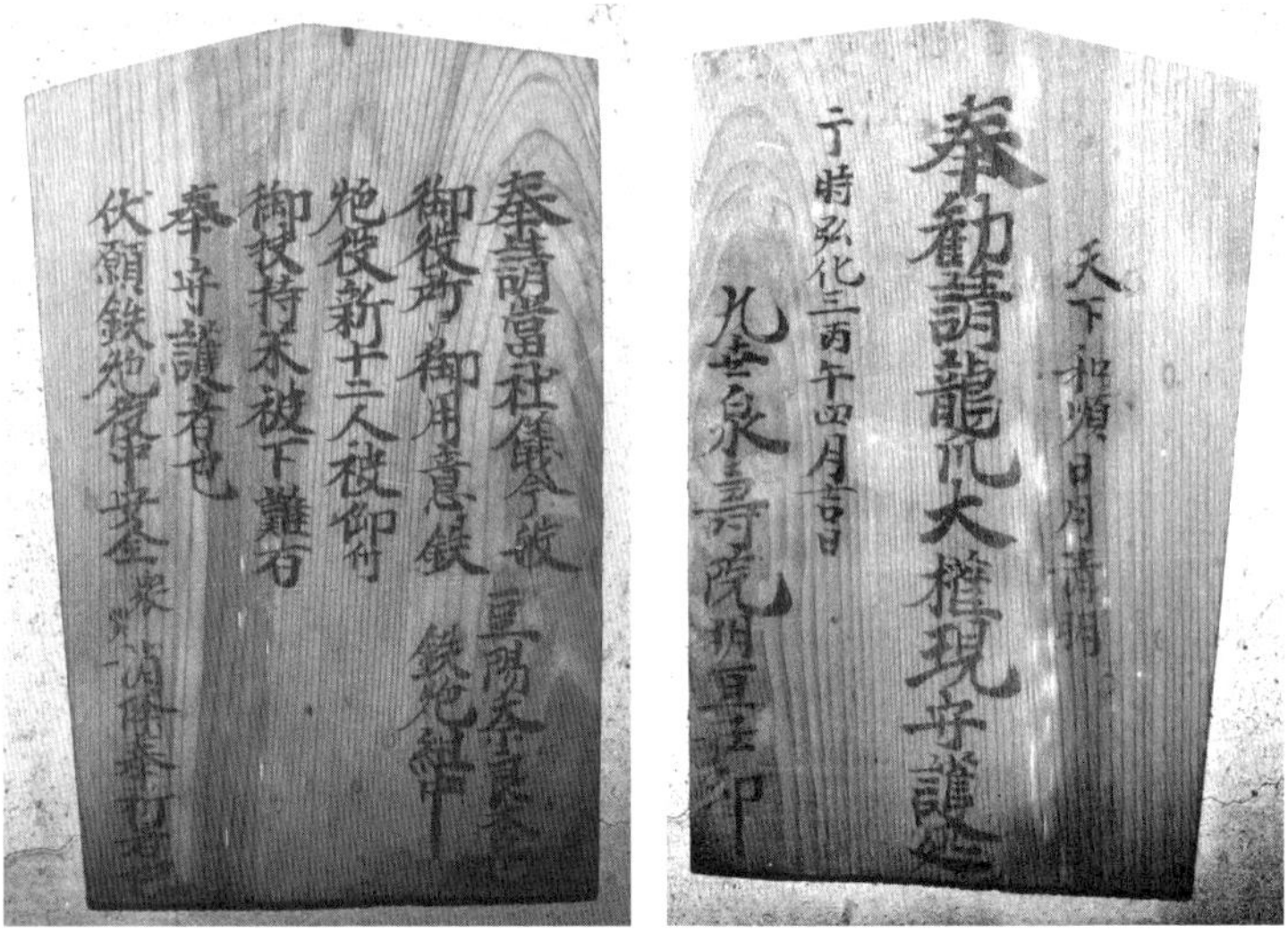

写真7－9　弘化3年に鉄砲役を命じられたことを記す棟札（東伊豆町奈良本）1987.2

ずである。したがって、これは竜爪さんならではの、諸難除け・鉄砲事故無しという御利益が期待されたとみるべきであろう。では、幕末期に鉄砲を所持する者に降りかかってきた災厄は何か。そこで考えられるのが、いわゆる農兵の編成である。

志太郡から有度郡にかけての美濃岩村藩に属する村々において「領内差免置候猟師筒威筒三拾五挺」に加え役所の鉄砲を合わせた海防組織が寛政七（一七九五）年にはすでにできていた。[15] 沼津藩は文化四（一八〇七）年に郷筒と称する一種の農兵を組織した。田方郡平井村の史料によれば「猟師筒四拾人江年々御米被下、郷筒と申名目ヲ付、御用向有之候節者呼出御仕ひ被成候」というもので、四〇人編成、任期一〇年、年に一度ずつ鉄砲稽古に出ることになっていた。[16] 韮山代官江川英龍による農兵隊編成よりかなり早く、沼津藩領下では一般農民の鉄砲をあてにした組織ができつつあったのである。竜爪権現への祈祷依頼記録では、農兵であるかは不明ながら沼津藩家中から「是ハ連中七拾人ニ而鉄砲的学奉納ニ付　右奉納之御祈祷料として献被下候　安政三年丙辰二月十五

日　代参　拾人」[17]と記されている。

これを裏付けるような資料が賀茂郡東伊豆町奈良本村にあった。郷土史研究家の岡田善十郎氏の御教示により現地調査の結果、奈良本の竜爪権現社に二枚の勧請札が確認できた。一枚は長さ六〇センチ、肩幅約七センチ、下辺が六センチで「竜爪大神」とあり裏には何も書かれていない。もう一枚は、長さ一六・五センチ、肩幅一〇・七センチ。次の文が見える。

（表）天下和順日月清明　奉勧請龍爪大権現守護処　于時弘化三丙午四月吉日　九世泉寿泉院宜法印
（裏）奉請當社儀今般御役所御用意鉄砲役新十二人被仰付御扶持米被下難有　奉守護者也　豆陽奈良本邑　鉄砲組中　伏願鉄砲役中安全衆災消除奉祈者也

この時期、奈良本村は沼津藩領であったから、「猟師筒」を所持している者たち一二人が新たに鉄砲組を組織させられたことと、鉄砲役の対価として若干の扶持米が与えられたことも判明する。

明治中期以降の竜爪社の勧請はほとんどが銃猟を行う者たちの鉄砲安全祈願であった。しかしそれ以前の幕末期には銃を所持していることが、そのまま海防要員として動員される結果を招いたのであった。それは特に相模湾に面する伊豆国で顕著であった。静岡県東部での幕末期における竜爪さんの勧請は、庶民をも戦いの場に引き出しかねない農兵組織の編成と並行していたわけで、のちに大発展する竜爪さんの弾除け・徴兵逃れの信仰の萌芽がここに見られるのである。

三　弾除け祈願から徴兵逃れへ

戦場に赴く武家の心情

平山の滝家文書には竜爪さんに奉納された御初穂の包紙に祈祷内容・氏名・年月日を記したものが含まれている。その中から一般的な祈願内容の商人・農民を除いて武士だけを時代順に並べてみた（表7－1）。先に見たとおり竜爪さんの御札は駿府城下町居住の武家にも配布され、竜爪信仰は武家社会にも広がっていたから、彼らが戦場に赴くにあたり竜爪さんに安全を祈願するのは自然の成り行きであった。包紙の記載内容の一部は先に示した「永代祈祷帳」にも載っているが、帳面には省略されている包紙の祈祷依頼日から幕末の混乱期に戦場に赴くことになった武家の心情を探ることができる。

慶応元（一八六五）年九月の大久保紀伊守（山麓に近い瀬名村を采地とする旗本）と中川東太夫主従は「将軍様御進発ニ付大坂表へ御供仕候ニ付武運長久無事安全」を祈願している。十四代将軍家茂による第一次長州征討に従った武家の心情を示すものである。このほか表に見るように「矢玉除け」のお札を大量に受けている例が何件もある。やがて大政奉還、鳥羽伏見の戦いを経て江戸に向かう官軍が駿府に入ってからは、福岡在の人物が矢玉除けの御守を受けに参拝している。これらの例によって、竜爪さんに対する信仰は、鉄砲安全祈願からの自然の発展として、戦時における武運長久、具体的には矢玉除けの御利益を期待することが中心となっていく。

徴兵制施行と庶民の苦悩

明治六（一八七三）年、徴兵制が施行された。寺尾（現・静岡市清水区）の名主小池太三郎が記した『年代記

表7－1　祈祷料包紙より見た武家の祈願内容

年月日	祈願内容
安政3（1856）　2月15日	沼津藩中70名にて鉄砲的額奉納（代参10人）
万延元（1860）　5月24日～26日	駿府城内勤番組小栗小膳、五百度の祈祷
6月11日	同上　　布施権十郎妹34歳
慶応元（1865）　8月	〈幕府第一次長州征伐出陣を命ず〉
慶応元（1865）　4月	〈幕府第二次長州征伐出陣を命ず〉
閏5月1日	〈駿府市中にて御進発上納金発令〉
閏5月11日	島津伊予守の代参、道中無事
閏5月14日	長崎熊之丞主従、公方様御新発の御供無事帰宅祈願
閏5月24日	〈徳川家茂参内〉
9月8日	江戸屋敷の某、大坂へ出張、御守125枚
9月一	中川東太夫、大久保紀伊守に従い大坂行に付き道中安全矢玉除祈願
9月21日	〈徳川家茂参内〉
慶応2（1866）　6月7日	〈第二次長州征伐戦闘開始〉
7月25日	久能榊原様御家中、矢玉除188枚など
9月16日	宮ケ崎御役所（小島藩）大沢某、長防一参に付き矢玉除御守20枚
慶応4（1868）　2月14日	〈沼津藩主、官軍に誓紙提出〉
3月5日	〈官軍大総督駿府入り、4月7日まで滞在〉
3月9日	〈駿府において西郷・山岡会談〉
3月22日	筑前国福岡在藤五郎ら4名、矢玉除信心
3月24日	沼津藩中代参森下楯之助、無事安全開運長久矢玉除1000枚
3月24日	沼津藩中、子の年17歳の者
3月26日	福岡藩中5人連中
（日付不明）	田沼玄蕃守・町奉行石野八太夫内・青山大膳内山勝治右衛門・諏訪若狭守

＊〈　〉内は歴史的事項

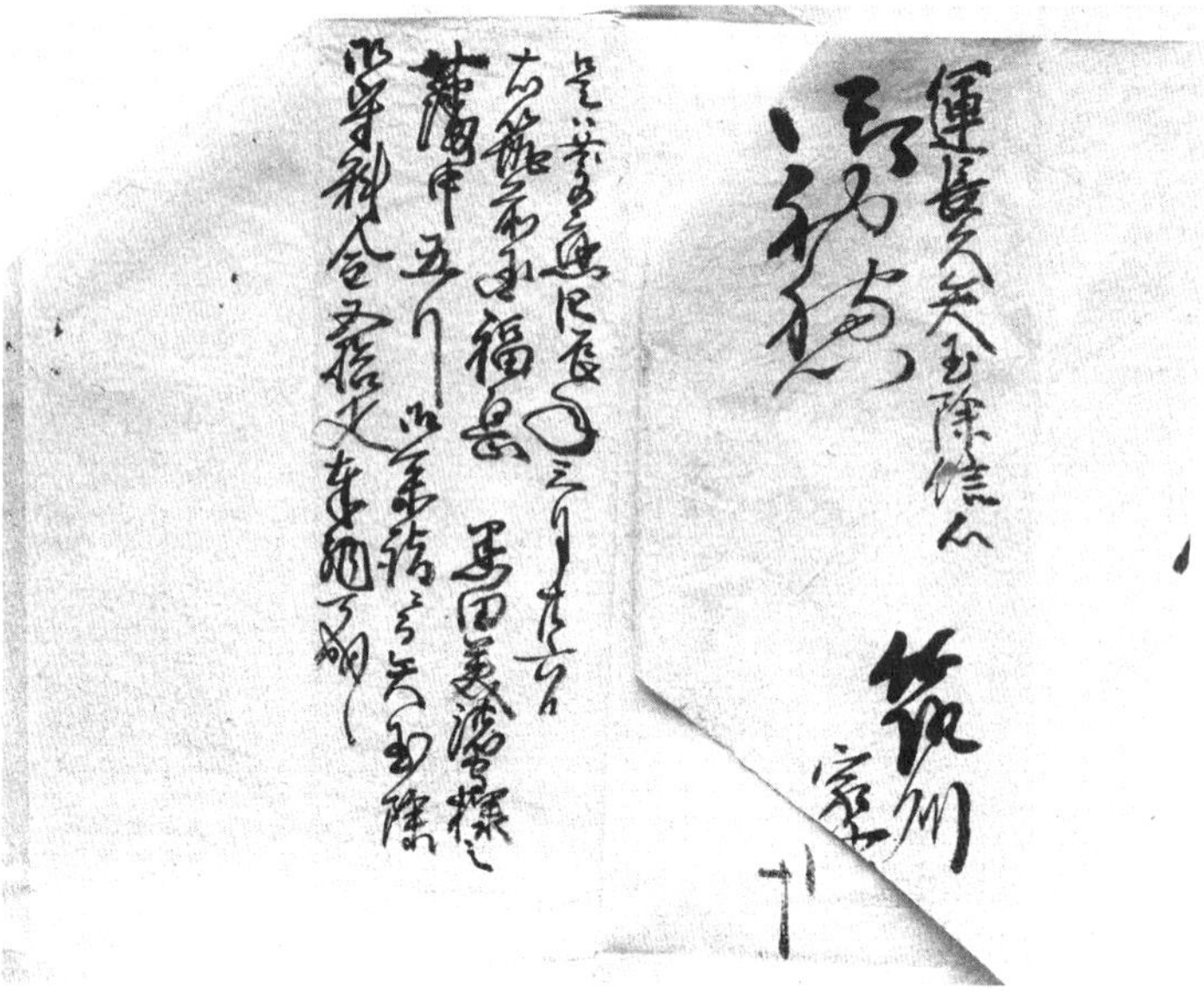

写真７－10　滝家所蔵の祈祷依頼包紙（福岡黒田藩の武士が矢玉除けを祈願）

話伝[18]』には、突然興津清見寺の扱所に呼び出された寺尾村の該当年齢者の困惑ぶりが記されている。当年二〇歳になる二、三男の名を書き出せとの指令がきたので届け出をしたところ、二月十五日に清見寺役所に呼び出された者が庵原郡だけで四五〇人ばかりあった。そのうち身長五尺一寸（約一五三センチ）以上の者は二〇〇人いて、県庁からの指示により静岡浅間神社に呼び出され徴兵人検査を受けさせられた。「一人毎に裸に致し身体無傷を見届け、医師衆無病を見届け、体の勇気を改め、広庭のうち駆け跳ばせ、音声聞届け無病の人」を選び出した。「当人方多分の心配いたし是非相除かれ候ようにと信心をいたし、親類近所一同その当人の家に集まり神仏へ参り、若者連中にても昼夜信心いたし相詰居り、さてまた静岡郷宿まで見舞に参り、または便宜聞きに参り、実に混雑いたし申し候」。調べは中七、八日もかかったが「神仏の御蔭か」無事に除外されて帰村できた。実に難渋の御役であると筆者は慨嘆している。

当初は抜け穴が多く徴兵逃れもかなり容易にできたが、明治十八（一八八五）年の改正以降、代人制廃止、養子の口が狭くなるなど猶予条件が厳しくなったために、検査合格者は現役兵選抜のためのクジに当たらないことに一縷の望みをかけるようになり、ここに徴兵逃れを神仏に祈る風が急速に広まっていった。たとえば明治十八年一月に「山陰地方で、徴兵のがれ祈願のため出雲大社に参拝する者増加（朝野新聞）」とある（岩波書店『近代日本総合年表』）。名のある神社への徴兵逃れ祈願は全国的な風潮であったようだ。大江志乃夫は著書『徴兵令』において弾除け、徴兵逃れ信仰の事例を数多く例示している。そして日清戦争前には抽選で徴兵を免れた者が六人に五人、日露戦争前は二人に一人、日露戦争後には三人に一人しか「落せんの好運をつかむことができなくなった」としている[19]。岩田重則は明治三十七年二月の『静岡民友新聞』に金谷町の青年有志数十名が同町出身軍人の戦旋祈願のために竜爪山に集団参拝しようと繰り出したところ島田分署の巡査にさえぎられたという記事と、翌月に静岡県知事から、彼らの熱誠は理解できるが生業を軽んじることがあってはならない」という「静岡県諭告」が出されたことを紹介している[20]。

静岡県内の弾除け、徴兵逃れの信仰に関しては、静岡県近代史研究会の機関誌に次のような事例が挙げられている。浜松市引佐町の奥山半僧坊はもともと火災除けの信仰が盛んであり祈願の印に千本幟と称して長さ三〇センチほどの竹串に「干支、年齢、男女別」を墨書して路傍に立てる習慣があり、「内心では徴兵逃れの祈願だと心のうちを漏らす人があった」という。静岡市清水区由比の藤八《とうはち》権現は日露戦争の戦前・戦中に徴兵逃れや弾丸除け祈願でにぎわった。藤枝市助宗《すけむね》の大井神社は周辺村民から徴兵除けの神様として信仰されており、大正十二（一九二三）年の夏、徴兵検査前に参拝したところ、壮丁とおぼしき若者たちが家人と共に大勢参拝していたという[21]。

徴兵逃れを叶える竜爪さん

すでに有名になっていた竜爪さんの矢玉除けの御利益が、まさにこれを契機に平時における徴兵逃れへと発展していったのである。徴兵も庶民にとっては一種の災厄であるから、古くからの諸難除けの御利益があらためて人気を呼ぶようになったと考えられる。竜爪さんにおいて徴兵逃れの祈祷をしていたことは、次の書簡によく表れている（姓は伏せた）。

拝啓　春暖之時節と相成候、さて承り候へば、徴兵除の御祈祷なされ候由、小生儀も長男には先年去られ而、今又次男正次なるもの徴兵適齢に候て、今次男にシて合格入営等の事ありては実に一家の生計にも差問《さしつかえ》候次第、何卒御神力を持ちまシて徴兵除相成候様御祈祷成被下度、付て（は）御祈祷料金及御守護拝授料等何程納め候てよろしきや、恐縮之至りに候へとも御一報被下度、茲に以書面御伺申候

郵券三銭封入仕候

信州上伊那郡阿南村

三月廿二日　××正三郎

龍爪山社務所御中

長男に早世された父親が、残る次男まで兵隊にとられることのないよう、御神力をお願いしたいという内容である。この手紙は、封書の上書きから明治三十七（一九〇四）年に投函されたもので、日露戦争が開始（二月十日宣戦布告）されたばかりであり、父親の苦衷がよく表れている。なお、大正十（一九二一）年に北海道天塩国

表7－2　竜爪山穂積神社守札配布枚数

年次	静岡県内	静岡県外	合計	年次	静岡県内	静岡県外	合計
明治2年	2,009	0	2,009	31年	5,330	632	8,700
3年	3,149	0	3,149	32年	4,848	1,241	6,089
4年	2,561	0	2,561	33年	4,592	1,147	5,739
5年	2,421	0	2,421	34年	4,638	1,316	5,954
6年	2,872	0	2,872	35年	11,776	1,572	13,348
7年	3,250	0	3,250	36年	6,277	1,211	7,488
8年	3,151	0	3,151	37年	18,293	5,841	24,134
9年	3,187	0	3,187	38年	15,512	12,491	28,003
10年	2,930	0	2,930	39年	9,120	4,377	13,479
11年	3,013	7	3,020	40年	6,758	2,853	9,611
12年	3,082	8	3,090	41年	3,962	1,152	5,114
13年	3,215	13	3,228	42年	4,677	1,137	5,814
14年	3,023	30	3,053	43年	3,502	1,231	4,733
15年	3,058	33	3,091	44年	2,504	1,276	3,780
16年	3,917	79	3,996	45年	3,668	885	4,533
17年	3,450	200	3,650	大正2年	3,238	1,053	4,291
18年	3,364	224	3,588	3年	11,200	3,503	14,703
19年	2,950	326	3,276	4年	6,556	1,864	8,720
20年	3,833	670	4,503	5年	4,622	1,138	5,760
21年	3,917	545	4,462	6年	4,633	1,017	5,650
22年	3,618	435	4,053	7年	3,842	826	4,668
23年	2,917	371	3,288	8年	4,112	856	4,968
24年	3,426	387	3,813	9年	3,955	1,176	5,131
25年	3,182	320	3,502	10年	3,243	1,011	4,254
26年	6,170	1,114	7,284	11年	2,972	514	3,486
27年	11,766	1,572	13,338	12年	3,039	478	3,517
28年	10,683	1,672	12,355	13年	2,787	661	3,448
29年	8,789	1,658	10,147	14年	3,176	664	3,840
30年	6,593	2,107	8,700	15年	3,835	817	4,102

＊アミカケの部分は、それぞれ日清戦争・日露戦争・第1次世界大戦期を示す。
出典：「崇敬資料」（奥田賢山『竜爪山関係史料集成』）

写真7－11　昭和5年祭礼の神輿渡御記念絵葉書

上川郡剣淵村温根別（現・上川町）からも同様の依頼をしてきた手紙がある。かつてはこうした手紙が文字どおり山のように重ねられていた様子が見える写真があったが、実物の書簡はほとんど失われてしまったようで、調査時点で確認できたのは数通に過ぎなかった。

徴兵逃れをかなえる竜爪さんの名が全国的規模で知られ祈禱札の通信販売も盛んであったらしいが、近在に住む者は例祭日に登山して直接祈願をした。特に祭礼当日、神輿を担ぐと徴兵逃れになるといわれており、社務所では希望者に白張を貸与して参加させた。「明治三十三年度御幸奉供人名記」を見ると、記載された八三名のうち年齢の判定できる者一九名、うち一三名が辰年、すなわち当年満二〇歳になる者であるから、大部分が徴兵逃れを期待しての参加であったとみてよい。八三名の出身地を見ると、かなりの広範囲に及んでいることがわかる。

この史料よりさらにさかのぼり、明治二十五年～同二十八年までを記した「開運祭人名手扣」（表7－3）は特に神輿供奉者とはしていないが、やはり年齢を明記してある者の大部分がその年に満二〇歳となる者であること、またたとえば明治二十六年は酉年の者が二〇歳にあたるが、「戌明年」という書き込みがあって、一九歳の者が一年早く祈願していると想像されることなどから、徴兵逃れを期待しての祈祷であったとみて間違いない。特に明治二十八年の人数が倍増していることは、日清戦争に直面した庶民の心情を示すものである。

表7-3　開運祭に祈祷を依頼した者の生年と人数（開運祭人名手扣より）

生年 / 祈願年	未 明4	申 5	酉 6	戌 7	亥 8	子 9	丑 10	寅 11	卯 12	辰 13	不明	合計
明治25年	2	**24**	1								16	43
26		8	**23**	13	8					1	26	79
27			2	**68**	4	3	3			1	14	95
28	1	2		13	**146**	8	3		1		16	191
	(前回丑1)											

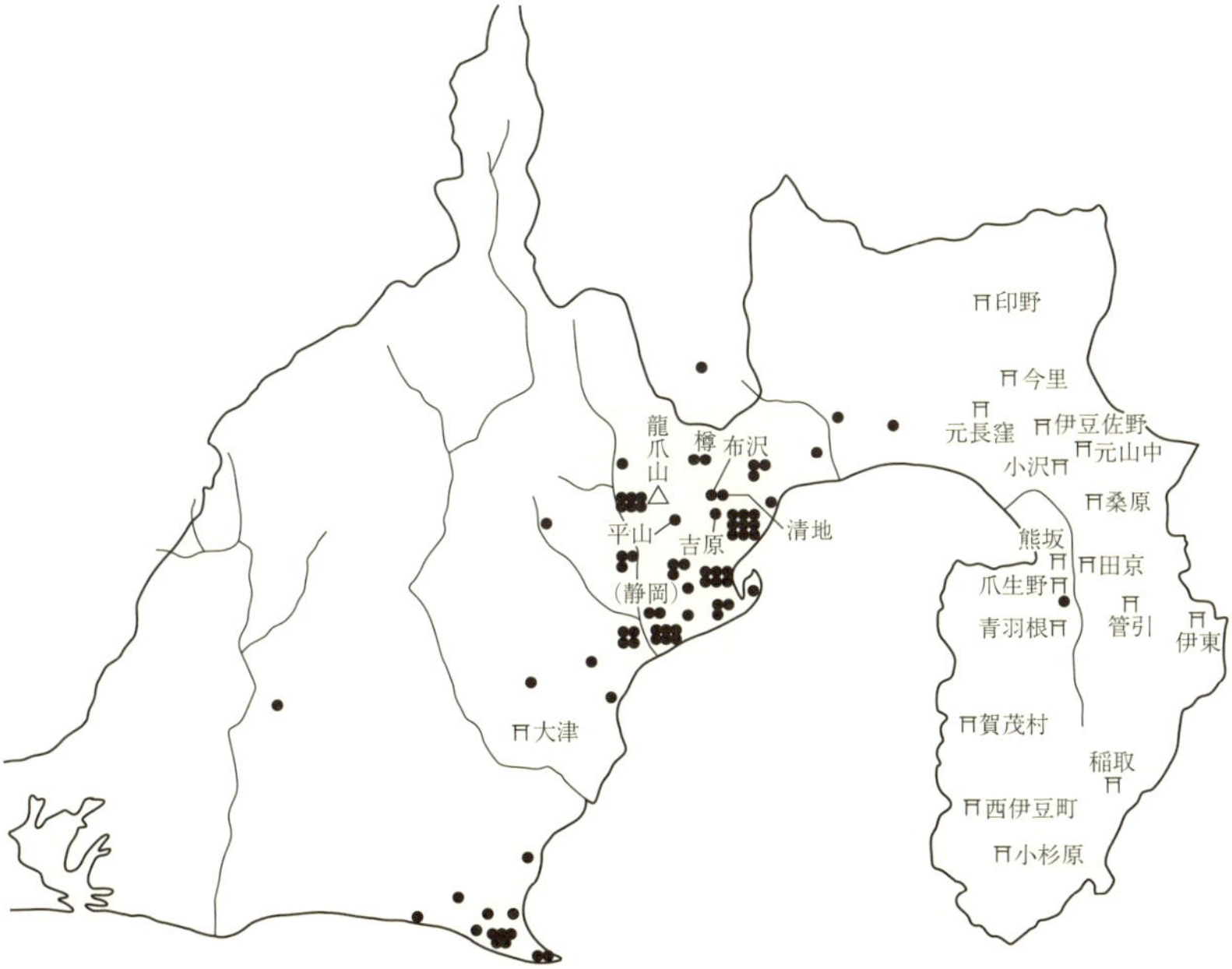

図7-1「明治33年度御幸奉供人名記」に見る奉供人出身地（図中の点は人数）

写真７－12　穂積神社奉納絵馬
上は名古屋鎮台に入営する豊橋の兵士（静岡の兵士は駿府城内に第三十四連隊が置かれる前は豊橋の第十八連隊に入隊していた）、下は日清戦争で戦う第十八連隊　1977.10

ここであらためて竜爪さんの御札発行数を集計した表７－２を見てみよう。明治二十五年まではほぼ三千枚であったのが、二十六年から急増し日清戦争中の同二十七、八年には一万枚を超えている。日清戦争に出征し無事帰還できた兵士は、竜爪さんに感謝の絵馬を奉納した。

明治二十九年十二月一日に静岡の郷土部隊となる歩兵第三十四連隊が豊橋で創設され、翌年三月一日に静岡県内で召集された兵士たちは駿府城内に新設された兵舎に入った。やがて明治三十七年二月、日本は対露宣戦布告、三月六日に第三十四連隊に対して動員令が下った。戦争は勝利に終わったが一一一二名の戦死者を出し連隊は三十九年一月に帰国した。日清戦争後の御札発行のピークがこの日露戦争時で、明治三十七年には一万八千枚以上になっている。戦争後には急速に減少して三千枚レベルに戻った。大正三年の急増は七月に第一次世界大戦が始まったためで、九月二十六日に第三十四連隊に動員令が下った。連隊は青島攻略戦に参加し本隊が十二月に帰国している(22)。

このように竜爪さんは庶民の願いを受け止めてきたが、そのために軍隊との関係が悪化するようなことはなかった。日露戦争が始まるや穂積神社社務所は連隊に神符を贈って感謝されており、軍人もしばしば登拝している。第一次世界大戦が終了した大正四年には「戦争終結后一反幟納メ致スノ願ヲ掛ケ」ていた第三十四連隊の軍人が、幟の形を問い合わせる葉書を寄越している。竜爪さんに関しては明治初期に公然と徴兵逃れの神としての名が広まっていたのだが、それを禁圧するような施策が取られた形跡はない。しかし軍部の徴兵担当者は不快感を示した。

大正期の徴兵逃れ

次は大正五（一九一六）年に行われた山口歩兵第四十二連隊の将校に対する陸軍歩兵中佐、小野田一による講話の一部である[23]。発行元の偕行社とは陸軍将校・予備士官の親睦・学術研究団体のことである。

去る六月下旬に徴兵検査が終了した「小官（私）ハ前年某地方ニ於テ一、二回徴兵検査ニ従事シタルカ其ノ地方ハ維新前諸国来往ノ衢ニ中リ交通頻繁諸種ノ事変ニ遭遇セル歴史的関係ヲ有セシヲ以テ地方壮丁モ其ノ惰力的感化ヲ受クルノミナラス方今物質的ノ進歩ハ一層犠牲的精神ヲ侵食シ只管自己ノ利害ヲ打算スルニ敏ニ国民ノ必任義務タル兵役ヲ厭忌スルノ結果免役ヲ神仏ニ祈願シ或ハ種種ノ祈祷禁厭を行フ等不愉快ナル事項少ナカラサリシ」

小野田中佐は地名を挙げていないが、交通頻繁・諸種の事変に遭遇していた所とは、静岡市を指している可能性が高い。神仏に徴兵逃れを祈願するというのは、各地から徴兵逃れの祈祷依頼が殺到した竜爪さんを指すと推測できる。

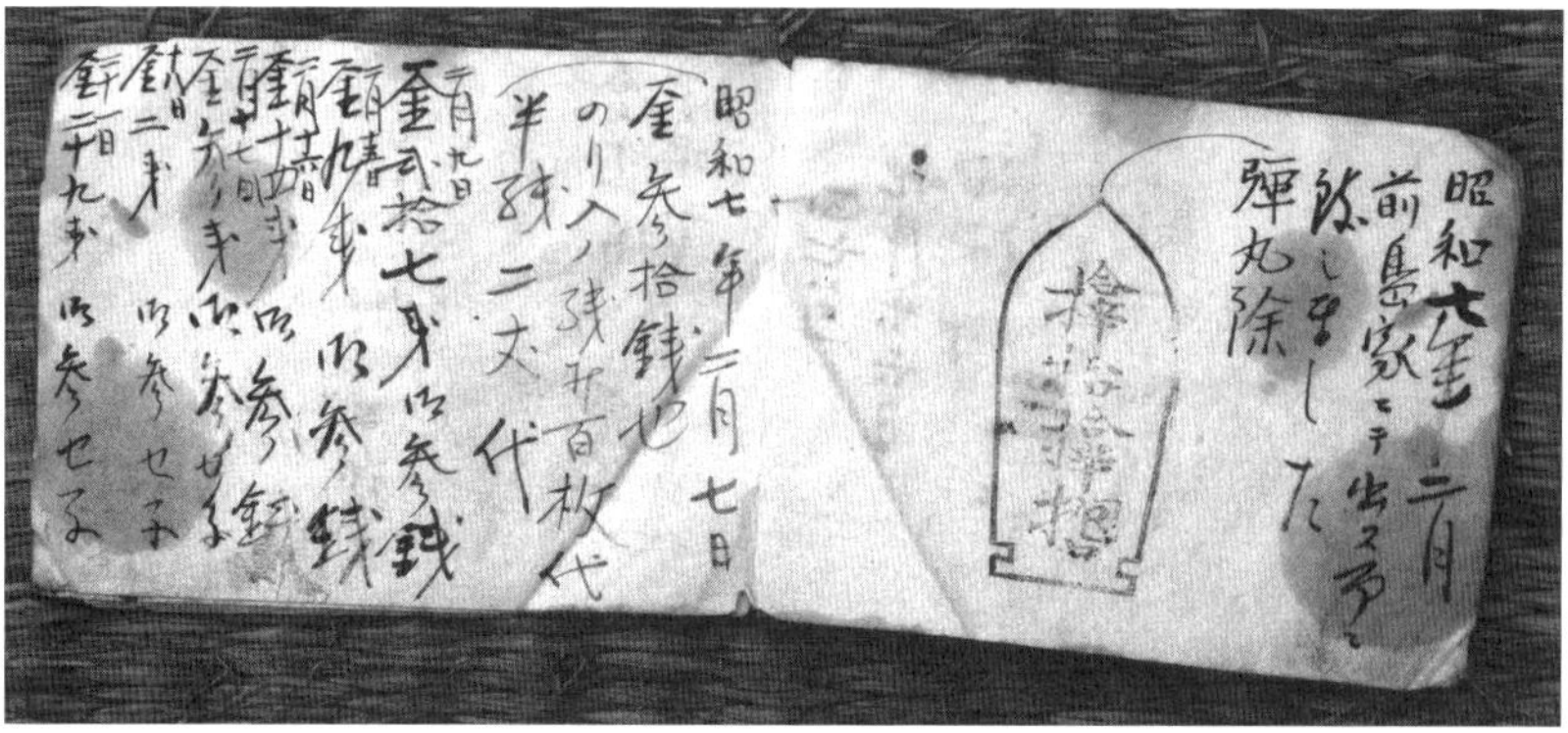

写真７－13　サムハラの守札図案と竜爪神社参拝者覚（三島市小沢）1981.3

サムハラの呪言と天狗信仰

三島市小沢《こざわ》の竜爪社勧請については先に触れたが、同社には弾除け信仰を具体的に物語る資料がある。日々の参詣者を記載した帳面に「昭和六年二月　前島家ニテ出ス事ニ致シました」の文字と、写真７－13のように弾丸型の枠線の中に「𢯭拈𢯭掐」という文字が押印されている。この不思議な四文字は、一般には「さむはら」と読み、魔除けの呪言とされる。『大言海』の説によって修験道の魔除けの呪文であるサンバラが原型であり「さんばら」と読むのが正しいという説もある。[24] 大阪市西区には「さむはら」神社があるが近代になって創建されたものである。

なお本社にあたる竜爪権現ではサムハラの護符は確認されてない。これは推測に過ぎないが、小沢の護符が小銃弾ではなく砲弾型をしているのは、大正八（一九一九）年に三島に野戦重砲兵第三連隊が新設されていることも関係あるかもしれない。

サムハラという文字は江戸期の「耳嚢」（天明～文化期）が初見とされ、多くの文献に出現する。たとえば、文化期に屋代広賢が風俗問状をもって全国へ問合せしたことに対する回答の一つ、「淡路国風俗問状答[25]」に、「鳥飼下村実盛の社、六月初亥日蝗除祭にて、鏡餅・洗米・神酒等供ふ。左の守札を参詣人受戻り、田畝に建つ。鳥飼上中下三ヶ村は右亥日に虫送をす」として「撑拍撑搯」の文字を紹介している。虫送りという災害除けの護符としての使用例である。近世の文献に見える事例では、怪我除、長命、蝗風害除、矢除、転倒防止、鉄炮弾除などに効果があるとされ、近代になってからは日露戦争以降次第に普及していき、日中戦争中は弾丸除けの事例が新聞などで広まっていった(26)。

藤枝市には「撑拍撑搯」、背に千人力と書いた真綿製の「防弾チョッキ」が残っている(27)。

留守家族の竜爪登山

こうして弾除け信仰は拡大の一途をたどるが、さすがに徴兵逃れは満州事変の始まった頃（昭和六年）からは表立って祈願することはできなくなった。竜爪山地元の平山集落では、毎年徴兵検査前におばあさんたちが中心になって山上の拝殿でお籠もりをした。集落内の適齢者が兵隊にとられないようにという祈願であったが、これをやらなくなったのがちょうどその頃であったという。その後、日中戦争の長期化とともに昭和十四年になって現役兵をとる際のくじ引きが廃止されると、竜爪さんは無事帰還を祈る弾除け一色になっていく。昭和十九年はまれに見る参拝者の多い年で、大祭日の賽銭合計が四二六円余、おひねりの米が合わせて三俵余になったという。その頃社務所で頒《わ》けた弾丸除けの護符は、神

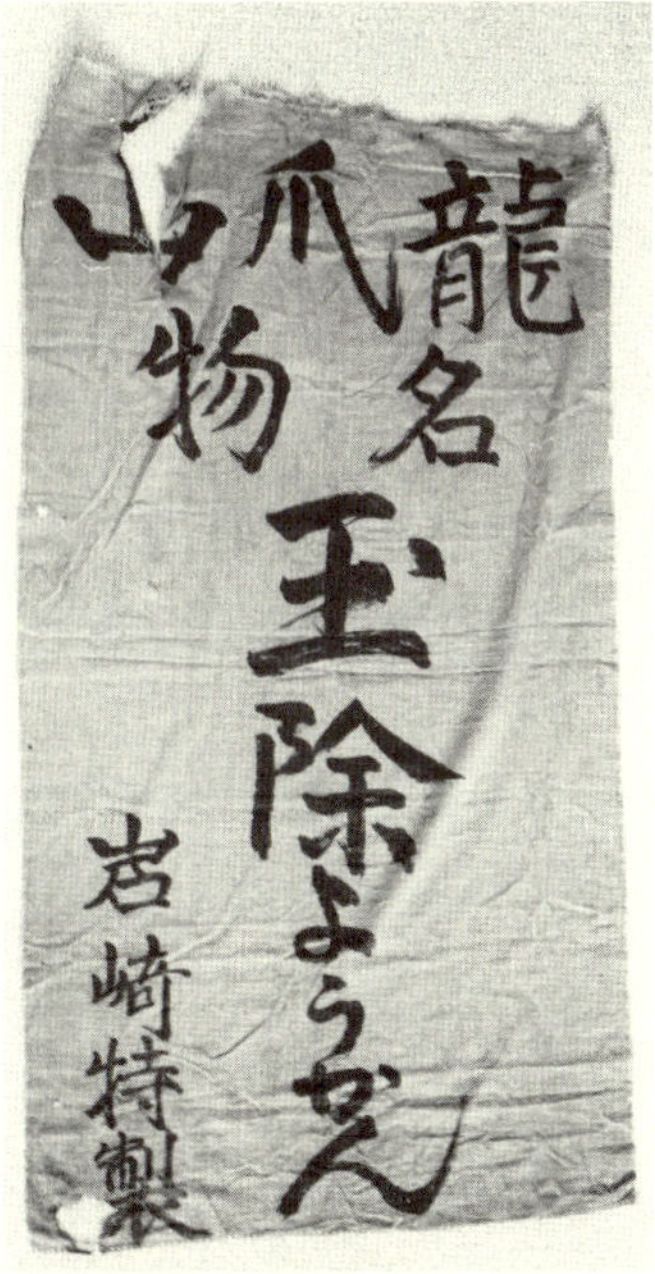

写真７－14　玉除ようかんの幟旗
平山登山口では「玉除ようかん」が人気を呼んだ　1981.8

写真７－15　例祭で賑わう穂積神社（昭和期の絵葉書）

名を刷った紙片を小さく畳んで金紙や銀紙に包んだものだが、その用紙は神前で用いた幣束の紙を使うことになっており、参拝者が多すぎて足りなくなると臨時祭を行って紙を増やしたという。例祭日の雑踏ぶりは今でも語り草であるが、平日にも留守家族の参拝が多く、登山口の茶店では「玉除ようかん」と銘打った蒸し菓子を売り出したものである。夜になると山上の神社を目指す提灯の明かりがユラユラと連なっていたという。

次は鳥取県を中心にした事例であるが、徴兵検査の体験者の聞き取り調査を実施した喜多村理子は、身近な神社に参拝するときの心情、検査に臨んだときの率直な気持ちなどを話者の語り口のままに書きとどめている。くじ逃れになった人はおめでたいと言った、親がどこどこにお参りすると弾丸が当たらないから行けと言われてお参りに行ったというような事例を数多く紹介している[28]。

戦後の荒廃

しかし、ひとたび戦いが敗戦に終わるや、手のひらを返すように参拝者が激減した。もちろん、中には自分の生還は竜爪さんのお蔭であると信じ、のちのちまでお礼参りを欠かさぬ人もいたが、イクサガミとしての印象が強かっただけ、その衰弊ぶりも強烈であった。昭和五十五年ごろになると社殿はすっかり破壊されてしまった（現在は篤志家の寄付もあって再建されている）。

竜爪信仰を特徴付ける弾除け・徴兵逃れの信仰は、農兵の組織化から徴兵制へと発展していく日本の近代兵制と深いつながりを持っていた。戦場における弾除け、戦時における徴兵逃れという大きな起伏を示しつつ展開した竜爪さん百年の歴史は、近代日本の戦争の歴史と表裏一体をなしており、戦争に対する庶民の感情を具体的に物語るものであった。一方で、こうした弾除け信仰を、庶民信仰の類型の一つとして抽象化すれば、流行神的な存在として位置付けることができる。思いがけず時流に乗った竜爪さんは、敗戦に続く平和国家建設の中にその意味を全く失い、逆に手ひどいしっぺ返しを食ったのである。

なお、竜爪さんについては、自然崇拝から始まった農業神としての性格を基盤とする信仰があった。地方の一霊山としての竜爪さんに寄せられたもう一つの信仰の実態を次章で見ていくことにしよう。

〈付記〉

本稿は「玉除け・徴兵逃れとしての竜爪信仰」（『歴史手帖』一九八一年一一月号）がもとになっている。また『安倍川―その風土と文化』（静岡新聞社）掲載の拙文を母校の大江志乃夫教授が『徴兵制』で引用して下さったのが大きな励みになった。その後、静岡県史編さん事業の成果や、竜爪権現に関する奥田賢山氏の著作刊行などによって明らかになった点も多く、それらを参照させていただいて大幅に改稿したが、竜爪山に関わる弾除けや徴兵逃れの信仰に関する基本的考えは変わっていない。地方の霊山信仰が近代日本の軍事と深く関わってきたという事実の重みをあらためて実感している。

〈注〉

1　静岡市立登呂博物館図録『静岡市制一一〇周年記念特別展　竜爪山の歴史と民俗―竜が降りた山の謎解きのすすめ』一九九九年。本図録は同館学芸員大村和男による広範に及ぶ資料収集の成果である。『静岡県史　資料編24民俗二』（一九九三年）と

『同　別編Ⅰ民俗文化史』（一九九五年）には竜爪信仰として西伊豆の具体的な事例と伊豆半島における分布図等が掲載されている。

2　松田香代子「駿東地方の龍爪信仰」『裾野市史研究』第十一号、一九九九年
3　奥田賢山『竜爪山の歴史と信仰』二〇〇〇年、『竜爪山関係史料集成　改訂版』二〇〇七年
4　「御尋ねに付き申上げ口上書覚え」（注3）所収、一〇〇頁、原文書未見につき奥田による読み下し文を引用
5　「元禄二年山論裁許条々」（注3）所収、一〇七頁
6　岩田重則『戦死者霊魂のゆくえ　戦争と民俗』吉川弘文館、二〇〇三年、一五三頁
7　『静岡市史　近世』一九七九年、五六二頁
8　（注3）三九頁
9　『山元山の歴史』株式会社山本山、一九七六年、七二頁
10　『復刻　日古登能不二』長竹竹雄発行、一九七八年
11　『絵入東海新聞』明治二十年四月十日付
12　（注2）に同じ
13　『御殿場の神社棟札－印野編－』御殿場市教育委員会、二〇一六年
14　山本利興『一色地区誌　戦後四十六年』追加冊子、一九九二年
15　『岡部町史』一九七〇年、四五一頁以下
16　『函南町史　上巻』一九七四年、二二七頁。郷筒という呼称および仕組みは、いくつかの藩に見られ、その機能については幕末の農兵の先駆ではなく、猟師筒（鉄砲）あるいは害獣除けの脅し鉄砲所持者を徴集する仕組みであったという考えもあるが、いずれにしろ、社会の混乱に対応して百姓身分の者が動員される制度であった。

17 （注3）三八頁。資料集のこの箇条には沼津の地名が見えないが、沼津藩の家中を示す根拠があったと思われる。
18 翻刻・刊行『年代記話伝』（小池太三郎著）、古文書考房、二〇一五年
19 大江志乃夫『徴兵制』岩波新書、一九八一年、一二八頁
20 岩田重則『ムラの若者　くにの若者　民俗と国民統合』吉川弘文館、一九九六年（『静岡民友新聞』二月二十一日、『静岡県公報』三五六、明治三十七年三月十五日）
21 『静岡県近代史研究』第五号、一九八一年
22 静岡聯隊史編纂会『歩兵第三十四聯隊史』一九七九年、一三二頁
23 「大正五年　徴兵検査ニ就キ雑感」偕行社記事第五百六号付録
24 岩田重則『戦死者霊魂のゆくえ　戦争と民俗』吉川弘文館　二〇〇三年、一五八頁
25 『日本庶民生活資料集成』第九巻、三一書房、一九六九年、七八九頁
26 渡邉一弘「サムハラ信仰についての研究　怪我除けから弾丸除けへの変容」『国立歴史民俗博物館研究報告』第一七四号、二〇一二年三月
27 石川県立歴史博物館図録『銃後の人々—祈りと暮らし』一九九五年、四四頁
28 喜多村理子『徴兵・戦争と民衆（第三章）』吉川弘文館、一九九九年

資料1　竜爪山開白ゑんぎ

龍爪山開白ゑんぎ

駿州庵原之郡樽野上村、武田甚右衛門子に、兄ニ左次右衛門、おとゝに権兵衛といふもの有り、彼権兵衛廿五之

年、三拾年以前、かのとの未之年（寛永八年＝一六三一）正月十七日に龍爪山えせつしやう（殺生）に出、我がけんぞくかのし丶拾六疋つれてあそひゐる中ニて、し丶のひたゐしろくせすじ同しらふさのことく成を鉄砲にて打ちとむる、それによってわれかのものに乗うつる、こ丶ろみたれて三年わつらふ事、我がなすわざなり、此山に数多人来る、然といへとも我がもりにさだむべきものなし、此ものの生まる丶月日よく、ひるの四つ時生まれ、性は火性、くらいよきに仍て、我がもりにさたむへきとおもひ、われ乗移り、乱気していろいろくちすさみ煩、これをかのもののおやかなしミ、一日に百度千度のこりをかき、日本之諸仏神にぜひへいゆふ（平癒）ときせゐ（起請）すを不便（不憫）とおもひつれ、いにしへゟ通力自在ふしぎの方便のくちはしりたるのうへ、村近在のぼんぶどもにかのもの丶ちゑをしらせしむ、さるによつて、これをきくものかんたんす、それより我がおしへを以て、いやしき（居屋敷）にやしろをたて、壱ケ年に壱度宛、二月十七日にまつる、然といへとも、かの所むさきにゟ、我レまたくちすさみ、我をはたれとおもふ、われこれいにしへゟ天下の守護神たり、初ハ信長公天下持たるよりにゟこれにつきそへ相守る、信長公絶而後、大坂秀吉公天下たり、大坂てんしにすみ、天下之守護神と成といへとも、天下可乱破時節来るに仍而、大坂秀頼公と家康公と一戦はじまり大乱おこる、家康公御位よく天下可納治まるべき生性たるに仍而、一日に米三千石宛わきいづる生性たるにゟ、いへやす公へ乗移ル、われけんぞくを持事三万六千有り、かのけんぞくいへやす公はたの上に、みなことごとく乗移り、一戦せさすに仍而数度の戦に正理をうる、ミなこれ我がちからなり、大坂落城して後、駿河に飛来り、天下の守護神と成、駿府天し（天守）にすむ、天下あんをん長久に納る事、我がわざ也、然所に火なん出来、天しゑんしゃう（炎上）す、我がすむへき所なきにゟ、それゟ龍爪山えとびきたり、龍爪山亀井石に住所す、かのもりに我がおしへを以龍爪山にやしろをたて権現とかうし、そのミも龍爪山に来り住所仕、我を信心にまつるべしとたくせんす、さあるにおゐては、いのり符守り何とも心にかのふへしと、おしゑにゟ正月十七日、三月十七日、九月十七日、壱年ニ三度宛湯はなをさゝげまつる也、我はこれ日本開白ゟ以来、せつなの間に三千界をかくる神通力の身なれば、我がおしへにまかせ、運をふかくしんじんにおゐては、此の山におゐて子々孫々に至まて、現ぜにては火なん水なん病なん災なんのがれ、末はんじやうにまもるへき也、其外一切の衆生、我を一心にしんじんし、我にあゆミをはこふともからにおいては、現世にては火なん水なん病なん災なんのかれ、福自在、来世にてはあんらくにあい守らんと也、ふかくしんじんにしんかふすへし、しかと云々云々

寛文元（一六六一）年
　丑の正月吉日

駿州庵原郡高部の庄内
興津ノ郷　上杉平
中河内　庄屋　次左衛門
同子　太郎左衛門
布沢村　庄屋　新左衛門
組頭　片平五郎左衛門
庄屋　同名権七郎
黒川村　甚左衛門

一、右七人の名主衆此面に印置事、浅間神宮惣社衆へ罷出候時、案内者被申上候に付き如此ニ候

平山村　六郎大夫
樽野上村社人親
瀧権兵衛
同子　六之丞

同子　権左衛門
同子　権十郎
同子　三四郎

（小沢誠一氏から提供された東京の某氏所有コピーを翻刻。適宜句点と注を補った。奥田賢山『竜爪山関係史料集成』には冒頭部分の写真が掲載されており、東京の瀧家所蔵とある。）

資料2　『駿河史料』庵原郡のうち「平山」

龍爪山権現社　垢離取川より坂道三十六町登る。旧社金山権現を以て奥の院とす、地主神なり　祭神明らかならず、祀官瀧長門

龍爪権現は、延享の頃（一七四四〜一七四七）、小川の奥樽村に権兵衛と云樵夫ありしが、俄に発狂して云へらく、吾は是龍爪権現なり、願あらばわれに告よと云て、日々浜に出て髪を洗ひ、身を清む、病者路頭に待受てこれに祈るに、大に験あり、夫より益々山家に行はれ、財宝を得たる故に、社を山上に還し立たり、権兵衛は後に国府総社神主の門人となり、吉田家の許状を受け、瀧紀伊と云、毎歳三月十七日を以て祭日とす、此日西東の山家より鉄砲数挺持出て、打鳴すを以て例祀とす

資料3　竜爪信仰の布教者

庵原郡由比の桜野（現・静岡市清水区入山）の薬師堂の別当であまりにも愚直な玄慈坊という時宗の僧がいた。

弟子の尊海という少年を後継者とすべく神仏に祈った。

十四歳に成ける尊海を件ひ、龍爪権現に日参し、道徳の出家とならん事を祈り、是が為に水食をも絶つが如し、朝暮の信心怠なかりき。其しるしや有けん、尊海日々我儘にのみ振舞て、師の教育に随はず。或時此僧（玄慈坊）、近隣の村老及び農人、寺僧等を集め、尊海を眞中に引居へ、或は叱し或は怖し、異見さまざま也。然るに尊海俄然として氣色を損し、懐より硯筆を取出し物書見るに、其筆勢点畫の美なる、恰も和漢高名の人の書にことならず。眞、草、行、假名字に至る迄さらさらとかきくだせり。衆人膽を消し、奇異の思をしけり。尊海また、天竺の文字は斯の如き物ぞとて、あびらうんけんの五字を書き、懐より赤き頭巾の角々に、鈴付たるを出して、頭にいたゞき、劔と片歯の鉄足駄を取出、是をはき剣を携へ、我に龍爪権現の乗附せ玉ひぬ。几夫の族願望あらば、即時に叶ふべしと。飛揚り飛揚りする事一二丈、其する事元より知らざる所也。かく口走る事止ず、早く御湯奉れとなり。即御湯を捧るに、託して曰、病ある者、望ある者は來れと云。近里遠村これを傳へ、薬師の堂前、群をして是を祈、悉く望み足れり。故に人あがめて、尊海を一の森とぞ稱しける。其諸願祈念の時は、火を改め身を清淨にす。婦人は是をいとはず、唯賑か成を、此神は悦び玉ひける。

『駿国雑志』巻之廿四上怪異（吉見書店一九七七年版・第二巻一九四頁）

竜爪権現の始まりは樽上村の権兵衛が神がかりしたことに始まるとされる。この話は師匠の玄慈坊が竜爪権現に日参して尊海のために祈った結果、尊海に竜爪権現が乗り移り、尊海は山伏姿で湯立をして人びとの願望を叶えるようになったという伝承である。おそらく竜爪信仰の拡大とともに地域密着の僧の話として語られたものであろう。

資料4　竜爪講規約　〈表紙〉付属講社規約　龍爪山郷社穂積神社　社務所　印

明治四十三年十月五日付で付属講社規約の訂正版が印刷されている。講社の具体的活動は不明だが、平山の瀧家主導のもとに結成され山麓周辺あるいは静岡市中の崇敬者を組織したと思われる竜爪講の規約には、本論で触れた御利益が列挙されているので、一部を紹介する。

「神徳の著しきは弓鉄砲の矢玉除け田畑新開発五穀豊熟菜果楮栲漁業等の繁茂或は旱魃洪水荒風高波蝗虫失火盗難を避け諸々の疾病を癒させ給はらむ事を祈祷申す」

「明治二十七年日清の戦役及び仝三十七八年日露の戦役ともに出征の軍人軍属の中には本講社員もあり、また信徒も鮮なからず常に当社を信崇して軍陣に臨みし者は弾丸雨飛の中に在りて身に寸傷だも帯ず恙なく凱旋するにいたれり、嗚呼忠君愛国の士深く茲に留められんことを冀ふになん」

そして講社員には門票を授け年に一回、家門繁栄災害攘除の守札を授与すると定めている。ここに見るように、竜爪さんの御利益は職業を問わず日常生活にあまねく及ぶとともに、戦時には矢玉除けとして軍人軍属を守護すると明記されている。

第八章　竜爪山をめぐる牛と雨乞の民俗

はじめに

牛と水とが深い関わりを持っていることは、早くからさまざまな角度から立証されてきた。たとえば石田英一郎は「植物栽培民にとって生命の源泉たる水が、民族学上から農耕的・女性原理的・月神話的とも名づくべきこの信仰複合体の中で、月や地母神とともに、牛と密接な関係に入ることは、自然の過程であった」と述べ、「多産生成の原始の力を代表する牛は、同時にまた水神の聖獣として、あるいは河伯の犠牲に供えられ、あるいは水精そのものが牛の姿をとるにいたった」[1]ことを証明している。また、佐伯有清は日本人の生活と牛との関わりを総合的に明らかにするとともに特に攘災や雨乞を目的にする牛殺しの習俗を鮮やかに示した[2]。『日本書紀』皇極天皇元年七月廿五日に「村村の祝部の所教の随に、或いは牛馬を殺して、諸の社の神を祭る。或いは頻に市を移す。或いは河伯を祷る。既に所無し」とある。ここでは雨乞との関係は直接述べられていないが、憤死した菅原道真の怨霊が雷となって出現したという信仰は、厄除けと降雨を祈願する殺牛信仰との結び付きを得て、道真と牛との関係に発展したと考えられる[3]。このように牛を犠牲として雨を祈る信仰が広範に存在したことが明らかにされている。本章では、先学の業績をもとに、静岡市北郊にそびえる竜爪山とその周辺に濃密に分布する牛と雨乞に関する民俗を具体的に示していく。

なお本章で扱う静岡市の安倍川・藁科川流域では、雨乞の習俗は珍しくない。具体的には、百万遍念仏を村中で唱える、滝の水をかきまわしたり汚物を洗ったりして雨を祈るというもので、大正時代までは実際に行われていた。さらに滝壺には大ウナギや口が赤い紅ウナギが棲むという伝説が付随する例も多い。藤枝市滝沢における雨乞の実際と付随する雨乞踊についての具体例は本著作集第二巻で示したとおりである。ただし本章ではこのような雨乞一般については触れず、特に牛と関わりのある伝承のみを取り上げて、古代より存在したという殺牛信仰の名残とそこから派生した民俗を中心に述べることとする。

一　鯨ヶ池の片目の魚

鯨ヶ池に逃げ込む水中の怪物

静岡市の中央を流れる安倍川中流部の東岸に鯨ヶ池という周囲二キロほどの池がある。すぐ横に位置する下村という集落名を取って地元では下村の池とも呼ばれており、近世駿府城の堀水や下流域の農業用水源として重要な役割を果たしてきた。この池の魚は片目である。それは水中の牛に関係していると伝えているる。以下、旧安倍郡の村誌と筆者の聞書きを例示してみよう。(4)

写真８－１　祭儀に供した牛の首
ミャンマーのカチン族やチン族は犠牲にした牛の首を柱に掛けておく。カチン州のジンポー族の家で。　2011.3

〈事例１〉池ノ主ハ元ト安倍郡桂間村

（筆者注・桂山《かやま》村）ノ池ニ住ミシ班牛ニテアリシガ、或時領主遊猟ノ途此所ヲ通リシニ、池中ヨリ班牛出テ馬ヲ池中ニ引入レ取リ喰ヒシトテ、領主大ニ憤り焼石ノ如キモノ数限リナク投ケ込シ、忽チ池水沸騰シ魚類悉ク死シ班牛モ此時一眼ヲ失ヒタリ、後大雨洪水安倍川一面ノ濁水トナリ、コノ池ハ安倍川本流ノ中心ニ当リタレバ牛モ此時水ト共ニ下リテ鯨ケ池ニ棲所ヲ遷シ、ソノ時ヨリコノ池ノ魚コノ牛ニ因ミテ凡テ一眼ニナリシト云フ。

（『安倍郡賤機村誌』読点筆者）

班牛はマダラウシと訓《よ》むがその意味については後に考察する。要するに上流にある桂間池の主である班牛が馬を食ったので片目を潰されて鯨ヶ池に逃げ込んだという筋であるが、ほぼ同じ話が鯨ヶ池から見て安倍川の対岸にあたる村にも伝えられている。なお片目の魚の伝説は柳田国男の『一目小僧その他』（柳田国男全集6所収）で考察されているが、雨乞との関連は指摘されていない。

〈事例2〉水見色・足久保・内牧（いずれも安倍川西岸）の三方から頂に通じる高山という山の頂近くに池がある（今は小さくなってしまった）。そこにジャが住んでいたので村の人が皆で殺そうとして焼石を投げ込んだ。ジャは片目を潰されてその池を逃げ出し、いったん足久保の舟渡《ふなわたり》の池に入ったが浅くて背が出てしまうので、再びそこを逃れ対岸の下村の池に逃げ込んだ。そのために下村の池の魚はみな片目であるという（足久保・有馬きせ・明治二十一年生）。

一方『安倍郡美和村誌』によると、この伝説は次のように語られている。水見色村の杉橋長者の一人娘のもとに毎夜通ってくる男がいた。家人が怪しみ、娘に言い含めて、ある夜タフ（太布、藤の繊維で織った強靭な布）

の糸をその若者の襟に縫い付けておき、そのあとをたどったところ高山の古池に消えていた。長者が怒って下男人夫に命じて池に多くの巨石を焼いて投げ込んだので池の主は下村の鯨ヶ池に逃れ去った。

また『安倍郡中藁科村誌』には、この池に牛の形をした怪物がいて殿の愛馬を取り食ったので殿が大いに怒り、大石を投げ込んだところ暴風雨が起こり、怪物はそれに乗じて鯨ヶ池に逃げ込んだとある。

高山に関しては前出の有馬きせさんが「私が十二、三歳の頃、高山のあたりにワラビ折りに行って雨が降りそうになると『この山にはマダラ牛がいる。お、恐い』と言って帰ってきた。山にウシンボー（静岡で牛のことを言う）がいたそうだ」と語っていた。

また、この高山の池には明治末まで雨乞祈願をした村が多かった。すなわち日照りが続くと池に生えているマコモを伐ってきて安倍川近くの松崎という所に置くと必ず雨が降ったものだ（内牧）とか、池のスゲを伐って家に持ち帰り軒に挿した（水見色）とか、オブツナさん（氏神）に上げておくと必ず雨が降ったので降れば再び池に返しに行った（足久保）というのである。

これらの話をまとめると、高山の池にはジャもしくは牛体の怪物がいて馬を食った、あるいは娘のもとに通ったので焼石を投げ込まれて片目を失い鯨ヶ池に逃げ込んだという筋になる。先の桂間池と同様に殿の愛馬を牛体の怪物が食ったというのは、水精に馬を犠牲として捧げた風習を思わせる。先に引いた石田英一郎によれば民族学的に見て水精への犠牲は牛から馬に代わる傾向があるとされるから、これは新旧の意識の入り交った話である。

なお、この高山の池の伝説には、いわゆる三輪山説話が絡んでいるが、この三輪山型の説話は安倍川流域に点々と分布しており、『和名類聚抄』郷名に美和とあるのをこの安倍川中流域に比定する考えもあって興味深い。しかし本章ではあくまでも牛と雨乞に焦点を絞っていく。この高山の池は主が去ってしまったのちにも雨乞祈願がなされていたわけで、山中には得体の知れない牛の怪物がいるという伝説が残ったのである。

〈事例3〉小瀬戸は安倍川最大の支流である藁科川に沿っており中世の山城の跡もある古い村である。村にはかつて五〇メートル四方ほどの池があり、池の主をナメダラ牛といった。それが殿様の馬を池中に引きずり込んで殺した。怒った殿様が沢山の石を焼いて池に投げ入れると池の水が煮え立ったので、牛は鯨ヶ池に逃げていった。(5)

これも前出の事例と全く同じ筋で、ナメダラ牛という名称のみが異っている。

〈事例4〉俵峯にイケガヤ（池ヶ谷）という凹地がある。それはかつて池だった所でジャが住んでいたという。村の寺である水月院の小僧がある時足をすべらせて池に落ちたらそのまま浮いてこなかった。和尚が怒って焼石を池に投げ込んだところ、その石が主の目に当たり片目が潰れた。主は池を逃げ出し下村の池に入った。だから今でも池の魚は片目である（俵峯・山崎かね・明治二十五年生）。

〈事例5〉鯨ヶ池には牛が住んでいて、それが若者に姿を変えては牛妻村の名主の娘のもとに通いつめ、とうとう妻にしてしまった。そして二人揃って池中に入っていった。これが牛妻という村の名の起源だという（下村・川口惣太郎・明治二十五年生）。

鯨ヶ池周辺では池の主は本来高山の池にいたのだといわれていて話はうまく対応している。また近世の『駿河国新風土記』には里俗の諺として「此池の主は斑牛なり」とあり「又今もたまさかにこの池の辺にて牛を見るものありと云り」と記している。

このように見てくると、鯨ヶ池にはあちらこちらの池（それも今は干上がってしまった）から池の主が逃げ込んできている。類似の例を挙げると大井川中流の家山（現・島田市川根町）に野守の池があり、そこにも大井川流域の多くの池沼から主が逃げ込んだという伝説がある。それらは池沼が開発や自然現象によって干上がったことの反映で、主たちが野守の池に集中したのはそれが特に神聖な池と考えられていたからだという。[6]

片目の魚伝説

では鯨ヶ池はどのように意義付けられるであろうか。そこで問題になるのが片目の魚である。全国に分布する片目の魚の伝説はすでに柳田国男が指摘したごとく、その池の魚が神饌にされていたことの痕跡であったとすれば、この鯨ヶ池がある特定の神社と関わりがあったことが推定される。

それについては『駿河記』に「鯨ケ池、周囲二十町許。村老伝云、白沢神社の御手洗と伝」とあり、他の駿河国に関する近世の地誌も、こもごもこのあたりの村々一帯（福田ヶ谷、下村、門屋、牛妻）は白沢神社の神領であったらしいと述べている。現在の白沢神社は牛妻集落の氏神で小ぢんまりとした何の変哲もない神社であるが、「延喜式神名帳」の安倍郡白沢神社に比定される。[7]それを証拠だてる史料は何もないが牛妻は安倍川左岸における古い村であり、中世には今川家に仕えた荻野氏の拠点でもあった。白沢神社が鯨ヶ池と深い関わりを持つ古社であったことは確かであろう。

また『駿河記』の白沢神社の項には「慶長四年の棟札に、駿河国安倍郡服部庄三輪郷牛沼村と記してありけるを、神主の家に置けるに子年の川成（文政十一年の安倍川の大洪水を指す）にて流失と云々」とあることは、ウシヌマ→ウシヅマを暗示しているようにも見える。要するに鯨ヶ池は牛妻の白沢神社と関わる神聖な池とされ、各地の水の精が逃げ込むのにふさわしい条件を備えていたと言ってよいだろう。それは農耕に必要な水すなわち雨を支配する水精の拠点であることをも意味している。

二　マダラ牛の由来

駿河国の摩多羅神

池中にいた牛体の怪物の名称であるマダラ牛の意味を考えてみたい。近世の地誌類はこれに班（斑）牛という字をあてている。もちろん斑紋のある牛という意に解してのことであろう。韓国慶尚北道では、「殺斑牛」の字を刻んだ新羅時代の石碑が発見されているという(8)。確かに斑紋のあり様によってはその牛を他と区別して聖牛たらしめる標示とすることもあろう。だが、これを斑紋と解さずに、摩叱《まだ》（多）羅神《らじん》の信仰に関わるものとして考えることもできるのではないか。

摩多羅神とは大陸渡来の神で、はじめ叡山では常行堂《じょうぎょうどう》に祀られ、のち広く阿弥陀堂に祀られるようになり念仏の守護神と考えられたもので、民間では疫病を逃れる神として信仰されたという（『国史大辞典』）。

この摩多羅神と牛との関わりは、京都太秦広隆寺境内で陰暦九月十二日（現在は十月十二日）に行われていた牛祭によく表れている。その内容は鉾を持った赤鬼・青鬼各二人に続いて牛に乗った摩多羅神が現れて独特の調子で祭文を読み上げるもので、遅くとも中世には始まっていたらしい。この祭文の内容は、もろもろの疫災を祓うことを摩多羅神に祈願したものであるが、その末尾は次のような言葉で結ばれている(9)。

……又は堂塔の。檜皮喰ひぬく大鳥小鳥め。聖教やぶる大鼠小鼠め。日の疇うがつ。うごろもち。如此の奴原に於て。永く遠く。根の国そこの国まで。はらひしりぞくべきものなり。敬白謹上再拝。

大祓の祝詞や田遊の鳥追の詞章にも似ており、うごろもち（モグラ）を追う箇所などに、農業との関わりを窺わせる。なお同寺境内の木島明神は祭文の続きに「人心の得んと欲するところに随い、甘雨を洒《そそぐ》、自在に家穡《かしょく》豊楽成るを施す。明神歓喜し旱潦災無し」とあり、雨を恵む神として信仰されていた。

佐伯有清は、この牛祭について喜田貞吉がかつて唱えた「太秦地方の秦氏らが牛を犠牲として漢神を祭った古い習慣にもとづいたものかもしれない」という説に強い魅力を感じる、と述べている。(10) つまり牛祭は古来の伝統的な殺牛信仰の名残であるらしいという見方ができるのである。摩多羅神の本来の神格は一概に規定できないが、現象的には牛と深い関わりを持つ神として一般に受け取られたと考えられる。

ではこの摩多羅神はいかなる経路で遠隔の駿河における池中の怪物にその名が冠せられるようになったのだろうか。実はかつてこの安倍川および藁科川流域一帯はすべて服織庄《はとりのしょう》という荘園に含まれていたことがある。この服織の地名の由来は、秦氏が移住してきたことによるといわれている。荘園の中心には羽鳥・建穂《たきょう》という村があり、建穂には建穂寺があった。寺伝によれば白鳳十三年に道昭が開き養老七（七二三）年に行基が中興したと伝える。それを裏付ける確かな史料はないが、平安期にはすでに相当の力を持っており、同じ頃に海岸部で全盛を誇っていた久能寺とともに駿府における二大勢力をなしていた。建穂寺の鎮守である馬鳴《まなり》大明神が鎌倉時代初期の承元四（一二一〇）年十一月二十四日に託宣をなし、来たる酉年（一二一三年）に合戦のあることを予言し、事実いわゆる和田合戦が起きたという名高い記述が『吾妻鏡』にある。もっとも当時ここは北条氏領であったから、話の裏は明らかである。

今、建穂寺は全く衰滅してしまったが駿府浅間神社の廿日会祭における稚児舞楽は今川氏の頃よりこの寺に伝えられてきたもので、寺が廃絶した今になっても建穂の住民が舞楽に参与している。また近世初頭の寛永二十一（一六四四）年に藁科川上流の日向で書き留められた田遊の祭文には「種を播かうよ。建穂寺のあすら万町の

（御正）作の種を播かうよ」とある。日向の地元の神社とともにこの寺の名が挙がっているのは、それだけ広い信仰圏を持っていたとみてよいであろう。

摩多羅神と雨乞

この建穂寺が秦氏を通じて太秦広隆寺となんらかの関連を有したであろうことは容易に想像が付く。その前提に立って『静岡市史』（旧版）は、先の馬鳴大明神という神は、養蚕の守護者たる馬鳴菩薩と、念仏の守護神たる摩多羅神とを習合して「デッチあげ」られたものではないか、と推定している[11]。そうした機縁により建穂寺周辺に住む池中の怪物、それも牛体をしていると伝えられるものにマダラ牛なる名称が冠せられたのではないかと思われるのである。

なお、摩多羅神と雨との関わりを思わせる例を一つ挙げておこう。茨城県真壁郡大和村（現・桜川市）に雨引山楽法寺がある。坂東二十四番札所であり安産祈願の霊場として名高い。ここで毎年四月第一日曜日にマダラ鬼神祭が行われている。寺の本堂前に野天護摩が焚かれ、そこに通ずる石段を馬にまたがったマダラ鬼神が松明と長刀を持った一〇人の鬼を従えて登ってきて、燃える火を囲んで鬼太鼓、鬼踊などを披露する。祭りの最後にマダラ鬼神が放つ四九本の矢を拾うと一年間無病息災と信じられている。この祭りの由来は、応永二（一三九五）年に楽法寺が兵火などにより本堂を焼失した時、マダラ鬼神が現れ、馬にまたがって大勢の鬼どもを集めて七日七晩で本堂を再建し、その夜火を囲んで鬼踊をしたことに始まるという[12]。

これはもちろん伝説に過ぎないが、山上の本堂前で火を焚く行事は、かつて広く行われていた雨乞の儀式に通ずるものがある。それは雨引山という山号からも窺えよう。寺伝によると弘仁十三（八二二）年、打ち続く旱天のため天下が大飢饉に見舞われたので本尊に祈ったところ、たちまちにして功験が現れ七日七夜にわたって降雨を見たことがあったというのである。古くは雨乞の山としても知られていたことがわかる。

　摩多羅神と雨乞とを直結させる資料はないが、摩多羅神に託された攘災・招福の願いは、農民にとっての五穀豊穣の願望であり、その前提として水の恵みという関連がたどれるとみてよいのではなかろうか。

摩多羅神と殺牛信仰との関係

　ただし摩多羅神が牛に乗って出現することと、殺牛信仰とは必ずしも重ならないという反論がある。広隆寺のいわゆる牛祭が現在の形に整ったのは中世のことであり、応永九（一四〇二）年に書かれた「太秦牛祭絵」（国立国会図書館デジタルコレクション）に見る祭文では、神主が才槌頭に木冠をいただき古沓を履き、白紙で作った鬼面を付け、牛に乗って登場する。牛には鞍を置くが、神主は鞍のうしろに腰かけて堂の前を行道するとある。徳永誓子は摩多羅神神事は声明念仏の一環をなす「摩多羅神風流」であり、毛越寺などの「常行摩多羅神祭事」に連なるものであり、奇妙かつ滑稽な風流をもって、その神を崇め奉るものとしている[13]。また山本ひろ子は牛祭の祭文にさまざまな疾病を追放するという文言を認め、本来比叡山常行堂での修行の守護神が、スサノオ（牛頭天王）と習合していくとする[14]。このような論を見る限り、広隆寺牛祭は殺牛信仰に由来するとは言い難い。だが、そこに直接的な影響はないとしても、摩多羅神と牛との関連そのものを否定することはできない。両者をつなぐのがスサノオ、牛頭天王、津島神社、祇園社である。牛頭天王は祇園精舎の守り神で、竜王の娘と結婚したとされることから祇園と水は深い関係があり、祇園宝殿の下に竜案と呼ばれる水が湧く所があると言い伝えられる。身近な例では静岡市紺屋町に鎮座する小梳《おぐし》神社の祭神はスサノオと奇稲田姫であり社名を祇園の俗称と同様に少将井と称している。摩多羅神を追究してきた川村湊は牛頭天王信仰の源流の一つに、牛にまつわる信仰や宗教儀礼があったことは間違いないとし、牛頭天王つまり牛体の神と水との関係を強調している[15]。牛頭天王を祭神とする、いわゆる天王社が牛と関わりがあることを示す事例は後述する。

マダラ牛とナメダラ牛

マダラ牛は池によってはナメダラ牛と呼ばれている。これは安倍川流域ではないが益頭郡郡村《こおり》（現・藤枝市）の例を挙げよう。

当村に青池と云池あり。弁才天を安置す。池の主をなめだらうしと唱ふ。此ぬし、吠る時は、近き内に極めて雨降る。其声近き所より、返て遠き所に響けり。又旱魃の年、農夫藁にて大牛を造り、鉦太鼓を鳴らし、踊りて此牛を水穴に打入れば、必三日の内に、雨降る。

（『駿国雑志』巻之二十四下）

この青池と通じていると伝える藤枝市北方《きたかた》の白藤の滝では牛頭を入れて雨を祈ったという。北方の山中には白藤の滝をはじめいくつもの滝があるが、その一つ、雨乞だるでは、日照りが続くと村人が牛の生首を持って滝に行き、滝の中にある穴にそれを納めると必ず雨が降るという。

雨乞の時往古は牛の生頭に旗竿を立、七日祈祷して此滝壺の水を汲出すこと五尺斗にして、横に御座元穴と云あり。彼の牛頭と旗竿とを入口に投込で去に、果して大雨ありと云。（中略）入口はくぐるばかりにして、内に入は広さ五尺余、奥に入て地下に落入処あり、是より内は量り知るべからず。今は牛頭を入ること廃止と。

（『駿河記』志太郡巻之六、北方の項）

ここでも牛頭を捧げて雨を祈る儀礼があったのである。地元の山田嘉之助さん（八三歳）によると、自分のまごじい（祖父）の虎蔵が青年団員だった頃、雨が百日続けて降らないことがあった。そこで雨乞のために若い衆がふんどし一つになって菩提寺である安楽寺に行き、和尚に浄めをしてもらってから、この滝に行った。本来なら八畳間ほどの大きさがある滝壷も水が減っており、若い衆が中に入って水中で何時間も雨を祈った。この行《ぎょう》が終えたとき、見たこともないような大きなウナギが出てきたので捕まえたが、大きすぎてそのままでは持って帰れない。仲間が家からたらいを持ってきてウナギを入れ、竹を十文字に渡して吊るし、皆で担いで寺に戻った。すると、和尚が「小僧ら、何をした。あのタルの大ウナギは守り神だぞ。それをとって食おうとは何ごとだ。すぐに戻して、もう一回水につかってお詫びをしてこい」と怒った。若者たちは慌ててウナギを戻し、あらためて祈った。すると、沛然たる豪雨となった。なお、この滝壷の西側に直径一尺ほどの穴があり、藤枝の国道一号沿いにある青池に通じているといわれており、嘉之助さんは若い頃に水を汲み出してその穴をのぞいたことがある。これが、江戸時代に牛の頭を入れたという穴だろうが、そういう話はもう伝わっていない。

写真８－２　牛頭を沈めて雨乞をしたと伝える白藤の滝（藤枝市北方）2010.7

　また、藤枝市谷稲葉《やいなば》でも、心岳寺（曹洞宗）の前身となった蓮仏庵の傍らにあった池を蓮仏池といい、「池中にナメダラ牛と云（へ）るぬし栖《すみ》しが、後に此の地を去りて他に行き、それより池水乾て陸となれり」という。今は草木繁茂してその池の跡は見えないと伝える（『駿河記』谷稲葉の項）。

先に事例3で挙げた小瀬戸の池でもナメダラウシであった。マダラウシとナメダラウシの先後を明確にする資料はないが、マダラウシが摩多羅神から来たという推定が正しいとするなら、ナメダラウシはその転訛であろう。というのは、この近辺ではナメクジのことをナメダラと称しており、池の主の名がマダラウシでは納得できなくなった時に雨降りの連想からナメダラウシと呼ばれるようになったのではないだろうか。

ここで再び安倍川流域に戻って牛の供犠が実際に行われていたということを見ていくことにする。

三　竜爪山と牛の頭

牛頭を供えて雨を祈る

第七章で詳述した弾除け、徴兵逃れの信仰を集めた竜爪山（標高約千メートル）の穂積神社（竜爪権現）は、農耕の神でもあった。竜爪山の由来は山上に降りた竜が爪を落としていったことによるというが、山の別名を時雨峯ともいい山上に雲がかかると必ず降雨を見たところから農耕の神としても広く崇尊を受けたものと思われる。竜爪山が位置する庵原郡に属する高橋村（現・静岡市清水区）の高源寺が寛政五（一七九三）年に釣鐘造営の奉加帳を回した時、その序文に「竜爪山者当国之鎮護而往古権現之霊地也、有水早則遠近蒸民競来而祈五穀豊登、其感応新不可勝計[16]」とあり、雨をもたらす神として信仰されていたことがよくわかる。また竜爪山権現に直接雨乞の祈祷を依頼することもあった。たとえば、「山元三ケ村ヨリ雨乞祈願ニ付、上土村ヨリ口論」に及んだが寛政四年に内済した例[17]、明治十三年七月六日には遠州の城東郡玉匂村・坂里村・成行村・国安の求めで「旱魃ニ付作物安全祈願並祈雨信心」を行っている[18]。しかし、神官には頼らず、地域の慣行として雨を祈った具体的な方法を山麓の伝承に探ってみよう。

〈事例1〉この山に牛の頭を捨てると大雨になるといわれている。それはリューソーさんがその牛の頭を下流の里まで流し出そうとするからだ。ある時、長い旱《ひでり》で雨が欲しくて、わざわざ牛の頭を買い、それを背負って山中に捨てに行った人がいた。山奥に進むにつれて空がまっ黒となり豪雨が来たがなおも進んでいくと一抱えもあるような大木が道をふさいで倒れている。やっとそれを乗り越えてふと振り返るとその大木が消えていた。気味が悪いと思いつつなおも進むと、今度は大きな牛が道いっぱいに寝そべっていて追っても逃げない。それでもやっと通り抜けて振り返ると、また牛の姿が消えている。こんなことが幾度もあって、牛の頭だけは捨てて帰ったが、その男は寝込んでしまって当分枕があがらなかったという[19]。

〈事例2〉いくつかある竜爪山の登山口のうち、最も賑わった平山では、竜爪さんは牛が嫌いだといわれている。大正初めの頃、牛乳配達の人が山の上から落ちてきた石に当たって死んだとか、肉屋が怪我をしたというような話が真剣に話された。村の人は牛肉は一切食べず、牛も飼わなかった。この近くの椎の木淵という所に牛の頭を沈めると雨が降るといわれていた（平山・望月善作・明治三十七年生）。

写真８－３　竜爪山登山口の石鳥居（静岡市平山）
1994.5

〈事例３〉平山の隣にある則沢《そくさわ》では、あまり雨が降り続くような時には、これは誰か雨乞のために牛の頭を置いていったに違いないと言って、村中総出で山中に牛の頭を探しに行ったことが実際にあった（則沢・松永たけ・明治二十年生）。

江戸時代、駿府一加番として文化四（一八〇七）年から同五年に赴任した河内狭山藩主北条氏喬の家臣池田安平が記した『日古登能不二《ひことのふじ》』[20]に「竜爪山といへるは府辺の高山にて古は時雨松山《しぐれまつやま》と云へり。雨乞の時農民牛頭を携へ登り山上に埋め祭ると時は雲起り雨を降るすと也」とある。

〈事例４〉竜爪山への安倍川沿いからの登山口である俵峯でも、竜爪さんは牛が嫌いだといってやはり牛を飼わなかった。大正の初め頃、ある家が他村の親戚に頼まれて牛を預かったところ雨が降り続いて大いに困り、竜爪さんにお参りして「どうか雨をあげてほしい」と頼んだ。村の人からは「今日も牛の雨が降る」とさんざんに言われ、とうとう牛を返したという（俵峯・胸組豊作・明治二十九年生）。

〈事例５〉次に挙げるのは有度郡船越村（現・清水市）の名主がつけていた日記の文政四年七月一日の条であるが、雨乞のため実際に牛の頭を供えたことがわかる。[21]

> 此節てり続き今度雨乞として龍そう川へ牛の頭を入ル、右世話村北脇・渋川・吉川・七つ新屋右村ゟ廻状廻し入用割合

然処六月廿五日ゟ七月廿七日迄卅二日目漸雨降

〈事例6〉静岡市清水区湯沢でも、天気が続きすぎて困ったら竜爪さんに牛の頭をあげると雨が降ると言っていたが、実際にやったのは見たことがない（清水区但沼・堀池よしの・明治二十九年生）。

〈事例7〉竜爪さんの祭日は四月十七日だが、この日は牛の首をうずめてあるので雨が降るという。[22]

池沼に牛頭を沈める

次の三事例は竜爪山に直接関わりはないが牛頭を供えて雨を祈っていた習慣が、この近辺に広く存在した証拠として挙げておく。

〈事例8〉「浅畑池　雩《あまごい》」安倍郡浅畑村浅畑池にあり。伝云。此池に、牛の頭を沈て雩すれば、いか成旱も忽《たちまち》雨ふる。此事秘すべし。人もし此企を知る時は、雨降らず。云々。河伯児童の肛門を望まずして牛肉を愛す、又奇ならずや（『駿国雑志』巻二十四之下）。

浅畑池では牛頭はこっそり沈めなくてはならなかったらしい。この池（沼）は今ほとんど埋め立てられ、一部が自然観察の場となっているが、「沼のばあさん」として知られる伝説があり、孫を沼の主にとられた老婆が仇を討ってジャになったと語られている。この伝説は沼の主であるジャは水神であり、牛頭との関係が物語化したものであろう。[23]

図８-１　江戸時代の浅畑池（沼）と竜爪山周辺の絵図（『駿国雑志』一国分郡大略の図より）
浅畑沼を水源とする川は清水湊に注ぐが、海までほとんど標高差のない低地で洪水常襲地帯であった。

〈事例9〉先に高山の池の例に出てきた内牧の字池ノ谷には方二、三町の深い池があった（これも今は埋め立てられ内宮町という住宅地になっている）。そこを文政末から天保頃に訪れた『駿河国新風土記』の著者新庄道雄は雨乞のために池中に投じられた牛の骨を見ている。

此池に神ありて不浄をにくむ、少しも不浄のもの此池に入れば必ず大雨ありと云伝ふ。旱の時雨乞して此池中に牛のかしらを切て是を入る事ありと聞伝へしが、さることあるべくもあらずと思ひしが、去る△年四月《（マヽ）》道雄此辺に来りし事ありしが、其日村民大網を此池に入て漁すとて引上し時なりしが、牛頭の朽て骨ばかりになりたるを二ッまであみにかけて引上げたるを見たり、是雨乞に入しものなることを知る

（『駿河国新風上記』巻十六）

〈事例10〉先に見た静岡市の鯨ヶ池にも牛の頭を沈めると雨が降るという言い伝えがあった（静岡市下村・川口惣太郎・明治二十五年生）。

道白に仕えた牛

こうした雨乞の諸例が竜爪山麓に特に濃密に見られるのはなぜだろうか。次に竜爪山にまつわる伝説をもう一つ挙げてみたい。これは諸本ほぼ一致した内容である。

竜爪山中に道白平《どうはくだいら》という所がある。それは天文年中に道白という僧が草花を愛でつつ閑居した所だという。ある時、この道白のもとに一頭の牛がやってきて居付いてしまった。そこで道白が試みに牛の角に書を結んで駿府の町に使いにやったところ、無事に用を足して帰ってきたので、以後ずっと牛は道白の命を受けては山と町とを往復した。道白が牛はまだ帰ってこないかとその上に立って下を見た岩を牛見石といって、道白平の近くにあ

写真８－４　道白平（静岡市）　1992.4
竜爪山の中腹、銀杏の巨木の下に多くの小石仏がある

る。ところで、この牛は実はかつて道白に仕えていた祖益という弟子であった。その頃今川館に仕える美女に心を奪われて焦がれ死に、牛に生まれ変わったものであった。牛は昼は道白に仕え、夜はその女の故郷である村に来ては過ごしたので、その村を牛妻というようになったという。

道白について『駿国雑志』（巻之四十）では「伝曰。道白和尚は、安倍郡牛妻村の人也。常に山上の幽居に坐して、道徳明知の聞えあり。後有度郡今泉村、補陀山楞厳院（曹）の開山となる。永禄十二年六月二日寂す（中略）道白常に酒を好み、草花を愛す、今に其残根年々花さく。土俗此地を号て道白平と称す」、また『駿河志料』牛妻の項に道白の「僧酒を好み常に黒牛来り仕へしとぞ」と記している。

ここで竜爪山と鯨ヶ池とを結ぶ鍵が一つ出てきたようであるが、後にあらためて考えることにして、もう少し牛の話を追ってみよう。

静岡市清水区牛ヶ谷という村は、桃林寺（曹洞宗）という寺の裏に寝そべった牛ほどの大きさの牛石という石があることからその名が付いたといわれる。この石の由来には二通りの話がある。

①　竜爪山にいた道白に仕えた牛が死んだので村人がその死骸を山から運びおろし、ここで一休みしたところ重くなって動かせず、そのまま石に化してしまったという。

②　梶原景時が鎌倉を追われて西に逃げる途中、このあたりで土豪たちに討たれた。その墓を作るための石など

写真８－５　桃林寺の牛石（静岡市牛ヶ谷）
2017.1

写真８－６　牛欄寺の牛石（静岡市梅ヶ谷）
2017.1

を運んでいた牛が死んでそのまま石に化してしまった。

『駿河国新風土記』梅ヶ谷の項には、臨済宗牛欄寺があり「山号の起る所は此寺の鎮守牛頭天王と云もの、一箇の石にて、其形ち牛の如し、此石によりて名づけたるなり、俚伝に曰、此牛石は雄牛なり、寺の後の山に男牛の窪と云所あり、今訛てオイシガヤと云、又此近村桃林寺にも此石の如きありて是も牛頭天王を祭る、此石は雌牛なりと云」とある。『駿河記』（巻二十三）牛ヶ谷の項には、牛石として「桃林寺の後山一町許にあり。伝曰此牛石は雌牛にして、牛欄寺には雄牛なりと、何れも天王と齋祭也」とある。

牛石がある二つの集落に近い蜂ヶ谷の若宮八幡宮に永享十二（一四四〇）年をはじめとする中世の棟札が伝わっており、隣村の下野《しもの》には田楽免と称する田があった。また鎌倉時代に梶原景時を討った土豪たちの拠点も周辺に点在している。梅ヶ谷の真珠院には今川氏の判物が伝存しており、戦国期には今川氏一族ないし有力家臣の拠点であった。

有度郡今泉（現・静岡市清水区）の楞厳院（曹洞宗）は道白を開山とする。『駿河記』（有度郡今泉の項）によれば道白は天文年間道徳明智と称せられた僧で「始め竜爪山南平山と云ふ所に閑居し、草花を植酒を好、常に黒牛を飼。この牛人の如く師命を受けて四方に使す。後に鳥坂にて化て石となると」伝える。またこの寺地はむかしは池であったのを道白が埋めて伽藍を建立したと伝え、武田の遺臣で家康に取り立てられた土屋民部少輔の墓があったという。

いずれも断片的なことばかりで、史料で裏付けることは不可能な内容である。しかし、伝承をつなぎ合わせていくと、道白という僧は今川氏の時代の末期に竜爪山中で修行し貴賤の帰依を得た人物であり、おそらく降雨の修法なども行ったのではなかろうか。もともと牛を犠牲にして雨を祈る習俗は周辺に広く浸透していたので、全国に広まっていった牛頭天王信仰と習合して牛ヶ谷と梅ヶ谷の牛石の伝説を生み出したものと思われる。あるいは、二つの牛石は、そこが牛頭を供えて雨を祈る祭場だった可能性もあるが、これは現時点では想像の域を出ない。

牛頭の供犠

農耕神として雨をつかさどると考えられていた竜爪さんは、牛が嫌いなので山中に牛の頭を置くとそれを浄めるために雨を降らせるのだと信じられていた。そして明治末年までは実際に雨を求めて牛の頭を置いてくることが現実のものと信じられていたのである。竜爪さんは牛が嫌いだからという説明は、牛を犠牲として捧げた意義を逆転させたものである。この牛を捧げる場所は山中のどこでも特に決まっていなかったようであるが、牛見石や牛石の伝説を考え合わせると、これらの石がかつては祈雨の儀式の祭場であった可能性がある。周辺の光景の中で際立って見える石が神の来臨の場とされた例は数多い。牛馬を捧げての雨乞についても全国的にも多くの類

静岡新聞（夕刊）　（第三種郵便物認可）

50年ぶりに雨乞い神事

御殿場

伝説の牛を淵に沈める

50年ぶりに復活した雨ごい神事の主役は麦ワラでつくられた牛、長さ約1㍍で、この日のために農業勝又吉徳さんが仕上げた

神妙に神事が行われた"牛淵"は深さ二㍍のよどみで、鮎沢川の渓谷

地元住民に投げこまれる麦ワラの牛、スキーシーズンの降雪を願ったが―

[illegible]

（御殿場）

祈願の内容はぐっと今様　「この冬、スキー場に雪を」

写真8-7　藁牛を沈めて雪乞（『静岡新聞』昭和54年8月7日掲載）
スキー場を抱える御殿場市では藁牛を淵に沈めて降雪を祈った

例がある。

雨乞の習俗を多角的に研究した高谷重夫は雨乞のために馬や牛を供えた事例を紹介している。たとえば、嘉永六（一八五三）年に箕生（大阪府）で葦毛の馬の首を滝に漬けた事例、兵庫県宝塚市で昭和十四年に屠殺場から牛の生首と生き血を取り寄せ武庫川上流の馬滝の滝壺の前の石に牛の首を据えて帰った例をはじめとする兵庫県の事例、山梨県市川三郷町の四尾連湖《しびれこ》、静岡市の麻畑沼、さらに和歌山県や秋田県、四国など、各地の事例を紹介している。(24)

摂津川辺郡稲野村（現・伊丹市）の雨乞では黒の班点のある白い馬の首を切って生瀬川の水

写真８－８　青萱で作った鹿（静岡市長熊）1978.6

源にある溝滝に投げ込む。これは岩の上で行われ、年によっては首を切る真似をして首に少しく傷をつけて血を絞り、其血を岩に塗って帰ることもある。明治十六（一八八三）年に首切を行ったが、帰路には大雨があった(25)。

これは牛が馬に代わっているとはいえ、右の推定を裏付けるものになると思う。特に斑点のある馬とあるのが斑牛との関連を窺わせる。次の例は中世の雨乞に関する在地の記録で、鹿の頭が雨乞のために用意されたものか、あるいは不浄なものを滝壺に投じて雨を祈るというありふれた例なのかは不明ながら、牛に限らない場合があったかもしれないという意味で紹介する。

戦国期に次のような記録がある。九条家の荘園であった日根野荘（大阪府泉佐野市）は現在まで中世的な景歴をとどめる地区として知られているが、文亀年間に現地を訪れた九条政基が書き残した『政基公旅引付』に、文亀元（一五〇一）年七月二十日から三日間にわたって雨乞が行われたことが記されている。現地の伝承ではどうしても降雨がない場合は「滝壺へ入不浄之物　鹿之骨或頭風情物云々」、すなわち鹿の頭を滝壺に投じるというのである。

本物の動物に代えて藁製の牛馬を供えた例は数多く知られるが、戦後にあっても『静岡新聞』（昭和五十四年八月七日付夕刊）には次のような記事が掲載された。御殿場市の鮎沢では、この冬の降雪を願い、かつて暴れ牛が川に飛び込んだら雨が降ったという話に倣い、五〇年ぶりに一メートルほどの藁製の牛を鮎沢川に投じた。

静岡市葵区長熊では六月十五日に水神祭が行われる。川辺で青萱を材料に一メートルほどの大きさの鹿を作り、対岸の岩場に据えて神酒と洗米を供える。そして皆でこの鹿に石を投げつけて川に落とし水流に乗った鹿が流れ去ってから御神酒をいただいて解散する。一見、遠州に見られる鹿打神事に似ているが、行われるのが祇園の祭日であることや、模型の鹿を池に投げ込んで雨乞をすることなどを考えあわせれば、この行事は雨乞儀礼の変形であろう。富山昭は、川渕の岩を水神の磐座と見立てれば、これも御殿場の事例に通じているのではないかという。(26)

なお、全国には牛を含む地名が無数にある。その中で、牛淵、牛沼などは牛の供犠と関係があった可能性があるが、たとえば各地に見られる牛首山などは山容が牛の頸部に似ているということによるものであろう。小字レベルからの牛地名を全国にわたって収集・分析した本間雅彦によれば、牛地名の多くは牛の肥育場であったり、死牛の処理場であったりした例も多いとしている。(27)牛地名から殺牛信仰を導くことはできないことは留意すべきで、牛と雨乞の民俗は、地域の伝承と史料の裏付けをもって初めて論じることができる。

今も息づく雨乞の心意

二〇二四年の夏は異常な暑さが続き地球温暖化を実感させられた毎日であった。浜松市博物館では猛暑続きの毎日に日照り解消を願って「雨乞い」をテーマに八月十八日から小展示を開催した。展示の中心は、古代の生活を示す大量の出土品で知られる市内の伊場遺跡から出土した絵馬や呪文を記した木簡、それに雨乞に使われたと考えられる馬の頭骨などである。ところが展示開始の翌十九日深夜に雨が降り始め、その後、台風が接近したり大雨警報が出されたりしたので、二十五日に展示を中止した。展示中止をX（旧ツイッター）で公表したところ八月三十日現在で約二万件の「いいね」が届いた。「誠実な対応だ」とか、「展示を撤収したらちょっと青空が出て来た」などのコメントが寄せられたという（『中日新聞』「雨乞展示　急きょ撤収」二〇二四年八月三十日付）。

雨乞の習俗は現代人の潜在意識の中に今でも生きているのである。

〈付記〉
本稿は『芳賀幸四郎先生古稀記念　日本社会史研究』（笠間書院、一九八〇年）掲載の「牛と雨乞いの民俗」に新たな知見を加えて改稿した。

〈注〉
1　石田英一郎『新版河童駒引考　比較民族学的研究』東京大学出版会、一九六八年、一七七頁
2　佐伯有清『牛と古代人の生活　近代につながる牛殺しの習俗』至文堂、一九六七年
3　林屋辰三郎「天神信仰の遍歴」『古典文化の創造』東京大学出版会、一九六四年。のち『民衆宗教史草書　第四巻　天神信仰』（一九八三年、二一八頁）に再掲。
4　本稿に引用する村誌は大正三年に成った『静岡県安倍郡誌』編纂の資料とされたもので大正初年に現地の小学校教員などによって編まれた。ほとんどが未刊であるが、電子複写版を静岡県立中央図書館で閲覧できる。
5　飯塚伝太郎『静岡市の史話と伝説』松尾書店、一九七三年、一九六頁
6　野本寛一「河川流着伝説考」『静岡県民俗学会誌　創刊号』一九七七年
7　『静岡県史　通史編1原始古代』一九九四年、一一八四頁
8　川村湊『牛頭天王と蘇民将来伝説　消された異神たち』作品社、二〇〇二年、一三八頁
9　「大秦広隆寺牛祭祭文」『大日本仏教全書』寺誌叢書三所収
10　佐伯有清『牛と古代人の生活　近代につながる牛殺しの習俗』至文堂、一九六七年、一六五頁
11　『静岡市史　第四巻』一九三一年、三三九頁
12　茨城文化団体連合編『茨城の芸能史』一九七七年

13　徳永誓子「中世の〝牛祭〟」『岡山大学大学院社会文化科学研究科紀要　第五十一号』二〇二一年
14　山本ひろ子『異神　中世日本の秘教的世界』平凡社、一九九八年、一五四頁
15　（注8）一三六頁
16　川崎文昭編『高源寺木堂のふすまの古文書』高源寺、一九七六年
17　「古今万記録」奥田賢山編『竜爪山関係史料集成　改訂版』私家本、二〇〇七年
18　「竜爪山穂積神社御崇敬調」奥田賢山編『竜爪山関係史料集成　改訂版』私家本、二〇〇七年
19　静岡中学校郷上研究会編『郷のかをり　創刊号』一九三三年
20　池田安平『日古登能不二』長竹竹雄発行、一九七八年
21　川崎文昭編著『駿河国有度郡船越村名主日記』清水市郷土研究会、一九七六年。この日記には水不足に悩む地域が盛んに雨を祈ったという事例が頻出する。具体例を示してみよう。

文化十三年　五月五日　てり、堤水出ス
　　六月十二日　しめり節句
　　七月十七日　十七日ゟ十八日まで堤水出す、此時北矢部ニ而大堤分水へ手を付、北矢部方へ水余分ニヤりせんぬき与五右衛門見付申ける、夫ゟり直ニ水を留置、北矢部村へ忠次郎治右衛門両人を遣ス、御判名主長助殿申様、此方の者共不調法ニて有之候間、何支右之通りニ直し、又水を出し被下度使の者へ被申候ニ付、右の通りニ直し水を出ス
十九日　しめり節句
文化十四年　六月　此節てり
七日　草薙江雨乞三十八ケ村、今日雨乞高持斗六人外人足五人弁当持共
廿七　久能寺江雨乞五十二ケ村

七月　朔日　旱魃届ケ江戸屋敷出ス
八日　大内へ雨乞五十四ケ村、高持六人外人足五人、又外若子供大勢行、弁当壱斗（ママ）酒四升

22 国学院大学年刊民俗採訪『庵原郡両河内村』

23 浅畑沼に関しては「沼のばあさん」と呼ばれる伝説がある。近世の地誌『駿河国新風土記』の著者新庄道雄は同書の北沼上の項において「此国の俚俗のもてあそぶ草子ありて、僧の近き世に記したるものにてとるにたらぬ物」とするが、その概要を紹介する。沼の傍らにある諏訪神社にこの沼の老婆の霊を合祀してある。村の石橋氏の祖先にあたる老婆の孫に小吉《こよし》という孫娘が十六歳のとき、この沼の水神にとられて水死した。すると老婆はこの沼に入り生きながら大蛇となってその邪神を追放し自ら沼の主となった。のち有度郡大谷村に大正寺（曹洞宗）を開いた正順という僧のもとに老女が菩提戒を求めてきたのでそのわけを尋ねると、浅畑沼に住む者だという。正順が血脈を授けると老婆はこの寺の守護神となって火災から守ると言ったので、境内に諏訪大明神の祠を設けて祀った、という。老婆は伝説ではジャになったとも伝えられており、明らかに犠牲を求める池の主を象徴している。この伝説は、浅畑沼に牛頭を投じるという民俗が物語化されたものとみてよいだろう。この老婆の像が南沼上の大安寺に祀られており、現在も参拝者が多い。

24 高谷重夫『雨乞習俗の研究』法政大学出版局、一九八二年、四〇〇～四〇八頁

25 （注1）の注318

26 富山昭『静岡県民俗歳時記』静岡新聞社、一九九二年、一〇五頁

27 本間雅彦『牛のきた道―地名が語る和牛の足跡』未来社、一九九四年

第九章　風待港の民俗

一　屋号が示す他国とのつながり

やすらぎの港町

港町、みなとまち―それだけで何となく人を引きつける不思議な響きを持った言葉である。その言葉が醸し出すイメージは、たとえば夜の歓楽街を彩るネオンの輝き、さまざまな文化が入り交じった猥雑さ、出会いと別れが交錯する人生模様、といったようなものであろう。先祖代々の土地にしっかり根を下ろし、共同体の一員として周囲との差異を感じさせまいという生活意識のもとに暮らしている農村に対し、各地から人が集まって形成され、しかも栄枯盛衰の激しい港町での生活は、気楽な反面、明日をもはかれぬ不安がある。不確かさと、楽天性が隣り合わせの港町の気風は、排他性の強い農村のそれの対極に位置付けられると言えるだろう。

下田の弥治川《やじがわ》界隈といえば、かつて色街として名高かったところで、川面に影映す柳の向こうに、手すりのついた二階の窓と、格子戸を持った家並みが残っていた。

山田美子さん（仮名、大正九年生）は、大きな飲食店を経営しているが、生まれは静岡である。名門女学校在学中に家が傾き、夜逃げ同然にどこに行くのか全く知らないまま自動車で天城峠を越えて下田に着いた。父がかつて天城の材木を扱っていた縁で、下田を知っていたらしい。着いた時には、よくこんな所に町があるなあと思ったものだった。焼鳥屋の屋台曳きから始めて、ようやく小さな店が持てた。下田港は古くから東西航路の中継点として重要な位置にあり、特に江戸時代には幕府の船改番所が置かれ、行き来する船は必ず下田で検問を受けた。地理的にも風待ちの港として重要だったから、明治以降も在来の帆船が活躍していた間は大いに賑わったものだった。また、近海漁業の基地として全国各地の船の拠点となり、三崎（神奈川県）、房州（安房、千葉県）、島（伊豆大島）、焼津などの船が、天候によっては港がいっぱいになるほど集まってきた。また高知県の奈半利《なはり》町のカツオ船は下田に事務所を置いたほどで土佐カツと呼ばれていた。美子さんが他所から移り住んだということを船員や漁師も知っているので、こうした外来の船乗りたちに可愛がられ、店は繁盛した。その後、いわゆる特飲（特殊飲食店）の店に発展したが、売春防止法（昭和三十一年）以後は、飲食店に戻り現在も大きくやっている。美子さんは、「昔の下田は何をやっても食えた。他所から来た人がみんな成功している」と言う。必死に努力した結果が実を結ぶのであろうが、そういう努力が形となって表れるところが港町の特徴である。一方ではせっかく隆盛に赴いても、意外に長続きしないというのも、またこのような町の特徴であった。

写真９－１　弥治川界隈（下田市）1987.11

屋号の起源

同姓の家がたくさんある土地では、互いに屋号でもって家の識別をする。東伊豆町の稲取は昔からの屋号が広く通用していて、たとえば魚屋という家が米屋をしているという珍現象で知られている。屋号の由来は、祖先の名を取った佐次右衛門とか権左衛門、あるいは村の中の位置を示すヒガシやニシ、家の由緒を示すオーヤとか隠居などが最も普通に見られるものだが、国名や特定の地名を冠した屋号がたいへん多いのが港町の特徴である。土佐屋、尾張屋、焼津屋、相良屋など広範囲にわたるさまざまな地名が見られる。下田の町でいえば、土佐屋というのは、土佐（高知県）から鰹のシーズンにやってくる漁船の世話をした船問屋で、浦賀屋は浦賀（神奈川県）の船の世話をしていたのが由来である。阿波屋とか平野屋というのは、多分ここに住み着

写真９－２　なまこ壁が美しい土佐屋（下田市）2011.8

いた先祖の出身地だったのだろう。茶碗屋というのは、瀬戸物や三州瓦を扱っていた名残を示す屋号で、愛知県との関わりを示している。

下田市の町店町《まちだな》に間瀬音三郎さん（大正十三年生）が経営する山崎屋という店がある。これは今の店を買い取った時に以前の所有者の屋号をそのまま継いだもので、当主の祖父にあたる音三郎（御本人と同名なのは、祖父が亡くなってすぐに生まれたので、ハタの人から同じ名を付けろと勧められたからだと聞いている）は、半田市（愛知県）の亀崎から来てここに入った。祖父は一〇歳位の時、初めてカシキとして船に乗り、江戸や清水に三州瓦や米等を運んだという。初めて江戸に行った時にたまたま桜田門外の変（一八六〇年）があった。抜刀した侍が停泊中の船に乗り込んできて、物も言わずに米や雑物の間に槍を突き刺したのを震えて見ていた。船頭が尋ねたら、侍は事件の様子を話して残党を探しているということであった。

祖父はその後一人前の船頭となり、さらには自分で万吉丸《まんよしまる》という船を亀崎で造って船主となった。航海の途中では主として子浦（風によっては妻良）に入ったので、そこに愛人を置いた。本妻はもちろん亀崎にいた。息子、つまり音三郎さんの父が年頃になったので船に乗せたところ船酔いがひどいので船乗りをあきらめさせ、下田に住まわせて商品の扱いをやらせた。これがきっかけで下田に居が定まった。船の船頭以下、乗り子はすべて半田方面の人を使った。明治末年に船が遭難したことがあるが、その時に集めた弔慰金の帳面を見ると、下田町からは三一名が名を列ね、また子浦六五〇口、妻良二四〇口の寄付が寄せられている。港、港の間に太い人脈があったことを窺わせる。

知多半島とのつながり

音三郎さんの少年時代、父は朝起きてすぐと、夕方電燈が灯る頃に決まってお経をあげる習慣があった。これには本人だけでなく、用事がない限り全員が付き合わされた。なぜうちだけこうしたことをやるのか、と父に尋ねたら、亀崎ではどこでもお経が聞こえてくると言われた。また、下田では節分の豆まきに子どもたちが連れ立ってあちこちの家の豆を拾って歩く。友達から、お前の家はなぜやらんかと言われた。父にそのことを話したら、じゃあやってやると言われたこともある。「門徒、もの知らず、門徒、もの忌まず」といって、浄土真宗の信者は民間の行事にあまり同調しない。父は祖父の出身地の習慣、つまり門徒の風を身に付け、下田でも実践していたのである。

「唐人お吉」の物語は、幕末に下田に赴任したアメリカ領事ハリスとの恋物語が人気を呼んで下田に欠かせない観光コンテンツになっている。お吉がハリスの身の回りの世話と看護役を兼ねて下田の役人から派遣されたことは事実だが、悲劇のヒロインに仕立てたのは地元の医師で郷土史研究家の村松春水だった。郷土誌『黒船』[1]連載の物語冒頭で、お吉は下田坂下町の船大工斎藤市兵衛の二女であったと述べている。しかし実際にはお吉は内海《うつみ》（愛知県南知多町）の船大工の娘で四歳のとき父と共に下田に移住したのだということが明らかにされた。お吉一家の戒名を記した過去帳が内海の西岸寺で発見され、お吉と内海との関係が証明された。お吉を演じた歌舞伎俳優坂東玉三郎をモデルにしたあでやかなお吉像が同寺境内に建立されている。

内海は江戸時代後期に隆盛を誇った内海船の根拠地として知られる。菱垣廻船、樽廻船が上方と江戸の物資輸送に活躍したのに対し、内海船は日本海で活躍した北前船と同様、商売を目的に運航されたもので、内海に巨富をもたらした。お吉と内海船との直接的な関連はないが、下田湊はまさに航路の中間点に位置する。内海船をはじめ日本の東西を結んだ大動脈を支えた風待港はさまざまな物語を生んだ。

二　風待ちの伝承

日和山

風待ちというのは、かつて帆船の時代、目的の方角に向かうための適当な風が吹くまで、港で待機したことをいう。江戸と上方を結ぶ海の東海道に面した静岡県には、多くの船で賑わった風待港が多い。中でも知られるのが、深く切れ込んだ入江に面した南伊豆の妻良《めら》と子浦である。風待港の最大の特色は、物資の積み下ろしを目的とする港としての本来的な機能を全く持っていないという点にある。つまり、一つは安全な避難港として、もう一つは、よい風が吹くまでの待機場所として、両様の意味での風を待つ港であった。こうした機能を発揮するために、多くの風待港に付随していたのが、日和山《ひよりやま》である。

子浦にも、日和山がある。今はあまり人の通らない細い道を登ると、生長した木々に眺望を妨げられてはいるが、青々とした駿河湾を見はるかす高台に出る。右手におむすびのような形で突き出し、裾に白い波しぶきを受けているのが、波勝崎《はがちざき》である。餌付けされた猿の群で知られる波勝崎も、船乗りたちにとっては、「いのちか、はがちか」と恐れられた難所であった。そこを回り込んで北上すれば、松崎から土肥、戸田へと続き、沼津へと出る。反対に左に行けば、南に大きく回って石廊崎経由、下田に着く。この高台に立って天気を見たのは、どんな人だったのだろうか。傍らには草が絡んだ石柱がある。角柱の上部が円板状になり、薄れかけた文字が、北・北東・東などと読める。いわゆる方角石である。いつの頃までかはわからないが、この近くに海の方だけを開けた高さ一間（約一・八メートル）ほどの石囲いを造り、中で火を焚いたのだという。この石組みは、終戦頃までは残っていた。この管理をしていたのが麓に位置する「佐野屋」だった。

表９－１　明治時代の子浦の大宿・小宿

大宿	小宿	関係地及び積載品
浜条《はまんじょう》	勝五郎屋	紀州淡路船（材木）
新屋《あたらしや》	賀戸屋	北前船（鮭・昆布・数の子・すずこ）
浜家《はまねえ》	新八	遠州掛塚船（材木・板）
阿波屋		阿波国（米）
多須屋		伊予国
六屋	今津屋	相模国浦賀船（備州から塩専門）
尾張屋		名古屋船（煉瓦・瓦・瓶・米）
御影屋		大坂船（御影石）
新宮屋	新家《にいえ》	紀州一巻船（木材）
焼津屋	勘吾	焼津船や沼津船（塩）
志摩屋		三河の半田・亀崎船（中国地方の酒・醤油）
中宿		大坂船
佐野屋	松平	播磨船（塩専門）
殿場《どんば》	〃	赤穂の笹林（塩専門）
岡部屋		遠州の丸尾文六船（石炭・切干等）
善佐		阿波国（塩専門）
紺屋《こうや》		三河国常滑船（焼き物専門）
広島屋《にいえ》		広島船（石類）

出典：『ふるさと子浦』第１集

佐野屋は子浦の百姓代をしていた旧家で、播州赤穂の船宿をしていた。ちなみに、船宿というのは、風待ちで入港している船の船頭が泊まる宿のことで、特定の地域と深いつながりを持っていて、そこの地名を屋号に名乗る例が多い。これを大宿といい船長や主だった船員が泊まり、小宿は同じ船の船員が泊まったり休んだりした。船員の中には船に寝泊まりする者もあった。佐野屋の小宿はマツベーといった。明治時代の子浦には子浦研究会の調査によると表のような大宿と小宿があったという[2]。この表のもとになった伝承は今から半世紀以上も前に書き留められたもので、現在ではこうした具体的な伝承はすっかり薄れてしまった。

佐野屋の話に戻ろう。当主、内山啓二さんの母、ちかさん（明治三十四年生）によると、日和山は当家の持ち山だったが、代々の言い伝えで「これは売るもんじゃないぞ」と言われていた。そして、時代ははっきりしないが、毎日、夕方山に行っては火をともすのが佐野屋の当主の役割だったという。内山家には日和山の畑から掘り出したという方角石の上部（直径一七・五センチ、厚さ五・八センチ）がある。これは現在山にあるものとは異なり、方位が十二支で刻まれている。古い時代から日和見が行われていたことがわかる。

ところで、江戸時代の伊豆の地図には、港の入り口にあたって燈明という文字が記されている例をいくつも見ることができる。それぞれの管理組織などは不明な点が多いが、海の東海道の安全を守るシステムとして重要な役割を果たしていたに違いない。火をともすのが佐野屋の仕事だったという話から、燈明台と日和見とは、深い関係があったとみていいだろう。

風待ちの船と若者組

伊豆の各地にボングイイワと称する岩が見られる。これは棒杭岩という意味で、停泊中の船を係留するために岩に穴を開けて棒を立て、そこにもやい綱を結んだものである。たとえば、南伊豆町の小稲は、港としては決して大きくないが、青野川の河口にあって、江戸に石材や木炭を積み出す船が風を待つための絶好の位置にあった。ここには今もボングイイワが残っており、西伊豆町仁科の港内にも同様の岩がある。また、松崎町の岩地には、メドクリアナという穴が海に面した岩に穿ってある。これも帆船をつないだ穴という。風待港としては、こうした係留施設の他に、船を引っ張るための組織が必要だった。その役目を担ったのが、若い衆、つまり今でいう青年団であった。この時に使用された船をサイナワ船といった。大型の船を港内に曳き入れたり、逆に順風の時には沖に曳き出す仕事は、若者が請け負っていた。子浦に残る安政六（一八五九）年の「改革申渡候条目[3]」という題の、いわゆる若者条目の中に次の一節がある。

沖合曳船渡世に罷り出候節たりとも、騒気に募り候事も間々聞こえこれ有り候、以来柔和に家業致すべく候事

お客に対して不作法のないようにという趣旨と思われるが、この仕事が冬の間の火の番などと並んで、若い衆のきわめて重要な役割に位置付けられていることがわかる。また、水の補給も大切である。妻良の港の入り口近くには、水取り場という給水場があった。海岸近くの水が湧き出している所で、小船で買いに来る風待ちの人に若い衆が水を売ったという。

また、先の表9－1にある浦賀屋の小宿をやったという今津屋は今、食堂を経営しているが、店の天井に大きな帆船の模型が吊るしてある。これは当家に滞留していた船頭が退屈しのぎに作ったものといい、長さ一四三センチで、帆柱は九七センチある。一時子どもの玩具になって実際に海に浮かべてしまったので、傷んではいるが、昔の船宿の名残を伝える貴重な遺品である。

写真9－3　風待ちの船が水を補給した水取場（南伊豆町妻良）　1986.11

妻良の鈴木昇さん（大正十一年生）の話によると、船宿にはたいてい納戸の上にあたる場所に中二階があって、風待ちの船頭がそこに泊まった。平屋の建物の中に作ったものだから、天井が傾いていて、コバに行くと頭がつかえた。五平屋、半田屋、梅蔵屋などにはみんな六畳間位の中二階があり、播磨屋には門の上に中二階があった。

半田屋では昔、風呂場に二、三個の据風呂を置いたといい、また二階に通じる階段は、一見それとわからない工夫がしてあった。二階は秘密のバクチ場だったそうである。(4)

写真９－４　妻良の深い入り江では、かつてイルカ追い込み漁が盛んだった（南伊豆町）1994.5

ころばし地蔵

西風が強い時には風待ちの船が集まって、まるで林のように船の帆柱が立ち並んだ。その当時は妻良と子浦を結ぶ渡船があって、妻良に泊まった人たちは子浦の料理屋に通ったものだった。今でこそ車で数分という目と鼻の先の二つの港であるが、トンネルのできる前は、陸路はなかなかの難所だったという。子浦には吸海楼という店が海に面して建っていた。三階の欄干には女たちが並んで下を通る船の船頭たちを誘った。入船、辰巳亭などという店もあり、総称して子浦タカンバと呼ばれていた。「子浦タカンバの女は尾の無い狐、おらも二、三度はだまされたい」という歌がある。ところが、海に面しているのが裏目になることもあった。酔客もさるもの、飲み干した銚子を海に投げ込んで勘定をごまかしたために、店がつぶれてしまったという噂もあるほどである。子浦の日和山の山裾にはころばし地蔵というのがあって、遊女たちが荒天を祈って願をかけ、それが外れた場合は像を転ばして痛めつけたという。こうした習慣は北前船の航路にあたる日本海沿いの風待港でも聞かれる話である。また志摩の港々の船宿は娼婦を置いたところが多く、彼女たちはハシリガネと呼ばれていた。

子浦の岡田初枝さん（明治四十一年生）は子どもの頃、「北前船が入ったよ」という言葉を聞いたことを覚えている。江戸時代のような船を見た記憶もある。帆船で港がいっぱいになることもしばしばだったが、時化てきた時は「船がほしければ妻良へ、人間がほしければ子浦へ」と言ったものだった。妻良の港は深く、子浦は遠浅だったからだ。京、大阪行きの船をノボリ、東京行きをクダリといったのも江戸時代の名残である。日和待ちをしていた船が出ていくと「今日は風が変わったからノボリがまくよ」などと言った。しかしせっかく出ていった船が、沖で風が変わって戻ってくることもあった。

風待ちは長い時には一ヶ月を超えることもあった。そこで催されたのが日和相撲である。今ではこのことを体験した人はいないが、先に紹介した子浦研究会の冊子『ふるさと子浦』には、次のように記されている。

日和相撲と須崎の女相撲

日和相撲は大和船が出航する数日前に、船の航海の安全のために縁起を祝ったものである。その後日和相撲は船の滞在中に何時でも行われるようになった。船の乗組員と土地の人との間に行われたもので、次第にこれが発展し、ついに土地の若い衆が相撲を請負い、近郷の力士が集まって相撲をとるようになった。蛇石、市之瀬、一色方面の力士が特に多かったようである。行司にも市之瀬に専門家（サークマさん）がいたと言われる。

相撲の日が決定されると当地の若衆が各船に、「今日は相撲がありますから船長さんに来て下さい」と廻ったということである。賞品は船長から出るものが多く、勝負で船員に勝ちをゆずると祝品を頂くこともあり、時には江戸相撲が来て取ったこともあり、田舎の人に負けて泣いている姿を見たことがある、という。(5)

日和相撲といえば、下田市須崎の女相撲を忘れるわけにはいかない。残念ながら現在は興行していないが、下田の風物詩として定着している爪木崎の水仙祭りのニュースには必ず女相撲の話題が出てきたものだった。静岡県下では大変珍しい女相撲も、元来は男たちの日和相撲に端を発するものだった。戦争中に男たちが出征していた頃、近くの海軍病院の慰問に女衆が出かけ、余興に相撲を見せたのが始まりと言われている。それぞれの化粧まわしには、磯の名称や地名が織り込まれ、期待する「凪」が勝つように仕組まれていたという。ちなみに江戸時代には興行としての女相撲があったが、雨乞を目的に氏神社の前で女が相撲を取ったという例も東北や九州で報告されている。[6] 日和願も雨乞も天候に関わることであるから、下田でなぜ女相撲だったのかについては、天候に関わる儀礼という心意があったのかもしれない。

風待港にまつわる風俗をいくつか見てきたが、先に述べたように風待港の最大の特徴は、物資の積み下ろしという機能を全く持っていなかったことにある。言い換えれば、そうした機能を必要とする後背地がないということであった。つまり、風待港はあくまでも気象条件に対応した地形に恵まれているという特殊な優位性を発揮できる時のみ存在価値があったわけで、風向きに影響されない機械船の時代になれば、たちまちにしてその意義を失ってしまう。逆に、積み出すための物資がある所、物資を搬出することで生活を成り立たせようとしている所では、港のないハンディをなんとか克服しようと、大変な苦労をしていたのである。

三　港と若者

江戸文化の流入

河津町見高の見高神社は、歌舞伎上演用の廻り舞台を持っていることで名高い。ここの若衆組の様子を述べてみよう。彼等は、入港する帆船に土地の産物である炭などを積み込む仕事を請けて、日常活動の費用を稼いでいた。

本船（東京行き）が入ってくる日が決まると、若い衆で出る人を決める。そのフレゴトに歩くのは小若衆の仕事で、二人で歩いてはいけない、トモヅカイ（友人に頼む）はいけない、アカル（提灯）を持ってはいけない、家に二、三歩入ってから言葉をきる、などと言い聞かされている。連絡するのは、いつも夜間である。「おしまいでございます（こんばんは）。若い衆から来ましたが、みょうにち（明日）ヒヨー（荷物を船に積む仕事）がありますから出ていただきます」と挨拶する。事情によっては断られることもある。出欠の返事をもらったら、「おやすみなさい」と言って帰り、その旨をカシラに報告する。ヒヨーは、たとえば一〇日か一一日分ほど出た場合、若い衆の方で今回の祭りの費用として七日分を預かるということになると、残り日数分が出た者に返される。逆に七日分となった時に六日しか出られなかった者は、その不足分は自腹を切って支払うことになる。

若者組に入ったばかりの小若衆はヒヨーの時は、正月や二月の寒い中でも必ずアシナカゾーリを履いてでる。船を陸にのせる時、どうしても海に入ってトモヅナをとらねばならない。冬のニシ（西風）の吹く時は辛い。海の中は暖かいがオカにあがってニシに吹かれるとちぎれるほど痛い。年上の者は足袋を履くことができる。

港に石垣を積んだ突堤があり、その近くの岩に穴を開けて棒を立て、舳先の一方からロープを延ばしてこれに帆船をつなぎ、もう一方の側にはアンカーを打つ。また艫からは艫綱を延ばしてオカに固定する。繋留の仕事は若い衆が行うので、船の大きさや停泊日数に応じてボングイマイ（棒杭米）を一升、二升という具合に集めた。もらった米は冬季の夜警の夜食とする。本船に荷を積み込むにはハシケを使う。舳先に立ってハシケを操る人を棹師とよぶ。ハシケの艫をハライバと呼ぶ陸の石畳につけ、アイビという渡し板をかけて炭俵などの荷物を担ぎこむ。

天城の山中で生産された炭はこうして東京（かつては江戸）に運ばれていった。東京では霊岸島（隅田川河口部）に荷揚げされたというが、そこには郷土出身の問屋がいて、こうした荷を扱う傍ら、郷里の後輩たちの面倒を見たり、氏神に多額の寄付をしたりしたものだった。

相模湾の彼方

同じ東海岸の留田《とまた》や川尻（いずれも伊東市）にも、良い港はなかったが、船を利用しての取引は盛んだった。そこで商品を扱う問屋では船出しをしたい荷がある時には、夜、浜辺で麦からを焚いた。船は網代で待機していて、その火の位置と焚かれる時間の長さによって翌日の入港すべき場所を知ったという。

下田の市街地を見下ろす万蔵山には注目すべき民俗が伝わっていた。盆になると須崎町の若い衆がその上の岩に登り、町の方にむかって「ニタマ食ったかー」と呼び掛ける。すると、町からは「食ったぞー」と返事をしたというのである。ニタマというのは小豆入りの御飯をお握りにして麻殻をさし、仏さんに供えたものである。そして夜になると岩の上に灯をともした。ちなみに、これに使う灯油は綿吉という豪商からもらっていた。明治十一年生まれの加田なをというおばあさんは、「高い山の頂上に、ぽっと燈明が見えるのはありがたい気持ちでした。今も（昭和四十二年）岩に灯をともしたクボミ穴があるそうですね」と語っている(7)。

この話に出てくる須崎は下田町の中でも漁業従事者が多く住んでいる地区である。海の若者たちが山に登って灯をともすという習慣の中には、古くからの燈明台の伝統があったのではなかろうか。港の運営には若者たちの協力が欠かせなかったのである。

三番叟と盆踊

南伊豆町の小稲《こいな》は、海辺の小さな集落ではあるが、ここにもボングイ岩がある。東を流れる青野川の河口に近く、江戸（のち東京）に向かって運び出す石材や炭を積んだ帆船の風待港として賑わった所である。ここに虎舞といって、海岸に設けた虎山と称する仮設の舞台の上で和藤内が暴れる虎を鎮める芸能がある。毎年旧暦八月十五夜の前夜に行われるが、これは江戸時代に大流行した「国性爺合戦」に題材を取ったものである。海を通じて広がった虎の芸能については第十章で詳述する。

伊豆半島には数多くの三番叟が伝承されている。翁・千歳・三番叟を人間が演じるものと、これらをかたどった三体の人形を若者たちが操るもので、その発祥あるいは伝播経路などには謎が多い。伊豆の民俗的な特色として甲州すなわち山梨県との類似点が獅子舞に色濃く見えるが、人形三番叟も山梨県に見られる。しかし三番叟や人形芝居については海を通じて伝わった可能性が高い。静岡県吉田町では明治期には人形一座があって伊豆で興行したこともあったと伝える。八木洋行によれば、あるとき伊豆での興行が雨天続きで失敗し借金のかたに人形を置いてきた。ところが人形箱の中で人形が暴れて困るので早く引き取ってほしいと言ってきたので引き取った人形を親方の家に預かった。ところがこの不思議な話が広まって病気平癒の祈願に訪れる人が増えたので祠を建てて三番神社として祀ったところ大漁祈願などで賑わったという。[8] 西伊豆町仁科では江戸時代の文政期に盛んに人形浄瑠璃が演じられ、現在も近世に使用された頭が一五個残っている。そのほとんどが駿府上横田町人形師長兵衛（初代から三代）の作で、最も広く使われる「文七」の頭には「文政八年酉夕月吉日　上横田町人形屋長兵衛作之」と書かれている。[9] ちなみに風待港として知られる安乗《あのり》（現・三重県志摩市阿児町）に伝承される人形芝居は、海上交通を通じて伊豆の人形芝居に影響を与えたと考えられて

写真９－５　子浦の三番叟（南伊豆町子浦）
1986.11

写真9－6　三番叟の人形首（南伊豆町子浦）1986.11

いるが、同地の人形の頭八十余点の中の検非違使には「文政十一年八月吉日　駿府横田町人形屋長兵衛」の銘があるほか、何点かは長兵衛作と思われるという。[10]駿府横田町には西宮神社があり院内町という町名も残っていた。長兵衛については全く資料がないが、志摩・駿河・伊豆の三国にわたる海上交通が芸能伝播に大きな役割を果たしていたことを長兵衛人形が物語っている。

ちなみに安乗の人形芝居を経済面から支援したのは船問屋十二軒で、実際の主催者は村の若衆組であった。人形の頭は各地から集められたようで、製作地の特徴から見て、淡路系、阿波系、駿河系、美濃系などに区分される。駿河系の頭については、富士登山の土産に買ってきたものがあるという（注9九〇頁）。伊勢には集落ごとに富士登拝を目的とする富士講があり、船で吉田（現在の豊橋）に行き、そこから陸路富士山をめざしたのであった。駿河国横田町は東海道に沿った町であるから、この伝承は事実を反映したものかもしれない。

もう一つ芸能伝播に関わる例を挙げよう。子浦の対岸にあってやはり風待ちで賑わった妻良の盆踊は、江戸から伝わったといわれるが、一般的な甚句形式の踊りに加えて静岡県内では珍しい口説《くどき》が伝承されている（第二巻に静岡市清沢の「志賀団七」を紹介した）。題は「鈴木主水」（江戸の武士鈴木主水が、妻子がありながら享和元〈一八〇一〉年に遊女白糸と情死したという物語）で、成田守によれば、分布範囲は和歌山県から西に多く、九州各地にも伝承されている。[11]これもまた、風待ちを機縁に関西から伝わったとみるのが妥当ではあるまいか。

四　風待港の終焉

赤羽根十三里

西伊豆町仁科沢田地区の漁師は、大正の頃までは、サンマの群を追って、遠く紀州まで出稼ぎに行っていた。秋の深まりにつれて三陸沖から南下してきたサンマは、十一月になると紀州の沿岸にとどまって産卵の支度を始める。十一月三日の秋祭りもそこそこに沢田の漁師たちは船に乗り込み、一日で駿河湾から遠州灘を乗り切って鳥羽の港に着いた。こうした漁船はそれぞれ那智勝浦あたりの港に船宿を持ち、漁獲物の水揚げと販売、必要物資の手配など深い付合いがあった。ただし寝泊まりは船の中だった。

民謡下田節に次のような詞章がある。

伊豆の下田を朝方まけば（出帆すれば）、晩にゃ志州の鳥羽港

志摩の鳥羽と伊豆の間は江戸時代でも風さえよければ直線で突っ切った方が陸路よりはるかに早い。駿河湾の奥には江尻の湊（清水港）もあったが、物資の上げ下ろしに関係なければ、遠回りする所ではない。

この海上の道は当然ながら大変な難所であった。船乗りは遠州灘の一部にあたる渥美半島沖合を「赤羽根十三里」と呼んで恐れていた。というのは、直線コースを取っている時には途中に入るべき港がなかったのである。この海域で遭難した船はおびただしい数に上る。近藤恒次の労作[12]には驚くほど多くの遭難船の記録が集められているが、同書にはもう一つ、新居町の中山屋孫次郎が、こうした難所における犠牲者の続出を防ぐためにここを通過する船の避難港を建設しようとした計画が紹介されている。この計画は実現しなかったが、願書の中で孫次郎は「七十五里之間、西は志州鳥羽湊、東は豆州湊之外、相掛かるべき湊一切御座なくに付き、何れも沖合にて

内　　　　容
飽舟便船　塩飽牛嶋利兵衛水主　泉州佐野船水主　薩摩船水主　御影船水主　白子船水主 主　瀬戸田船頭　芸州船頭清五良　大坂船水主平兵衛　宮崎船水主太右上　佐野食野新兵衛
兵衛船水主　大阪小堀屋船水主　名古屋円六船水主　大阪浴洛屋船水主　名古屋和助船水主 豆島逢手浦御影船水主　半田庄八船水主
右衛門船水主　大阪大津屋徳太郎船　大阪原の屋船水主　大阪浴洛舟水主　大阪桑名屋船水
栄善丸主水（ママ）　大阪顕屋弥吉船水主　薩摩船水主　大阪津国屋船頭　大阪柏屋源次良 日野屋船水主　日向佐土原御手船（藩主直轄の船）　泉州波百手村佐市良船　尾州半田次郎 阿州中島八五良船　大阪小福屋松太郎便船
大津屋船水主　遠州浜松松井上河内守家来　三州高浜彦蔵船　尾州大野村兵治郎船　尾州半 紀州新宮御船遊亀丸水主
舟　摂州御影六次郎船水主　阿州名東郡仲之州水主　讃州高松長八　大坂荒屋船水主　遠州 大阪桑名船水主
門船水主　阿州新宮屋清兵衛船水主　筑前残僧沙船水主　摂州兵庫重三郎水主　備前邑久郡
法大阪屋永久丸　尾州平治船水主　阿州黒沢水主　尾州利右衛門船水主　仙台石巻通日丸水
大阪小堀屋庄左衛門船乗組の者
船　阿州住一丸善蔵船　紀州富田浦三七船　阿州福田屋三平船　尾州名古屋内宮丸八浜御船
船水主　摂州神戸浦松田船沖船水主　尾州知多郡幸次郎船主　尾州小野浦定介船主　大阪柄 七船水主　薩州棉御手船便船人　大阪小堀沖船庄七船
州ニツ楽屋の船
利兵衛（磯崎宿）　摂州大石浦弁才丸水主（みかげや宿）　淡州相川村長兵衛船水主（磯崎宿）
水主（焼津屋泊）　三州佐山鳥（ママ）円吉（子ぎや泊）　尾州常滑小條村本船（忠太夫泊）
阪阿部金次郎船幸福丸船頭　愛知県下尾張知多郡日比安左衛門船頭（山城忠次郎泊）　紀州 東郡日吉丸　紀州船破船死亡（大工屋泊）　相模国三浦郡

表9-2　南伊豆町西子浦西林寺過去帳に見る死亡者出身地

年代	
享保年間（初見は享保13年＝1728）	備前船水主七助　南部サイ徳数丸金兵衛船水主　塩海部屋甚大夫船水主　大阪船水主　白子栄大夫船水船水主　御影船水主
元文年間（1736-40）	大坂恰屋舟水主　紀州上津木村伝次郎　佐野食野平大阪日野屋次右衛門船水主　大阪桑名屋船水主　小
寛保3（1743）年	紀州新宮善蔵船水主
延享年間（1744-47）	御影船小池徳三郎水主　新宮船便船由蔵　豊後国幸（ママ）
宝暦年間（1751-63）	ユラノ内小西善次良船　相州須賀柳島半兵衛　尾州船　横須賀幸福丸水主　大阪淡路屋源助船主　大阪右衛門船　神戸天神丸　紀州日高郡南塩谷津伊セ丸
明和年間（1764-69）	阿州吉兵衛船水主　阿州掠浦船　筑前今津浦観音丸田照吉丸船主　尾州光吉丸　摂州堺屋文右衛門水主
安永年間（1772-80）	大坂影や舟水主　摂州御影船水主　阿州小田嶋三平掛塚船之者　大阪顕屋源右衛門船水主　三州佐久嶋
天明5（1785）年-8年	薩州鹿児島大廻船　播州御影船　大阪木幡屋八呂衛数平船主　備前国邑久郡数平船主（衍カ）
寛政2（1790）年-1800年	尾州半田鈴宝客船　大阪影屋郡右門船水主　摂州伝主　日高塩屋浦水主　摂州大阪権三扁（ママ）水主
享和2（1802）-04年	紀州熊野宝船　日向船頭　紀州海士郡大河浦長条船
文化2（1805）-16年	大阪播磨屋平右衛門乗組の者　阿州永久丸弥八船客尾州半田吉野丸彦蔵船主　薩州住徳丸　紀州船主
文政年間（1818-29）	摂州安治川大戸谷浦船水主　摂州大阪富田屋吉衛門屋動寮船水主　尾州常滑村会蔵船水主　紀州新宮伝
天保3（1832）-7年	紀州新宮水主　越前沖船　奥州松前名勝船水主　摂
弘化3（1846）年	尾州常滑幸運丸　紀州富田浜屋保八船々頭
嘉永4（1861）年-53年	紀州新宮住吉丸水主（大工屋客船）　富田高瀬村笹屋
安政3（1850）年-59	房州滝口村庄八舟水主（新屋泊）　駿州焼津惣吉舟泉州堺阿波清助舟（みかげや泊）
慶応元（1865）年	御影屋客船2人
明治年間	房州勝山村（新居伯）　遠州掛塚蟹町保吉丸水主　大新宮熊野中村安太郎　愛知県川海村文吉　愛知県海

注：船名・地名、舟と船、大阪の阪と坂は原文のママ
出典：近藤恒次「近世遠州灘難破船の研究」（注12）

風波之ため溺死等つかまつり候も数多くこれあるべく候」と記し、避難港の必要性を力説しているのである。

ちなみに、子浦の西林寺（浄土宗）過去帳には江戸時代中期から明治に至るまでの間に子浦で亡くなった水主《かこ》や船頭たちが乗り組んでいた船の名が紹介されている（表9－2）。これらの船は遭難船というわけではなく、おそらく停泊中つまり風待ちの間に命を落とした者が大部分であったろうと思われる。地図に落としてみるまでもなく、多くは西日本の廻船（地元では大和船と呼んでいた）であると考えられるが、中には「御船」「御手船」などと大名管轄の船もあった。また天保期になると、越前、松前など北前船と思われる事例も見えるようになる。

風待港というよりも港本来の物資輸送の拠点としては、遠州灘に面した横須賀（小笠郡大須賀町、現・掛川市）が内陸に大きく入り込んだ良港であったが、江戸時代の半ばの地震で地形が変わり、用をなさなくなっていた。天竜川の河口に位置した掛塚は、上流から流送される豊富な木材資源の積み出し港として栄えた。明治以降も遠州の産物、たとえばお茶などが重要な荷であったが、天竜川の押し出す膨大な土砂のために次第に港が埋まり、機能を果たせなくなってしまった。今でもここの貴船神社の祭りでは、華やかな山車と、掛塚囃子と称する賑やかなお囃子が往時の隆盛を物語っている。

また、相良港は、延宝六（一六七八）年の記録によると「廻船二十三艘、内五艘水主五人乗り、廿八艘水主三人乗り」とあり、大きな船ではないにしろ港として栄えていたことがわかる[13]。十八世紀半ばに田沼意次が相良城主となり、港の整備を行って以来急速に寄港する船が増えた。名高いお船神事はこうした港町としての繁栄ぶりを示している。しかし、安政の大地震により、港内が隆起して大型船の寄港が不可能になるとともに、東海道線の開通による物資輸送ルートの大変革によって、これらの港も歴史的役割を閉じることになる。

写真９－７　八幡神社のお太鼓祭り
太鼓台を組み合わせて大きな橋を作るのが呼び物になっている（下田市）2011.8

動力船と鉄道

遠州灘に注ぐ小河川の河口部に発達した港は江戸と上方とを結ぶ中間地点にあったが、基本的には常に江戸に顔を向けていたと言ってよいだろう。同じ中間地点に位置していても、風待港とこれらの港とは、その機能が決定的に異なっていた。ここに期待されたのは、後背地となる遠江が生み出す豊かな産物と年貢米を、江戸に向けて敏速に移動させるための拠点としての役割であったからである。そして、これらの港の所属船が、風待港を利用し、相良屋とか掛塚屋とかいう屋号を残したのである。

しかし、船の動力化が進むと風待港はその役割を失い、また同じ頃進行していた輸送体系の大変化、つまり鉄道網の拡大という時代の波の中で国内の沿岸海上輸送そのものが歴史的役割を終えていった。伊東と下田を結ぶ伊豆急行（略称は伊豆急）が昭和三十六年に開業して以来、下田は確実な陸路によって東京方面との接続が保証され、港町としての性格は一層薄れることになった。鉄道というものに対する下田の人びとの思い入れには並々ならぬものがあったと聞く。海上ルートの中間にあり、地理的な好条件のもとに繁栄してきた下田は、その海上の道の衰退によって、皮肉なことに陸上交通手段を渇望する立場に変わっていたのであった。しかし、年に一度、下田っ子を熱狂させる八幡神社のお太鼓祭りには、かつての華やかな町の気風が一度に表出する。港町は、祭りの中に生きている。

〈付記〉
本章は静岡県民俗芸能研究会編『静岡県海の民俗誌―黒潮文化論』（静岡新聞社刊、一九八八年）収載の同名論文を一部改変したものである。

〈注〉
1　村松春水「黒船閑話　唐人お吉編」『黒船』一九二五年二月号、黒船社。お吉の物語を決定的にしたのが、十一谷義三郎「唐人お吉―らしゃめん創世記―」『中央公論』一九二八年十一月号。
2　子浦研究会『ふるさと子浦』一九六六年跋（謄写版）、三五頁
3　『静岡県史　資料編23民俗一』一九八九年、一二二四頁
4　地方史研究所『伊豆南西海岸』一九六五年、二八四頁
5　（注2）三九頁
6　高谷重夫『雨乞習俗の研究』法政大学出版局、一九八二年、二一五頁
7　下田史談会編『下田の民俗―明治から昭和へ』一九七三年
8　（注3）一〇三一頁
9　須田孝太郎『伊豆仁科の式三番叟と浄瑠璃首』大見世書店、一九八三年、一九頁
10　阿児町文化財調査委員会『安乗の人形芝居』一九八四年、八九頁
11　成田守『盆踊くどき―諸国音頭集―』桜楓社、一九七四年、二三二頁
12　近藤恒次「近世遠州灘難破船の研究―渥美半島を中心に―」『愛知大学綜合郷土研究所紀要』第一輯所収
13　相良区『城下町相良区史』一九八六年、一三二頁

第十章　海を往く風流

はじめに

風流《ふりゅう》とは特定の芸能の呼称ではなく、日本の歴史に通底する「社会の風潮が集団による身体表現として具体化されたもの」で、しかも演じて楽しく、見て喜ぶというような演者と観客が一体となって盛り上がることが、風流の本質である（本著作集第二巻）。風流の多くは街道を通じて伝播していったが、海上から伝播していった風流もある。その典型が虎舞である。もともと日本にはいなかった虎だが、権威の象徴として絵画などでその存在は広く知られていた。特に海外との交流が活発化した中世末期には、秀吉の朝鮮出兵を契機に虎のイメージは一気に現実化したであろうし、徳川家康大御所時代にはカンボジアから贈られた虎の子二頭が籠に入れられて駿府城下を行進する光景も見られた（『当代記』慶長十九年十月）。一方、古代の伎楽の流れを汲んだ獅子舞は早くから民間の芸能に取り入れられ、邪悪なものを追放し平安を願う郷土芸能となってさまざまに変容している。この獅子舞の獅子を虎に置き換えるという発想は、まさに風流としてごく自然に生じたであろう。さらに獅子の所作を継承するだけでなく、物語性や曲芸的な一面をもって観客を喜ばせるような虎舞は東北地方から相模、伊豆、そして四国へと基本的には海に面した地域にほぼ同じ内容で分布している。特に近松門左衛門の「国性爺合戦」から想を得た演劇的な要素を持つ虎舞は大いに人気を博した。その始まりと伝播の過程は必ずしも明らかではないが、中には朝鮮通信使の服装や近世に流行した「かんかんのう」の影響を受けたと思われる異装の唐子や唐人を加える例も多く、各地で多様な展開を示している。まさに風流そのものである。静岡県南伊豆町小稲《こいな》の虎舞と、虎舞を始めたと伝える下田市の事例をまず紹介し、海上を伝播していったとみられる虎舞の種々相をまとめた。

一　虎舞と海上の道

小稲の虎舞と国性爺合戦

伊豆半島の先端部に位置する静岡県南伊豆町小稲《こいな》は戸数四〇戸ほどの海辺の村であるが、かつては小さいながら風待港でもあった。風待港とは、近世の帆船が目的地に向かうための良風を待つために停泊した港である。伊豆半島は上方と江戸とを結ぶ航路の中間点にあり、特に西海岸の諸港は何日も逗留する船乗りで賑わった。その間にたとえば妻良の盆踊や人形芝居など上方の芸能が伝わったとも言われる。半島の先端に近い下田の民謡「下田節」では、下田から順風に遭えば一日で鳥羽に着いてしまうと歌われている。

写真 10－1　海岸の虎山（仮設舞台）での和藤内と虎の戦い
（南伊豆町小稲）　1980.9

小稲の氏神来宮《きのみや》神社の例祭日は旧暦八月十五日、虎舞はその前夜に行われる。海岸に虎山と称する仮設舞台を組み、その上で若者二人が入った虎と、少年が扮する和藤内が立ち回りを行い、最後は天照皇太神のお札のもとに虎が抑え込まれるという筋である。数年に一度、この虎に対抗すべく大きな竜が出る。口に花火を仕込んで火を吹く竜を相手に虎は文字どおりの竜虎の戦いを演じる。この虎舞は隣接する下田町から江戸時代に伝えられたと言われている。

虎舞あるいは虎踊などと称して、ちょうど獅子舞のように虎が舞

写真10－2　鄭成功が拠点とした赤嵌楼前の群像（台湾台南市）
2012.6

う芸能は、全国に分布するが、特に東日本の太平洋岸に偏っていること、演出の中心が「国性爺合戦」の和藤内による虎退治であるという点が注目される。これは虎舞が近松の浄瑠璃を下敷きに成立したことを示すと同時に、その伝播が海の道と深い関わりを持っていることを暗示している。

　ちなみに近松門左衛門の「国性爺合戦」は、正徳五（一七一五）年十一月に大坂竹本座で初演された浄瑠璃で、三年越し一七ヶ月のロングランを果たした当たり作であった。これが翌年には歌舞伎化され京都、そして江戸で上演された。主人公の国姓爺（作品では国性爺）は名を鄭成功《ていせいこう》という実在の人物で、明国から亡命してきた鄭芝竜《ていしりゅう》とその日本人妻との間に生まれた。彼は明の再興を目指して中国で戦ったが、その意図を果たせずに寛文二（一六六二）年に台湾で病没、三九歳であった。近松はこうした国際的な出来事の記憶がまだ巷間にあるうちに、日中両国にまたがる壮大な物語を創作したのであった。この浄瑠璃の中で虎舞と深い関係のある部分は「千里が竹の段」である。日本で育てられ、父の国の再興を誓った和藤内つまり国性爺は両親と共に中国に渡る。そして千里が竹という大藪に入り込み、勢子が追い出してきた虎と対決、激しく戦い、最後は母親が身に着けていた伊勢神宮のお守りをかざして虎を屈服させる。各地の虎舞のほとんどはこの段の立回りを中心に構成され、伊勢神宮や所の氏神のお札を高く掲げて虎を抑えつける場面で終わる。

伊勢町の虎の巻

下田市の旧市街地全体の氏神である八幡神社の祭礼は、お太鼓祭りとして名高い。八月十五日を中心に行われる祭礼には、肉襦袢を着た若者が大きな太鼓を吊るした太鼓台を引回し、港町らしい熱気にあふれる。太鼓台の上には各町内のシンボルとなる作り物が飾られる。小稲に虎舞を伝えたとされる伊勢町の作り物は、和藤内の虎退治の場面である。伊勢町では虎舞そのものは今は行われていないが、太鼓台の飾りにその名残をとどめている。

伊勢町には虎舞の起源や伝播の様子を記した「永続虎之巻」という巻物がある。(1) 弘化二（一八四五）年にまとめられたもので、「抑当街鎮護御祭礼之節、我等町内若イ者共相企、街方江持歩行興行至シ、俄ねり物竜虎の来由を尋に」で始まる。氏神の祭礼に際して町内の若者が「俄《にわか》ねり」つまり祭りの余興として出している竜虎の由来を語ろうというのである。伊勢町における虎の演し物の始まりは慶安の頃（一六四八～五一年）らしいというが、この巻物を作った当時で八八歳の老人でも詳しいことは知っていなかった。そしてこの虎に寛永期（創始の慶安よりは前の年号だが原文のまま）に竜が加わった。その後、天明の頃に①東浦大川村（現・河津町）に譲った（伝授した）ことがある。また、伊勢町の式守国八が江戸大相撲立行司式守伊之助の弟子となったのが縁で、師匠の出身地である②南小伊奈（小稲）に虎を作って譲った。さらに「相州浦賀浜町より頻に頼有て、町内浦賀詰合旁々同虎を作り遣り形秘実を委く伝援す」といい、③神奈川県の浦賀浜町の懇請を受けて譲ったことが記述されている。これは現在同地に虎踊として伝承されている。

伊勢町の「虎」が近隣の評判となり、乞われて①②③の地に虎頭と演じ方を伝授したというのである。芸能がどんな契機で伝播していくのかを語る資料である。ただし、伊勢町でなぜ「虎」が採用されたのかについては不明である。なお①②③のうち①の大川村には現存しない。

その後、巻物によれば伊勢町の竜虎の作り物は、文化元（一八〇四）年に町内の火事で焼失し、同五年に竜だ

写真 10－3　浦賀虎踊の唐子
少女が扮する 10 人ほどの唐子が長い髯をはやした大唐人と共に登場する（神奈川県横須賀市）1992.11

けを復元した。その頃、浦賀の方では江戸で流行していた「千代井登名（ちょいとな）」という唐人踊を採り入れ、同九年には虎も復活し伊勢町でも「千代」という唐人踊を覚えてきて振付けをした。こうした記述から浦賀と下田双方が互いに虎に関心を持ち、芸能として発展させていた様子を窺うことができる。伊勢町では天保六（一八三五）年に竜虎・唐人踊・俄かの大興行となり、唐人百人余りが虎山に登る趣向で大盛況だったという。弘化二（一八四五）年の六月に興行した時の台本が残っている。それによると、まず竜と唐人が出てから和藤内が登場し、唐人たちに踊りをさせていると虎狩りの音がする。やがて追い出された虎に和藤内は片足踏み掛け「牛頭天王の威徳を以て虎もやすやす従えたり、大漁万作疑いなし、方々勇んで引き出せやい」という台詞を述べる。そのあとで町内挙げての手踊になったらしい。ここに出てくる牛頭天王は氏神八幡神社の前身である。

虎退治の芸能に唐人踊が加わっている様子は、浦賀の虎踊にはっきり見られる。そこでは大唐人一人と唐子十余人が出て、大唐人が「ケンソン　ケンソン　ケンペロリン　スイボウチンカン　チャチャラカベン」と言ったり、テレレッとかレゲールなどという踊りを披露したりする。その詞章は全く意味不明であるが、中国語であると説明されている。ここでも最後に和藤内は氏神である叶神社の神符の力で虎を抑えるのである。

先に見たように、近松の原作では伊勢のお札によって虎を抑えることになっている。その意味では小稲の場合が原作に近い。いずれにしろ、ここには虎によって象徴される災厄を神力によって祓い、かつ豊作と大漁を祈るという信仰が表れている。

海を渡った虎舞

下田（静岡県下田市）と浦賀（神奈川県横須賀市）は江戸時代、共に幕府領で江戸湾に通じる海の要衝として重視されていた。享保五（一七二〇）年、海上交通の取締まりを行っていた下田奉行所が廃され、浦賀の番所がその役割を受け継いだ。私的にも多くの人や物の交流があった。虎舞の伝播の背景には、このような両地の深い関係がある。先の伊勢町の虎の巻の記述によれば、下田の評判を聞いて浦賀の人が虎をやりたいと言い出し、「虎」は相模湾を渡ったのである。浦賀で最初に虎を導入したのは、浜町（現在は西浦賀）であった。そこには虎頭保存用の木箱があり蓋裏に「弘化二年九月吉日」に虎を修覆したとあり、下田在住の人びとの名前が記されている。浜町の伝承によれば、浦賀番所が設置された時に、虎も下田からもたらされたというが、その当否を判断する資料はない。箱書では弘化二年に「修覆」したとあるから、それよりもかなり前に導入されていたことは確かである。この弘化二年という年は、伊勢町の「虎の巻」が作られた年であり、同時に盛大な興行が行われたことを反映する台本が書かれた年でもあった。この年に浦賀との交流があったという意味でも、虎舞の歴史の上では画期的な意味を持ったことになる。(2)

さらに興味深いことに、永田衡吉の調査によれば、明治期には久里浜にも虎踊があったといい、三陸の虎舞は三崎の漁民が同地に伝えたものという伝承があったという。(3)三陸の虎舞についてはこれから紹介するが、これらの伝承が正しければ、虎の芸能が最初に始まった所は別にして、海沿いの伝播ルートの一つが伊豆下田→相模→三陸であったことになる。虎舞を伝承している地区はほとんど沿海の漁村あるいは港を控えた所であり、まさに

表10－1　全国虎舞一覧表

No.	所在地（現在は行われていない ×）	呼称	上演場所（道行有り ○）	上演日	備考
1	青森県八戸市柳町・十六日町他	虎舞	新羅神社 ○	8／1～3	虎に頭を噛まれると無病息災、文政三年始
2	名川市上斗賀	虎舞	諏訪神社 ○	8／8～10	親虎・子虎、三〇〇年前に頭を作成
3	上北郡百石町日ケ久保	虎舞	若宮八幡宮 ○	9月の百石祭	明治初年伝来、太神楽の囃子と同じ
4	岩手県九戸郡軽米町	虎舞	軽米八幡宮 ○	9／15～17	三匹、天明期に秋葉勧請を契機
5	九戸郡九戸村二つ谷	虎舞	熊野神社 ○	8／17～19	
6	〃　戸田	虎舞	天照皇大神 ○	8／17～19	三年に一度
7	下閉伊郡川井村湯沢 ×	虎舞	大円寺	8／14	歴代住職の墓前、屋台の中
8	宮古市藤畑	虎舞	（宮古祭）		大正期に山田町大浦から
9	下閉伊郡山田町境田	虎舞	八幡・大杉両社	9／15～16	七頭、大正時代に釜石から伝来
10	〃　湾台	虎舞	荒神・諏訪両社	6／15、8／15	大正期、山田町や大槌町から
11	〃　大浦	虎舞			天保一四年の史料あり
12	〃　大沢	虎舞			江戸中期に伝来という
13	上閉伊郡大槌町安渡	虎舞		9／22～23	歴代宿元、天保期に片岸から伝来
14	〃　向川原	虎舞	○	9／23	戦後、鵜住から
15	〃　赤浜	虎舞	弁天社	旧3／3	
16	〃　吉里吉里	虎舞	天照御祖神社 ○	8／17	吉里吉里善兵衛らが江戸から伝えた
17	釜石市錦町	虎舞		10月の釜石祭	八頭、結婚式などにも上演
18	〃　平田	虎舞		〃	閉伊頼基が始めさせたという
19	〃　只越	虎舞		〃	戦後、錦町から伝習
20	〃　沢田	虎舞	八幡神社		片岸の影響
21	〃　砂子畑	虎舞	丹内神社	7／16	片岸・両石の影響、当初はカキカゴ頭
22	〃　箱崎	虎舞	箱崎神社		昭四六年創始、木彫りの虎頭を神社に安置
23	〃　白浜	虎舞	稲荷神社 ○	10月の釜石祭	昭五五年頃に創始
24	〃　片岸	虎舞	鵜住居神社	10／15～16	太鼓に文化期の銘、大沢から伝来
25	〃　鵜住居	虎舞		8／16、9／23	太鼓に明治一一年の銘文、雌虎という

26	〃　両石	虎舞			江戸時代中期から伝承、周辺の元祖という
27	〃　尾崎	虎舞		10月の釜石祭	鎌倉以来と称する
28	〃　大石	虎舞		4月釜石桜祭	大名行列に参加
29	〃　松倉	虎舞	松倉大権現	4／17	大沢から伝来という
30	〃　小白浜	虎舞	小白浜八坂神社	1／16	三島家が別当、猫に袋をかぶせた踊り
31	大船渡市末崎町門ノ浜・中井	虎舞	泊里熊野神社	1・9／14	三頭、獅子舞がベース、獅子頭に酷似
32	〃　末崎町小袖浦	虎舞	熊野神社		はしご虎舞は俗称で唐獅子の曲乗り
33	〃　泊里	虎舞			〃
34	陸前高田市広田町根岬	梯子虎舞	黒崎神社	4年に一度	はしご虎舞
35	宮城県本吉郡唐桑町松圃	梯子虎舞	御崎神社	1・6／15	はしご虎舞、明治二二年に末崎村から伝来？
36	本吉郡本吉町平磯	梯子虎舞			
37	加美郡中新田町	火伏虎舞	稲荷明神社　○	4／29の初午祭	火伏せの虎舞、六五〇年前から
38	神奈川県横須賀市野比中村	虎踊り	白髭神社	郷土芸能大会	
39	〃　浦賀浜町	虎踊り	為朝神社	郷土芸能大会	江戸期後半に下田より伝来
40	静岡県下田市伊勢町　×	虎	牛頭天王社		近世の文書あり、龍も付随していた
41	〃　賀茂郡南伊豆町小稲	虎舞	木の宮神社	旧8／14	下田より伝来、稀に龍が出る
42	山梨県北巨摩郡白州町田中	虎頭の舞	田中荒尾神社	9／22	虎石ある故に獅子頭を嫌う、火伏せという
43	京都府与謝郡伊根町菅野	和藤内	上山神社		獅子の腹から和藤内が出て、獅子を生け捕る
44	香川県大川郡白鳥町	虎頭の舞	白鳥神社　○	10／6	京都より虎頭伝来、国性爺を取り込む
45	〃　大内町三本松の松の下	虎頭の舞	恵比寿神社	1／10、10／10	
46	〃　大川町大字富田西の筒野	虎獅子	富田神社　○	10／10	
47	〃　善通寺市善通寺町財ノ神地区	和藤内獅子	鎌倉権五郎社	11／3	虎ではなく獅子が退治される
48	愛媛県松山市古三津	虎舞	厳島神社	10／7朝3時	勢子は火縄銃を持つ、朝鮮虎という
49	熊本県上益城郡御船町古閑お迫	虎舞	大宮神社	11／26	ツル子といい、猿の扮装、雨乞い
50	鹿児島県串木野市野元	虎とり	オブスナドン	旧6／1	田植え後の後山行事
51	〃　日置郡市来町大里地区島内			8月日曜日	七夕踊りの一環で朝鮮役の模擬

注：佐藤敏彦編『全国虎舞考』及び筆者の調査による。上演日は1995年時点。

写真 10－4　海上で舞う尾崎神社の虎（岩手県釜石市）1993.10

黒潮の流れとともに虎が伝わっていった可能性がある。その媒介者となったのはカツオ漁師だったかもしれない。紀州には虎舞は伝承されていないが、近世中期には紀州の漁師が三陸に進出して鰹節製造を行っている。遠征の途上、紀州と三陸とのちょうど中間に位置する下田で入手した情報を伝えたのかもしれない。

釜石市周辺の虎舞

虎舞は東北地方の三陸海岸に沿って、濃密に分布している。岩手県釜石市周辺における虎舞の基本的な型は、虎頭に虎皮を模した布を付けた中に若者二人が入る。舞には大きく四つの段落があり、最初の「あそび虎」では虎が遊び戯れる様子、「笹喰み」では虎が笹を噛むという、力にあふれた所作がある。次の「はや虎」あるいは「跳ね虎」では、槍やササラを持った勢子が絡み、最後の「和藤内」で虎を仕留める。伴奏は大太鼓・小太鼓・笛およびテビラと呼ばれる小さな鉦を打つ。また、カドブチと称して各家を回って祝儀を集める。この時は「大漁満作、家内安全、商売繁盛で、エーヨイトサー」などの歌が入る。演じる順番や踊り子の人数などには違いがあるが、この地域の虎舞は虎が複数出るという違いはあるものの伊豆・相模と同系統の芸能であることは疑う余地がない。釜石市内各所の虎舞は、十月の尾崎神社の神輿の海上渡御にも漁船に乗って従い、御座船の脇を次々に通り過ぎながら、船首に乗り出したり、マストに上ったりして激しく舞う。なお、虎舞は岩手県から青森

写真 10－5　屋根の上で舞う火伏の虎（宮城県加美郡中新田）1996.4

写真 10－6　虎舞に際し消防団が配布する鎮火の祈祷札（宮城県加美郡中新田）1996.4

県にかけて芸態が大きく変わり梯子虎となる。これは長い梯子を斜めにたてかけ、そこに虎が登って舞うという勇壮なものである。この曲芸的な舞は伊勢の太神楽の影響を受けたもので、本来は獅子ではなかったかと思われる。愛知県の豊明市などに伝わるのは梯子獅子といい、高所に橋のように渡した上で獅子が舞うものである。

宮城県加美郡中新田《なかにいだ》には「火伏の虎舞」がある。本来は稲荷明神社の初午に行われたが、現在は四月二十九日になった。虎舞の虎は火伏の神とも考えられており、初午祭祝詞にも鎮火の祭りとして始まったという意味の文言が入っている。祭礼の始まりは藩政時代にさかのぼり、当時は全町が岡町・南町・西町の火消組によってそれぞれ管理されていたが、近代になって火消組が消防組、警防団、消防団へと変化し、三町はその分団となった。祭りの山車は各分団一台ずつ、虎はそれぞれから三組が出るようになった。虎舞は家々の庭に入って舞うが、特に屋根に上がってもらうと火伏の呪いになると言われている。(4)

三陸地方の虎舞の起源については、岩手県吉里吉里《きりきり》町の分限者、吉里吉里善兵衛絡みの伝説がある。釜石市の昆《こん》勇郎氏によると、虎舞はこの善兵衛の船の乗組員がホマチ（風待ち）の時にどこかで習ってきたか、あるいは山田町の大沢の人が江戸で習ってきたものかもしれないという。釜石市の北、下閉伊郡《しもへいぐん》山田町大浦の虎舞は、近辺でも古くからのものとされ、天保十四（一八四三）年に演じられた記録がある。(5) そしてここには虎舞口上という台詞があり、勢子としての槍使いが、和藤内に屈伏する場面で自らの名前を「私の名はチャンプクリン」「私の名はトンプクリン」と名乗る。釜石の虎舞にも唐人風の扮装をした人物が登場する。

東北地方に濃厚に分布する虎舞については、神田より子が多くの事例を挙げ、虎の勇壮な姿、伊勢の御師が広めた大神楽、船乗りたちが伝える伝承と相まち、虎が海上安全と大漁を祈願する対象とされることで船乗りたちによって海を越えて広まったと述べている。(6) 虎舞という芸能の核心は「国性爺合戦」という物語にあることは確かだが、それが獅子舞を原型とする文字どおりの虎舞として伝播した場合と、江戸時代後半から盛んになった地芝居の演目から派生した場合があったであろう。娯楽を求め最先端の情報を取り込みながら地域の芸能（文化）を豊かにさせていったという意味で、まさに風流そのものであった。

四国の虎舞

香川県大川郡白鳥町《しろとり》（現・東かがわ市松原）の白鳥神社の虎頭の舞は十月六日に行われる（一九九四年調査）。ここでは虎舞を出すのは白鳥中組で、同上組ではコンコンジシという夫婦獅子を出し、下組では大獅子にササラを持った人が付く。以前は他の村からも獅子が集まってきて一五組くらいになったこともある。虎舞のメンバーは虎（二人）、虎使い（一人）、和藤内のほかに笹振りの幼児（四人）、太鼓・鉦・笛（三〜四人）、拍子木、そして大きな幣束を持つ頭取から構成される。支度をする家をトーヤといい各家が順番に務めた。祭りの前にかつては一四〇戸ほどあった地区内の家々をすべて回ってお祓いをしたという。これをカドブリといった。青年二人が入った虎は激しく舞ったのち、和藤内が手にした大刀で押さえつけられ、和藤内が扇子を掲げて終了となる。

この虎舞に関して詳細な報告をしている高嶋賢二[7]は、笹振役の別称をキンニャゴということに注目した。高嶋は白鳥の虎舞の変遷を三期に分け、第一期は木製彫抜の虎頭が音楽に合わせて舞うだけのもの、第二期には和藤内の虎退治を下敷きにして台詞も付けられた劇仕立てとなり、第三期が台詞なども失われた現行の舞であるとする。そしてこの第二期には古老の口碑によれば、一同が姿勢を正した舞の冒頭で「ブンクワンダツ、ブオンブオン、キコライキコライ、キンニャオキンニャオ」という意味不明の掛け声があったというのである。つまり、笹振役をキンニャゴというのはこの掛け声がもとになった呼称で、これは各地の唐人踊に出てくる意味不明の唐人語の一種であって、現在の笹振役は、本来は唐子に類する唐人のことと推定される。すなわち、第二期の時代には神奈川県横須賀市や岩手県山田町のような唐人が登場する場面があったのではなかろうか。これを補強するのは、白鳥神社所蔵の祭礼の神幸を描いた図に出ているササフリの姿である。すなわち「中心が高く伸びた風変わりな笠・前を釦で合わせる服・陣羽織」を着しているのは、明らかに唐人のイメージであり、台詞と衣装を合わせて考えれば高嶋の推定はまさに正鵠を射ている。全国の虎頭の舞が獅子舞を下敷きにして「国性爺合戦」のパロディーを生み出し、異国情緒を盛り込んだ唐子あるいは唐人踊と習合して、まさにこの時代ならではの風流へと

写真 10－7　白鳥神社の虎頭の舞（香川県東かがわ市松原）　1994.10

写真 10－8　大内町恵比寿神社の虎頭の舞の装束（香川県東かがわ市三本松）　1994.10

写真 10－9　厳島神社の虎舞（愛媛県松山市神田町古三津）　1994.10

展開していったのであった。

香川県さぬき市筒野の富田神社では十月十日に虎獅子があった。当時は高等科を卒業するとたいてい獅子に入ったもので、二人一組で獅子を演じ、途中で組単位で交代する。獅子の頭を操るカシラフリは舞の腕を上げた人が担当する。鉦や太鼓に合わせて舞うため全体がわかっている人でないとカシラフリはできない。和藤内は小学校一年生から三年生位までで昔は長男がやることになっていた。舞の最後は拍子木が速くなり和藤内が日の丸の扇を開いて獅子を抑える。この舞の始まりについては、若い衆がヨバイをしたり芋を盗んだりという悪さがひどかったので、村の旦那（金持ち）が「俺がシシを買うてやるからシシをせえ」と言って始められたと伝える。

香川県大川郡大内町（現・東かがわ市）三本松松ノ下の恵比寿神社の虎頭の舞は、十月十日で九日にはカドフリをする。白鳥町の吉村助造が当村に養子にきた時、白鳥神社の虎頭の舞を工夫して振り付けたのが始まりと伝える。昭和三十五年頃までは白鳥神社にも出向いて舞ったが当地でも子供神輿が増えてきたので出向くことはなくなった。筒野と三本松の虎頭の舞は、近辺で最も由緒がある白鳥神社の舞を学んで村の神社の祭りに取り入れたもので同じ形態である。

愛媛県松山市神田町古三津《ふるみつ》の厳島神社では深夜三時頃、神輿が繰り出す宮出しの前に虎舞が行われる。陣笠をかぶり、鎧を着た武士が鉄砲で虎を撃つという他所には見られない演出で、その直後に四台の神輿が社殿の外に繰り出していく。伝説では初代松山城主が朝鮮に出兵した時に虎退治をした際、古三津出身の人が二人いて、帰国してからその様子を模したものといわれ、前半は虎が天下泰平を願って踊るのだとされる。

虎をめぐる信仰

そもそも虎は、実在の動物であると同時に信仰の対象としても長い歴史を持っている。日本において、各地に点々とある「虎御前の墓」あるいは「虎石」に類するものは、曽我兄弟の仇討ちにちなんで、曽我十郎の恋人であった大磯の虎という遊女の墓だと伝えられている。柳田国男は、これは物語を広めて歩いた巫女が「トラ」という名であったことに由来するのではないかと推察している。

この説に関係するのが山梨県白洲町の甲州台ヶ原虎頭の舞である。古老の言い伝えでは、かつて疫病や災害除けに獅子舞を奉納していたが、ある時、村内にある虎石の上に獅子頭を載せたところ異変が起きたので恐怖を感じ、以後獅子頭を虎頭に改めたという。『甲斐国志』にも虎石がある故に獅子舞を禁じて村に入れずとある。氏神の田中神社・荒尾神社の九月二十三日の例祭前夜に虎頭を先頭に小太鼓に合わせて若者たちが各戸を訪れ舞を

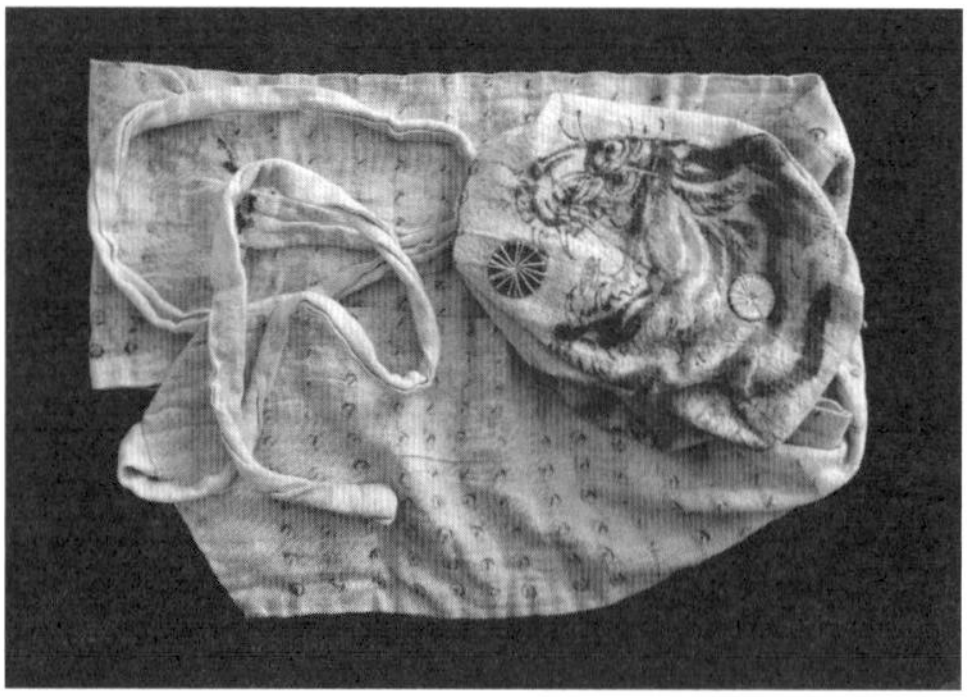

写真 10－10　千人針
虎を描いた布地に千人の女性から縫目を入れてもらい、時には五銭玉を縫い付けて死線（四銭）を越えて生還できるという呪いとした（静岡市内個人蔵）2022.6

披露する（虎頭の舞保存会の紹介文）。虎舞と虎石との関連を説く珍しい例である。

虎は日本においては伝説的な動物であり、猛々しさや獰猛さは人の性質を示す例えに使われる。しかし、他方では大陸からもたらされる毛皮や絵画などを通して、その具体的な様相は理解されており、徳川家康の大御所時代にはオランダ人から虎の子二頭が駿府城の家康のもとに贈られている（『駿府記』慶長十九年九月一日条）。

虎は千里を行きて千里を帰るという伝説から、戦争中の武運長久無事生還を祈願する千人針の下絵にも使われた。

また、虎は海上安全の守り神でもあった。寛政十二（一八〇〇）年に成立したとされる『伊豆七島風土細覧』[8]には、八丈島と三宅島の中程に「虎政が沖」という所があり、この沖を通る時は何でもよいから何か物を「虎政手向け」と呼ばわって波間に投げ込むことになっている。そうしないと船に災いが起こるというのである。その理由は、むかし鎮西八郎為朝が大島から八丈島へ渡った時、この沖で風波高まり船が危険になった。すると為朝の子でわずか五歳の虎政が、「穏やかだった海上が突然逆浪となったのは竜神が我々をとがめたのである、私が父に代わり海底に沈んで竜神をなだめて参ります」と言ってそのまま波間に飛び込んだ。そのため船は無事八丈島に着くことができた。以来、そこを虎政が沖と呼ぶようになり、今に至るまで何か手向けをしないと祟りがあると言われている。

この話自体は『古事記』の有名な弟橘姫の伝説と同じであるが、少年の名前に「虎」が入っていることに注意したい。海上で何らかの手向けをする必要がある海神と「虎」との関わりを示しているからである。ちなみに、この虎政というのは、御蔵島の「すばる」という所から二、三町沖合にある周囲二四、五間ほどの浅根のことをいうとされる[9]。現在ではこの伝承も希薄のようだが、おそらく常に変わった波の立つ難所の一つだったのであろう。

また虎と漁師との結び付きについて、東北には次のような伝承がある（昆勇郎氏による）。釜石市箱崎町桑ノ浜の鈴川稲荷の裸祭というのは、前年の忌みのない当主が神社にお籠りをしてから丑三つ時に裸になって海に入って祈るものだが、江戸時代、この村の漁船が正月の漁に出掛けたまま帰ってこない時があった。そこでこの裸参りと同様にお祈りをしたところ、虎が雲に乗ってオカの方に向かってきて、その後ろに船がついてくるのが見えた。やがて実際にこの漁船が戻ってきた、という伝説である。この村には虎舞は伝わっていないが、虎は漁師にとって縁起がよい動物であると考えられていたのである。

写真 10－11　大阪の神農さんで配られる笹に吊るした張子の虎（大阪市道修町少彦名神社）　2017.11

このように見てくると、「国性爺合戦」のもじりとしての虎舞が特に東日本の海辺の村に受容されるようになった基底には、古くからの漁民の虎に対する信仰があり、そこに近世後半に特に盛んになった地芝居の素養とが相まって、「国性爺合戦」の和藤内が急速に流行していったと考えられる。

虎は偉大な権力の象徴として襖絵などの主題として大いに好まれた。

ただし描かれた姿態は実物の写生とは言い難いが、天空の竜と対峙する迫力を秘めている。虎の爪は護符とされ、骨は漢方薬に使われるが、張子の虎をもって魔除けとすることで有名なのが大阪市道修町《どしょうまち》の少彦名《すくなひこな》神社の神農祭である。祭神の少彦名命は医の神様であり、かつてコレラが大流行した時に虎の力によって疫病退散を願ったのが始まりとされる。そして幕末から明治にかけ何度も流行したコレラは恐ろしいイメージを込めて虎疫と書かれた。

虎舞は実在する虎の力を借りて諸厄を祓う聖なる動物となっていた。したがって以前からその役割を担っていた獅子に代わり虎が主役となるのは自然の勢いである。全国の虎舞がいずれも獅子舞と同様の動きをするだけでなく、家々を訪れて厄を祓い、希望者の頭を噛むまねをして無病息災の願いをかなえるというのも獅子舞と同じである。

二　獅子舞から虎舞へ

獅子をベースに虎を造形

虎舞の実態は獅子舞と同じであり、獅子が虎に置き換えられた舞であると言っても間違いないだろう。獅子舞との共通点をいくつか挙げてみよう。

まず主役となる虎の造形方法である。冒頭紹介した静岡県の南伊豆町小稲の虎舞は、篠を円形にした胴体の枠の上に虎模様の布をかぶせたもので（図10－1参照）、その中に若者が入って虎の動きを演じる。頭も竹を編ん

図 10－1　小稲の虎と下賀茂の獅子との構造比較（作図：樋口潤一）
籐の輪を組み合わせた胴に青年 2 人が入る。頭は張子。
出典：『国記録選択無形民俗文化財調査報告書　小稲の虎舞』2010 年

写真 10－12　小稲の来宮神社での虎舞練習風景
（南伊豆町小稲）1980.9

で成型した上に和紙を貼って彩色する。この造形法はごく一般的なものであるが、同じ南伊豆町下賀茂に籠獅子と呼ばれる獅子舞があり、それとの類似を指摘した吉川祐子は次のような報告をしている(10)。

下賀茂の加畑神社の十一月三日の例祭に登場する獅子には二つの種類がある。一つは神楽と呼ばれ、木製のアタマ（獅子頭）と木綿の布の胴体に二人が入る。それに対して、籠獅子というのは、頭は文字どおり竹籠で造形し、胴体は籐の輪に布をつけ中の一人がその枠を握って頭を持つ人に合わせて舞うものである。籠獅子は小稲の虎と全く同じ作り方である。吉川によれば、当地での神楽は神の舞であり、籠獅子は余興の舞であると理解されており、舞はまず籠獅子で覚えるという。木製の頭を使う獅子舞が神前で舞う正式のものであったから本来の呼称である神楽と呼ばれ、籠獅子はそのモドキであり、練習台でもあったということになる。虎舞はこの籠獅子をもとに造形されたものであろう。

しかしこの想定がすべての虎舞に該当するわけではない。各地の虎舞の胴は獅子舞と同じく布だけである。籠獅子からの発展はむしろ特異な事例と言えるのではなかろうか。それよりも、獅子舞と虎舞との類似は舞い方やカドブチと言われる各戸訪問の厄祓い、健康祈願に頭を噛んでもらうなど、ほとんど同じ扱いをされていることに表れている。

和藤内の前身

ここで注目したいのが、虎舞に登場する和藤内の存在である。暴れる虎を押さえつけ日の丸の扇をかざす所作は、舞楽やオコナイに登場するマネキなどと呼ばれる獅子使いと同じ所作である。虎舞にも虎を奮い立たせる役があり、マネキとか虎使い、才坊などと呼ばれる。虎の力を最大に引き出す役で、しかも最後は荒ぶる獅子を抑えて鎮めるという重要な役回りである。陸前高田市根崎のはしご虎舞では、才坊が扇と花束を持って梯子の最上部に獅子を招く。勢子たちが虎を奮い立たせ、最後は和藤内が天照大神のお札で鎮めるという演出は伝統的な舞楽の獅子をヒントにしている可能性が高い。マネキ役は舞楽や田遊の獅子舞には欠かせない存在であり、静岡県森町小国神社の舞楽や遠江各地に伝わるオコナイの獅子にその典型を見ることができる。獅子の作りなどから見て民間の芸能として古式をとどめていると思われる焼津市藤守の田遊では、神を表す神聖な獅子を扇で奮い立たせ最後は静かにさせる。つまり虎舞で虎を退治する和藤内は獅子舞のマネキと全く同じ位置付けであり、本来の主役である虎を引き立てる役回りを担っている。

写真 10－13　寺野ひよんどりの獅子とマネキ
ひよんどりの終わり近く、面をつけたマネキの扇に合わせて舞った後に鎮められる（浜松市引佐町寺野）1990.1

さらに、獅子舞と同様に家々を訪れて厄を祓うというカドブリを行い、頭を噛んで無病息災の呪いとする。また、三陸地方では獅子と同じ面相ながら虎と呼んだり、虎頭を権現様と呼んだりする所があるのも、虎が獅子同様に扱われている表れである。虎と獅子はほとんど同じ存在となっている。

　獅子舞と虎舞との中間に位置する例として、先に見た善通寺市の和藤内獅子舞のほか、京都府与謝郡伊根町菅野の上山神社の祭礼の神楽がある。ここは山間の集落であり、海とは何の関わりもない。神楽の内容は岡崎、剣の舞、花の舞など一二曲で、その最後を「和藤内」という。二人立ちの獅子の腹を楽屋代わりにして和藤内が登場し、長い口上のあとでこの獅子を生け捕りにするという趣向である。これは別名尾張獅子とも呼ばれるが、それは今から三百年位昔、この集落の各家がそれぞれ井戸を掘った時に頼んだ尾張の井戸掘り職人によって神楽が伝えられたからである。なお、生け捕りにされるのはあくまでも獅子であって、虎ではない。「国性爺合戦」と地方の獅子神楽との折衷作と言えよう。

　もう一つ、虎舞と国性爺合戦との関係で言えば、近世に広く普及した地芝居（地狂言）との関連も無視できない。東京都の山間部、奥多摩湖の縁に位置する西多摩郡奥多摩町小留浦《ことずら》の小留浦山祇神社に伝わる「神楽」は、本田安次によれば大神楽の獅子舞に地狂言など各種の芸能が加わったよい例で、三番叟・鳥刺・万歳・四本剣・牛若・稲荷・曽我兄弟・虎狩りなど一二の演目がある。(11) 当地には秘伝書「日本獅子舞由来」が伝わっており周辺の村への伝播の中心であったらしい。ここの虎狩りと称する演目は地狂言としての「国性爺合戦」の一場面であり、芸能の中心はあくまでも大神楽の獅子舞である。したがって獅子舞の変化形である虎舞の範疇には入らないが、虎舞誕生の契機が、大神楽の獅子にあったという推定を裏付ける事例として意味があると思われる。

　以上を通じて考えられることは、「国性爺合戦」の大当たりに触発されて、獅子舞をベースに虎舞の原形が演じられ、それが受けて何ヶ所かに伝わった。特に、海上安全と虎との信仰が重なった漁師や廻船の船頭たちに人気が出て、伊豆や相模、さらには三陸へと内容を少しずつ変えながら伝播していった。下田の虎舞は記録で跡付けることができる例としては、東日本で最初の事例であったということになる。

最後にもう一つ注目しておきたいのは、原作である「国性爺合戦」の中で、住吉の神が大きな役割を果たしていることである。話は海を挟んで日中両国にまたがっている。安定した海上交通はこの物語の大前提である。それを保証したのは、海上安全の神格を有する住吉明神だった。和藤内の妻が夫のあとを追って中国に渡る時、住吉の大海童子と名乗る小童が瞬時に渡してやっている。つまり、国性爺の背後には、伊勢とともに住吉の神がついていたのである。こうした住吉明神の加護のイメージも虎舞には重なっており、特に海辺の人びとに広く受け入れられたと考えられる。

〈付記〉

本章は『静岡県史別編　民俗文化史』第一編第二章「虎舞を通じての海の交流」を大幅に改稿したものである。虎舞に関しては釜石市が『全国虎舞―虎・とら・トラ資料集成』（佐藤俊彦編著、一九九二年）を刊行し、さらに各地の虎舞を招いて全国虎舞フェスティバルを開催しており、コロナ禍での中断を挟んで、二〇二四年で第一三回を迎えている。本章に掲げた全国虎舞の分布は、この集成の成果によるところが大きい。静岡県南伊豆町小稲の虎舞および周辺の獅子舞に関しては、二〇一〇年に詳細な報告書『国記録選択無形民俗文化財調査報告書　小稲の虎舞』が静岡県教育委員会から刊行され、筆者は同書の総論を執筆した。

〈注〉

1　『下田市史　資料編二　近世』三六七号、二〇〇二年
2　佐藤彰「『虎舞』系譜考―静岡県南伊豆町小稲の事例をめぐって」『民俗芸能研究』第二号、一九八五年
3　永田衡吉『神奈川県民俗芸能誌』錦正社、一九六八年
4　『中新田町史』一九六四年、一一〇九頁

5 『山田町史　上巻』一九八六年

6 神田より子「日本の虎舞と虎文化」『自然と文化　被害アジアの虎文化』50号、一九九五年

7 香川県教育委員会『歴史博物館整備に伴う資料調査概報―平成八年度・九年度―』一九九九年

8 「伊豆七島風土細覧」『日本庶民生活史料集成　第一巻』所収

9 『御蔵島近世史料集　上巻』所収「文政十年の書き上げ」より

10 静岡県教育委員会『国記録選択無形民俗文化財調査報告書　小稲の虎舞』二〇一〇年、八六頁

11 本田安次『神楽』木耳社、一九六六年、一四三頁

索　引

あ 行

か　行

さ　行

た　行

な　行

は　行

ま　行

や　行

ら　行

わ　行

著者略歴
一九四三年　静岡県に生まれる
一九六五年　東京教育大学文学部卒業
高等学校教諭、静岡県史編さん室長、静岡産業大学教授を経て
現在　静岡市歴史博物館名誉館長・博士（歴史民俗資料学）

〔主要著書〕
『茶の民俗学』（名著出版、一九九二年）
『番茶と日本人』（吉川弘文館、一九九八年）
『番茶と庶民喫茶史』（吉川弘文館、二〇一五年）
『イルカと日本人』（吉川弘文館、二〇一七年）
『ミャンマー、いまいちばん知りたい国』（東京新聞、二〇一三年）

家康敗走伝説と歴史民俗学
中村羊一郎著作集　第三巻

二〇二五年（令和七）一月三一日　第一刷発行

著者・発行者　中《なか》村《むら》羊《よう》一《いち》郎《ろう》

制作・発売元　静岡新聞社
〒四二二―八〇三三
静岡市駿河区登呂三―一―一
電話〇五四―二八四―一六六六

印刷・製本　藤原印刷株式会社

ISBN978-4-7838-8091-2